JN233757

MINERVA教職講座 ⑩

学校教育相談

一丸藤太郎・菅野信夫 編著

ミネルヴァ書房

MINERVA教職講座

刊行のことば

　新世紀を迎え、いまやわれわれは、かつてない急激な社会の変化に直面している。それに伴って、教育の世界も、変化のまっただ中にある。たとえば、これからのコンピュータ教育のあり方、英語教育の早期実施の是非、「介護等体験」実習による福祉教育の充実、子育て支援活動、本当の生き甲斐追求の教育のあり方などのように。

　また、教育の現場では、いじめ、不登校、学級崩壊などの未曾有の問題をも抱えている。学校は社会からのさまざまな要求を受け、自らの望ましいあり方に多少の自信をなくしている観もないではない。学校教育は、期待と不安の交錯する中で、これからのあり方や学校像を模索している。

　現代の学校は、依然として人間形成の重要な拠点であり続けなければならない。

　また現代の学校は、これからの時代を生きる若者に対して、熱いメッセージを送る使命をもっている。学校のこれからのあり方を含めた教育の諸問題について、中央教育審議会、教育課程審議会、教育職員養成審議会は、抜本的な問題の解決を目指して、新しい「答申」を提出した。そしてまもなく、「総合的な学習の時間」が導入され、「自ら学び考える力の育成」を目標に据えながら、各教科とも、新学習指導要領に基づいて、教育課程が始まろうとしている。

　このような流れの中で、あらためて、人間理解、人間形成、教員養成の質が問われ、学校教育・生涯教育機関の果たすべき責務が、重大かつ広範になってきていることは否めない事実である。

　「MINERVA教職講座」は、近年の社会状況の変化やそれに関連して変動する教育の現場の動向、さらには新しい教育研究の成果をふまえて、全17巻をもうけた。本教職講座は、巻末に掲載している教育関係法規・資料などを含めて、現代の教育と教育学を全体的な観点から網羅し、その理解を助けるとともに、新世紀の教育と教職のあるべき姿を提示するものである。

　本講座は、時代のニーズに応えるために、理論と実践との合一を求めることを基本理念とし、読みやすくわかりやすい、さらに教員採用試験などにも有用であることを執筆方針としている。したがって、われわれは、本講座が教職志望者はもとより、現場の先生方や教育関係者の資質向上の一助になることを期待している。

監修・山﨑英則
片上宗二

まえがき

　社会の急激な変化や価値観の多様化にともない，児童・生徒が多くの時間を過ごす学校教育現場でも種々様々な課題や問題が生じてきている。たとえば不登校の児童・生徒は，増加の一途をたどってきており，今や不登校の生徒を担任したことのない教師は稀といってよいほどである。また不登校といっても，その様態は多様なものとなってきており，指導や援助もよりいっそう個別的で細やかな工夫や配慮が必要となってきている。このように不登校の児童・生徒の指導や援助だけでも難しい課題となってきているのに加えて，さらに，ひきこもり，家庭内暴力，いじめ，神経症的問題，反社会的行動などだけでなく，学級崩壊といったようなこれまでに経験したことのないような新たな問題も見られるようになってきた。

　学齢期にある児童・生徒は，一生のなかでも最も急速な発達段階にあり，それだけでも乗り越えなければならない課題やストレスは相当なものである。また，社会や環境の急激な変化は，発達途上にある児童・生徒に最も大きな影響を与える。そのような意味では，児童・生徒の示す課題や問題行動は，現代社会の歪みを反映したものである。こうしたことのために多くの児童・生徒は，一時的な不適応や心身の不調に陥るものである。

　家庭や地域が本来果たしていた子どもを育て，子どものこころの傷つきを癒す機能は，ますます低下してきている。それだけに学校や学級という場がもつ児童・生徒を育て，癒す働きへの期待が高くなってきており，教師は多くの課題を背負っている。教師は，こうした児童・生徒をどのように理解し，どのように指導や援助をしたらよいのだろうか。また，学校や学級のもつ癒す機能をどのようにしたら発揮できるのだろうか。

　本書『学校教育相談』は，これから教師になろうとする学生だけでなく，児童・生徒の指導や援助に熱心に取り組んでいる教師を対象としたものである。

種々の課題や問題をもつ児童・生徒への指導や援助に取り組むにあたって，何らかのヒントが得られるように，できるだけ具体的に解説したものである。指導や援助にあたっては，教師が孤立するのではなく，仲間の教師はもとより，養護教諭やスクールカウンセラーと協力して進めるための学校内での協力体制作り，精神科医，臨床心理士といった学外の専門家との連携が不可欠である。こうしたことから本書は，学校内の協力体制作りのリーダーである校長や教頭，教育相談担当教師にも役に立つのではないかと考えている。

　学校教育相談は，あくまでも教師による教育実践として位置づけられるものである。カウンセリング・マインド，カウンセリング的関わりといったように，学校教育相談では，これまでカウンセリングの考えや技法を活かそうとしきた。しかしこのことは，学校教育相談はカウンセリングである，あるいはカウンセリングをそのまま応用したものであるということではない。学校教育相談は，教育実践として教師により工夫され，創造される新たな独自の領域なのである。

　お忙しいなかを健筆をふるわれた筆者各位に深く感謝いたします。また出版にあたってはミネルヴァ書房の浅井久仁人氏にお世話になりました。お礼を申し上げます。

　　　2002年3月

　　　　　　　　　　　　　　　　　　　　　　　　　　　　一丸藤太郎
　　　　　　　　　　　　　　　　　　　　　　　　　　　　菅 野 信 夫

学校教育相談

目　次

まえがき

第1章　学校教育相談とは …… 1
1　学校教育相談の意義と課題 …… 1
2　教育実践としての学校教育相談 …… 5
3　学校教育相談の実際 …… 9

第2章　カウンセリングの理論と実際 …… 17
1　カウンセリングの基礎 …… 17
2　カウンセリングの技法とカウンセリング的関わり …… 21
3　カウンセリング的関わりの目標 …… 24
4　カウンセリング的関わりの実際 …… 27

第3章　児童・生徒の問題の理解と対応 …… 31
1　問題とは何か――問題のもつ問題 …… 31
2　問題の意味と理解 …… 33
3　問題の種類と発生のメカニズム …… 37
4　対応と援助，およびその留意点 …… 41

第4章　児童・生徒理解の精神医学的な基礎 …… 44
1　精神医学の成り立ち …… 44
2　精神現象の異常をとらえる …… 45
3　基本的な考え方と人間理解 …… 47
4　代表的な障害や問題 …… 48
5　治療と援助の実際 …… 55

第5章　不登校の理解と対応 …… 61
1　不登校の状態像と回復過程 …… 61
2　不登校の要因と心理的メカニズム …… 65
3　不登校児童・生徒への支援 …… 68

第6章　いじめの理解と対応 …………………………………… 76
1　いじめの典型例 ………………………………………………… 76
2　いじめの定義 …………………………………………………… 77
3　いじめ事件の推移 ……………………………………………… 79
4　いじめをめぐる主要な考え方 ………………………………… 81
5　いじめへの対応 ………………………………………………… 84

第7章　学級崩壊の理解と対応 ………………………………… 95
1　学級崩壊とは何か ……………………………………………… 95
2　「学級崩壊」の原因と背景について ………………………… 99
3　「学級崩壊現象」をめぐる子どもと教師の姿 ……………… 102
4　「学級崩壊」からの回復――まとめにかえて ……………… 104

第8章　反社会的問題行動の理解と対応 ……………………… 108
1　「社会防衛」と「少年保護」 ………………………………… 108
2　行動科学としての非行理解 …………………………………… 110
3　非行の心理的背景 ……………………………………………… 112
4　反社会的問題行動に対する対応 ……………………………… 116

第9章　神経症的問題の理解と対応 …………………………… 121
1　神経症的問題とは何か ………………………………………… 121
2　神経症的問題の成り立ち ……………………………………… 124
3　対応についての基本的な考え方 ……………………………… 127
4　子どもの成長に寄り添うために ……………………………… 133

第10章　開発的カウンセリング
　　　　――学級経営に生かすカウンセリング的手法 ………… 135
1　開発的カウンセリングとは何か ……………………………… 135
2　開発的カウンセリングの実際 ………………………………… 139
3　開発的カウンセリングの学びのプロセスと構造 …………… 141
4　開発的カウンセリングを実践するにあたっての留意点 …… 146

	5	実践からのヒント――まとめにかえて……………………147

第11章　保護者に対する援助……………………151

1. 家族というもの……………………151
2. 家族の発達課題……………………153
3. 保護者に対する援助の課題……………………158
4. 親子関係の援助……………………161
5. 子どもの問題は家族の問題……………………164

第12章　校内での協力体制……………………169

1. 協力体制の重要性……………………169
2. 学級担任，学年会との協力……………………172
3. 養護教諭との協力……………………174
4. 校長との協力……………………176
5. スクールカウンセラーなどとの協力……………………178

第13章　他機関との連携……………………184

1. 連携を必要とする背景……………………184
2. 連携の概念と技術……………………185
3. 連携の種類……………………188
4. 問題行動の対応における連携……………………188
5. 連携の機関……………………190
6. 連携の実際……………………190
7. 他機関連携の要点……………………197
8. よりよい「連携」のために……………………198

第14章　教員のメンタル・ヘルス……………………200

1. 教員の心理相談の事例……………………200
2. 教員の悩みの性質……………………201
3. 教職員のメンタル・ケア実践例――ある教育委員会の試み……………………205
4. 上司・同僚として気をつける点……………………207

5　現代の教育現場の難しさ…………………………………………210

索　引

コラム1　スクールカウンセラー……………………………………… 15
コラム2　ADHD（注意欠陥多動性障害）…………………………… 59
コラム3　PTSD（外傷後ストレス障害）…………………………… 92
コラム4　児童虐待………………………………………………………166
コラム5　コンサルテーション…………………………………………183

第1章　学校教育相談とは

　学校教育相談は，生徒が生きがいをもって日々の生活を送り，将来を担う一人の社会人として成長できるように指導や援助を行う教育実践である。家庭や社会といった生徒を取り巻く環境の急激な変化は，学校で生活する生徒にも反映されており，不適応に陥ったり問題行動を示す生徒も増加している。学校教育相談は，このような生徒を援助するのにカウンセリングの考えや技法を取り入れようとしてきた。しかし学校教育相談は，カウンセリングではなく学校という場で教師による教育実践として位置づけられるものであり，教師の実践の積み重ねにより成立する独自な新たな領域である。学校教育相談はまた，問題や課題をもった生徒だけでなく，一時的な悩みや苦しみをもつ生徒，さらには心理的に健康な生徒をも対象とするものである。こうした学校教育相談の進め方の実際について，担任によって実践されるものと学校教育相談担当の教師によって実践されるものについて，それぞれの課題，役割，留意点といったことについて検討する。

1　学校教育相談の意義と課題

1　学校教育相談の意義

　学校教育の役割には，教科を通して知識を教えることとともに，生徒が生き生きと学校生活を送り，やがて一人の社会人として自己実現が図れるように育てるということがある。知識を教えることは，学校教育の重要な役割であり，教師はまず何よりも教科を教える専門家であることが期待される。しかしそれとともに，すべての生徒が人として心理的により健康に成長できるように指導や援助をすることが近年ますます求められるようになってきている。学校教育相談は，生徒一人ひとりが生きがいをもって日々の生活を送り，将来を担う一

人の人としての人格形成を促そうとする教育実践である。

近年の社会や家庭など児童生徒を取り巻く環境の急激な変化や価値観の多様化といったことにより、生徒たちは生きがいや目標をもったり、日々の生活を積極的、意欲的に送ることがますます困難になってきている。こうしたことは、生徒が多くの時間を過ごす学校生活に反映されている。たとえば不登校の生徒は、小・中・高等学校を通じて増加の一途をたどっており、その様態も多様なものとなってきている。また、いじめ、いじめによる自殺、学級崩壊、学校内での破壊的・攻撃的な行動、反社会的行動、非行、無気力や引きこもり、高校生の中途退学など、種々さまざまな課題や問題をもつ生徒が増えてきている。このようにはっきりした問題行動を示さなくても、一時的な不適応、悩み、課題、問題をもつ生徒も多くいる。

今日教師は、こうしたなんらかの課題や問題をもって不適応に陥っている生徒に適切に関わり、指導をすることはもはや避けられない。また複雑化し混乱する社会にあって、一人ひとりの生徒が人として積極的、意欲的に学校生活を送り、心理的に健康に成長できるように働きかけることが不可欠となってきている。学校教育相談は、生徒が人として成長できるように援助する教育実践であり、その意義は、ますます重要なものとなってきている。

2　学校教育相談の展開

学校教育相談は、悩んだり苦しんでいたり、不適応に陥っていたり、問題や課題をもつ生徒を指導したり援助したりしようとして発展させられてきたものである。そのために教師は、不適応や問題行動の心理学的理解や援助の方法として発展してきたカウンセリングの技法、あるいはパーソナリティの発達や不適応に関する理論、人間観といったものを学校教育相談に活かそうと努力してきた。

学校教育相談の取り組みが始められた初期には、熱心な教師がカウンセリングをそのまま学校で実践しようとするものであった。しかしこれは、教師がカウンセラーになろうとするものであり、学校での教育実践からは遊離したものとなってしまった。その結果、学校という場や教師という立場と役割を活かす

ことができなかったために，期待したような成果が得られなかったり，教師間に対立や混乱が生じたりして，学校教育相談としては定着しなかった。

こうした実践の反省から学校教育相談は，教師が学校で行う教育実践として位置づけられるようになってきた。学校教育相談は，カウンセリングではなく教育実践であり，教師はカウンセラーではなくあくまでも教師であるという深い認識に立ち，教育実践としての学校教育相談にカウンセリングで得られた成果をどのように応用するかが模索されるようになってきたのである。また学校教育相談は，これまで不適応に陥っていたり問題行動を示す生徒を主な対象としてきたが，教育実践としての学校教育相談は，学級の生徒全員を対象とするようになってきた。学級の大部分の生徒は，心理的にほぼ健康であるが，急激な発達段階の途上にあるので，悩みや苦しみをもち，一時的な不適応に陥ることもある。こうした生徒への援助や指導という学校教育相談活動は，教師にしかできないことである。また学校教育相談の新しい動きとして，すべての生徒を対象としてパーソナリティの成長を促す予防的，開発的な指導が発展してきている（伊藤，1983）。

このようにして学校教育相談は，不適応に陥っていたり問題行動を示す生徒だけでなく，心理的に健康な生徒を含めた学級のすべての生徒を対象とし，生徒のパーソナリティの成長をめざした教育実践として発展してきている。

3　学校教育相談の課題

学校教育相談の第一の課題は，種々の不適応に陥っていたり問題行動を示す生徒への指導や援助的取り組みである。こうした指導や援助が必要な生徒は，急激に増加してきており，今日ではすべての教師にこうした生徒への指導や対応が求められるようになってきている。たとえば不登校，あるいは不登校傾向の生徒のいない学級の方がむしろ例外となってきているほどである。

このような生徒に対して教師は，何ができるか，あるいは何ができないのか，また実際にどのように進めていけばよいのかといったことについて学んでいかなければならない。取り組みの実践を積み重ねることで，より適切な指導や援助ができるようになるだろう。

不適応や問題行動をもつ生徒のなかには，教師だけでは指導や援助が困難であり，精神科医，小児科医，スクールカウンセラー，臨床心理士といった学内や学外の専門家による治療やカウンセリングが必要な者も少なくない。しかしそのような生徒もクラスの一員であり，主な生活の場は学校にあるので，教師はこうした専門家と連携して学校での教育に責任をもって当たらなければならない。こうしたことのために教師は，カウンセリング，臨床心理学，精神医学といった領域について基礎的な知識を学んでおくことが必要となる。

　学校教育相談の第二の課題は，一時的な悩みや苦しみ，不適応行動を示しているが心理的にほぼ健康な生徒への指導や援助的な取り組みである。教師が受けもつ学級は，心理的にほぼ健康な生徒が大部分である。しかしこのような生徒であっても，パーソナリティ発達の急激な児童期，青年期では悩みや苦しみ，あるいは一時的な不適応に陥るものである。生徒は，多くの時間を級友とともに学校で過ごしているので，教師は生徒のもつちょっとした悩み，苦しみ，不適応的な状態に気がつきやすいものである。こうした生徒への指導や援助的な関わりは，教師しかできないものであり，学校教育相談のなかで最も重要な課題である。生徒の問題を早期に発見して対応することで，深刻な事態に陥るのを避けることができるのである。

　学校教育相談の第三の新しい課題として，不適応や問題行動への予防的，開発的な取り組みがなされるようになってきていることがあげられる。これまでの学校教育相談が主に不適応や問題行動への事後的対応であったのに対して，この開発的学校教育相談は，より積極的に生徒のパーソナリティ発達を促進しようとするものである。

　最後に一人ひとりの生徒を尊重し，パーソナリティの健康な発達を促すような学校の雰囲気や組織作りも，学校教育相談の重要な課題である。学校は，もともと生徒の心を癒す機能を備えている場でもある。家庭や学校外，あるいは学校で心が傷ついた生徒は，学校で癒されることもあり，学校の雰囲気や組織作りは大切である。こうした雰囲気作りには，教師がどのような児童観，教育観をもっているかということが重要である。

　学校教育相談には，このように大きく4つの課題があるが，そこに共通する

のは，生徒一人ひとりを尊重し，やがて社会人として自己実現が図れるように一人の人として成長できるように援助することである。多くの不適応や問題行動は，パーソナリティが調和を保って発達していないことの表れであり，こうした生徒への援助的取り組みは，人として成長できるように援助することなのである。

② 教育実践としての学校教育相談

1 教育とカウンセリング

　学校教育相談は，これまで不適応の心理学的援助の方法として発展してきたカウンセリングを学校という場で活かそうとしてきた。このためにしばしば学校教育相談は学校カウンセリング，学校教育相談を担当する教師は教師カウンセラーと呼ばれてきた。しかしこのことは，教師がカウンセラーになることではないし，学校でカウンセリングを実践することでもない。教育とカウンセリングはともに，生徒，あるいはクライエントが人として心理的により健康に成長できるように援助，指導しようとすることでは共通の目標をもっている。しかし教育とカウンセリングには根本的な違いがあり，学校教育相談を実践するためには，その違いについて認識しておくことが必要である。

　教育とカウンセリングの主な違いをあげると，表1-1のようになる。

　まず教育では，教師は生徒の成績を評価したり，校則違反，逸脱行動，不適切な言動を指導し，必要に応じて処罰をすることが求められる。一方カウンセリングでは，カウンセラーは特定の価値観にとらわれることなく，自由で中立的な立場からクライエントを共感的に理解し，受容することに専念し，パーソナリティの成長を援助する。カウンセリングでは，クライエントを評価したり，処罰することはない。

　次に教師と生徒は，それぞれに相手を選ぶ自由がなく，少なくとも1年から数年間はその関係を絶つことができないし，その逆に小学校では6年間，中学校，高等学校では3年以上の関係をもつことができない。また教師一人と複数の生徒との関係である。これに対してカウンセリングでは，カウンセラーとク

表1-1 教育とカウンセリング

	教 育	カウンセリング
役 割	教科を教えることによる知識の修得の援助と成績の評価。 校則違反,逸脱行動,不適切な言動の指導と処罰。	価値観にとらわれず,自由で中立的な立場から,クライエントの自己理解とパーソナリティの成長を援助。 共感的な理解と受容。
関係の特徴	担任と生徒それぞれが選ぶ自由がなく,一定期間に限定された関係。 学級としての集団の重視。	カウンセラーとクライエント相互の自由意志に基づく関係。 クライエント一人ひとりの重視。
場の特徴	学級,校内,校外,家庭など開かれた場。	場所や時間があらかじめ合意により決められている閉じられた場。
対 象	大多数が心理的にほぼ健康な生徒。	種々の問題行動や不適応に陥っているクライエント。

ライエント相互の自由意志に基づく関係であり,いつでも解消できるし,期限が限定されていない。またカウンセラーとクライエントは,一対一の関係である。

　教師と生徒が関わりをもつ場の特徴としては,学級,校内,校外,家庭といったように開かれており,時間も限定されていない。これに対してカウンセリングは,面接室や遊技療法室という決まった場で,時間も両者の合意によってあらかじめ決められおり,枠のしっかりした閉じられた場で実践される。

　教育の対象は,大多数がほぼ健康な生徒であるが,カウンセリングでは,なんらかの問題行動や不適応に陥っているクライエントである。

　このように教育とカウンセリングは,その役割,両者の関係,実践される場,対象といったことに根本的な違いがある。こうしたことから,教師とカウンセラーの役割を同時に果たすことは,二重関係(dual relationship)といわれ,遂行することは非常に困難となる。教師は,教師であり,カウンセラーではない。カウンセラーは,種々の不適応に陥ったり問題行動を示す生徒のカウンセリングを行うのに適した状況を準備している。しかし教師の置かれている状況は,カウンセラーのものとは異なっているので,こうした生徒への援助や指導には限界があったり,カウンセラーとは別の視点や目標を設定しなければならない。学校教育相談は,教師が学校という場で生徒や保護者に対して行う独自の新た

な教育実践として創造されなければならないものである。

2　生徒指導と学校教育相談

次に，生徒指導と学校教育相談の関係について考えてみたい。というのは学校教育相談のこれまでの実践で，学校教育相談は，生徒を甘やかすだけだとして，しばしば生徒指導との間に対立が生じることがあったからである。

教師は，生徒の校則違反，社会的な決まりを守らないこと，逸脱行動，不適切な言動などに対して注意や指導を行い，ときには処罰しなければならない。このような役割は，これまで生徒指導といわれてきたが，はたして注意や指導，ときには処罰するという生徒指導は，受容や共感を中心とする学校教育相談とは相容れず，対立するものであろうか。

このことは，カウンセリングにおける受容と制限，あるいは母性的機能と父性的機能ということから考えてみることができる。カウンセリングでは，共感的理解や受容を目指すとともに，一定の制限もまた不可欠である。たとえばカウンセリングの場は，面接室だけに限定されており，面接時間も相互の合意によって約束された時間に制限されている。またクライエントが面接室の物を壊したり，カウンセラーへ暴力を振るおうとすれば，厳しく禁止され，禁止に従わない場合には，カウンセリング関係は直ちに打ち切られることになる。カウンセリングには，すべてを受け入れようとする母性的機能と，合意による約束を守れない場合には禁止したり関係を切るという父性的機能という2つの機能が備わっているのである。

同じことは，子どもが健康に成長するような家族でもいえる。家族には，現実原則に基づいて子どもを厳しく監督，指導する父性的機能と，すべてを受け入れる母性的機能の2つの機能が欠かせないのである。このような相反する機能が統合的に働くことで，子どもは心理的に健康に成長するのである。

同じように学校教育においても，共感し受容するという母性的機能と，善悪を教え，不適切な行動は制限し，必要ならば処罰するという父性的機能が生徒が人として健康に成長するのには欠かせない。学校教育相談では主に母性的機能，生徒指導では主に父性的機能が重要であるが，学校教育相談と生徒指導の

それぞれにおいても、この2つの機能が欠かせないのである。
　このように学校教育相談と生徒指導は、対立や矛盾を内包しているけれども、それぞれが相互に補い合い、統合されなければならないのである。

3　教育実践としての学校教育相談

　学校を取り巻く環境が急激に変化していく現代、もはや教師は教科を教えるだけではすまなくなってきている。種々の不適応や問題行動をもつ生徒が増加してきているだけではなく、多くの生徒が生き生きと学校生活を送ったり、健康なパーソナリティの発達を遂げることが困難になってきているからである。こうしたことから生徒のパーソナリティ形成へ意図的に働きかける学校教育相談は、ますます重要な教育実践上の課題となってきている。

　学校教育相談は、これまで述べてきたように教育そのものでもカウンセリングそのものでもないし、受容や共感といった母性的機能だけでなく現実原則に基づく制限や処罰といった父性的機能も含んだものである。このように学校教育相談は、教育とカウンセリング、また母性的機能と父性的機能といったように、矛盾や対立を含んでいるものである。そのために学校教育相談を進めていく際に教師は、このような矛盾や対立を深く認識し、矛盾や対立を生き抜き、統合することが必要となってくる。

　学校教育相談に含まれる。このように矛盾や対立を統合するのは容易ではない。しかし、学校教育相談でしかできない利点もある。教師は、生徒と一緒に過ごす時間が長いので生徒のちょっとした変化にも気づきやすく、早期発見や早期の対応が可能である。また教師であることから、予防的、開発的な働きかけもできる。教師はまた、校長や教頭を始めとして専門家の集団に護られてもいるのである。

　このように学校教育相談は、境界があいまいで、矛盾や対立を含んだものである。しかしあくまでも学校という場で生徒を対象としたものであり、そのような意味で教育実践として位置づけられるものである。学校教育相談は、学校という場の特徴、教師という役割や立場などをよく認識し、教師それぞれの実践の積み重ねや工夫により、教育とカウンセリングを統合した独自の新たな領

域なのである。

③ 学校教育相談の実際

　学校教育相談は，主に担任が学級の生徒に対して行う場合と，教育相談担当の教師が中心となって行う場合がある。担任の行う学校教育相談と教育相談担当の教師が行う学校教育相談の実際について考えてみたい。

1　担任による学校教育相談

　担任であっても，小学校と中学校，高等学校では，その役割や立場に違いがある。小学校では担任は，大部分の教科を教え，成績を評価し，生活指導を行い，保護者と連携するなど，学級の生徒のすべてに関わる。担任は，生徒と多くの時間を一緒に過ごし，密着した関係になりがちである。そのために生徒をより深く理解でき，生徒のちょっとした変化にも気がつきやすく，早期に対応ができるだろう。しかし，ともすれば学級が閉鎖的な一つの集団となりやすいということもある。

　これに対して中学校や高等学校では，学級の生徒の責任は担任が負っているけれども，教科担当の教師がそれぞれの教科を教えている。小学校に比べれば学級は開放的であるが，責任があいまいになりやすかったり，生徒の変化に気づくのが難しく，担任と教科担当教師との協力関係が必要となる。

　小学校と中学校，高等学校では，このように担任の役割や立場に違いがあるが，いずれにしても担任は，学級の生徒と最も近い関係にあり，問題や課題をもつ生徒の指導や援助の直接的な当事者となる。

　それでは，担任が行う学校教育相談には，どのような課題や特徴があるだろうか。

① 問題や課題をもった生徒の早期発見

　担任は，生徒と日々多くの時間を一緒に過ごして緊密な関係をもっており，そのために生徒のちょっとした不調や変調を察知しやすい。担任による学校教育相談の重要な課題のひとつは，このような立場を生かして生徒のちょっとし

た変化，たとえば遅刻や早退，体調不良，元気のなさといったことに早期に気づき，早期に対応することである。そのために担任は，生徒一人ひとりについて家族背景やこれまでの学校での様子なども含めてよく理解しておき，日々の様子をよく観察しておくことが必要となる。

学齢期にある生徒は，急激なパーソナリティの発達段階にあるので，心理的にほぼ健康な生徒であっても一時的な悩みや葛藤をもつものである。担任は，こうした生徒への援助を最も適切に行える立場にいる。早く気がつき，適切な対応をすることは，担任にしかできない学校教育相談の重要な役割である。

担任はまた，同年齢の生徒で構成された学級を受けもっている。そのために，その年齢で期待される平均的な行動や成長から，生徒の状態を理解することができるということもある。またたとえば場面緘黙（かんもく）のように，問題行動や不適応によっては，学級という集団において顕在化するものもある。

このように担任による学校教育相談の課題の一つは，一時的な悩みや苦しみ，あるいは不適応や問題行動をもつ生徒に早く気づき，早期に適切な対応をすることである。これは，学校教育相談の予防的な役割である。

② 生徒のもつ問題や課題の理解と対応

生徒になんらかの不調や変調が生じたことに気がついても，そのまま見守っていれば自分で乗り越える生徒もいる。あるいは教室や廊下で声をかけたり，職員室や相談室などで短時間話し合うことで，元気になる生徒もいる。しかし生徒によっては，もっと長期にわたって担任が積極的に関わることが必要となったり，教育相談担当の教師，養護教諭，スクールカウンセラーといった学校内の職員，あるいは臨床心理士，精神科医，小児科医といったような学校外の専門家によるカウンセリングや治療が欠かせないこともある。

担任による学校教育相談の課題として，生徒のもつ問題や課題を理解し，担任が自分で対応できるのか，あるいは養護教諭，教育相談担当の教師，スクールカウンセラーといった学校内の職員の協力が必要か，あるいは臨床心理士，精神科医，小児科医といった学校外の専門家に紹介すべきかを判断することがあげられる。そのために，臨床心理学，カウンセリング，精神医学などについて基礎的知識を学んでおいたり，学校内の職員や学校外の精神保健の専門家と

相談できるような体制作りが重要である。
③ 担任による学校教育相談
　それでは担任は，課題や問題をもった生徒のなかで，どのような生徒なら自分で長期にわたって積極的に対応できると判断したらよいのだろうか。桑原（1999）は，担任の置かれている立場や役割から，不適応に陥っている生徒や問題行動のある生徒への個別的な援助は非常にかぎられていることを指摘している。そして担任が自分で対応できるかどうかは，「長く続けられるかどうか」，また「腹の底から（その生徒が）わかるかどうか」ということから判断することを勧めている。担任は，課題や問題をもったすべての生徒へ対応ができるわけではないことを自覚しておかなければならない。桑原（1999）は，「『やれないこと』を本当に自分で受け入れることができるかどうか」と，自分の限界を知っていることの大切さを指摘している。
　担任が自分で対応するとしても，一人で抱え込まず，教育相談担当の教師，スクールカウンセラーといった人たちに相談に乗ってもらいながら進めるのがよいだろう。
④ 保護者への対応
　保護者へどのように対応するかも，担任の重要な役割である。生徒は，保護者が家庭でどのように接するかに強く影響されるので，担任の保護者への対応が欠かせない。
　担任は，まず保護者のそれまでの努力を尊敬することである。担任からすれば保護者の養育がどのように不適切なものに思われようとも，保護者は自分にできるだけ精一杯の努力をして養育してきているものである。
　次に保護者は，自分の子どもへの責任を全面的に負っているということを認識しておかなければならない。担任は，数年間という期間の限定された関わりであるが，保護者と子どもの関わりは，一生続くものである。そのためにも担任は，保護者の意向や決定を尊重することが求められる。
⑤ 学校内や学校外の専門家への紹介と連携
　スクールカウンセラー，教育相談担当の教師，養護教諭といった学校内の職員，あるいは臨床心理士，精神科医，小児科医といった学校外の専門家へ，対

応，カウンセリング，治療を依頼しても，担任には，学級でのその生徒の指導や援助を行うという役割がある。というのは，生徒は多くの時間を学級で生活しており，不適応や問題行動があるとしても学級は生徒を癒し，成長させる場でもあるからだ。専門家にはカウンセリングや治療を依頼し，学級での指導や援助は，担任が責任をもってあたらなければならない。

専門家の治療やカウンセリングを受けている生徒への対応は，専門家と連携することが求められる。専門家と相談し，助言を受け，その生徒に応じた指導や援助を工夫していくことである。

⑥ 学校教育相談の終結と引継

担任は，1年から数年と期間が限定されている。そのために担任は，しばしば学校教育相談の取り組みの結果を中途半端に感じたり，時には無能感に陥ることがある。たとえば不登校の生徒へ熱心に関わっても，登校できないままに担任を変わらなければならないこともある。そのような場合，登校できなかったとしても，明るくなった，外出するようになった，熱中するものができたといったように，その生徒の全体像から考えてみることである。

担任を変わる場合，次の担任への引継をしなければならない。どのような生徒であり，どのような関わりをし，どのように変化し，次の課題は何かといったように，それまでの指導や援助をまとめ，次の担任に伝えることである。それまでの関わりを振り返ることで，新しく気がつくことがあったり，学ぶことがある。また生徒への指導や援助に熱心に取り組む体験から，教育とは何か，子どもはどんな存在であるのか，不適応や問題行動は何かといったような根本的な疑問が投げかけられることもあり，しばしば教師としての成長がもたらされることもある。

2　教育相談担当教師による学校教育相談

教育相談担当の教師は，臨床心理学，カウンセリング，精神医学などについて基礎的知識を備えていることが求められており，学校教育相談を進めていく中心的な役割を期待されている。教育相談担当の教師の役割としては，どのようなことがあるだろうか。

① 問題や課題をもった生徒の指導や援助

　教育相談担当の教師は，不適応に陥っていたり問題行動のある生徒に対して直接指導や援助をすることが求められることがある。教育相談担当の教師は，担任と比べると自由な立場にいるので，こうした生徒への対応により適している。しかし教育相談担当の教師も教師であり，教師としての役割や立場があるので，指導や援助はかぎられたものである。教育相談担当の教師は，しばしば教師カウンセラーと呼ばれることもあるが，教師でありカウンセラーではないことを認識しておかなければならない。

② 担任のサポート

　教育相談担当の教師の最も大切な役割は，生徒への直接的な対応よりも日々生徒への指導や援助に取り組んで苦労し，悩んでいる担任をサポートし，よき助言者となることである。担任のよき助言者となることは，生徒へ直接対応することよりももっと難しい課題である。生徒と担任，さらに2人の関わりをよく理解し，担任の役に立つような助言をすることが求められるからである。

③ 援助的学校作り

　次に教育相談担当の教師の役割として，学校全体の援助的体制作りがあげられる。学校がどのような体制であるかは，生徒の心理的健康に大きな影響を与えるものである。生徒は，担任によって学級で支えられ，癒され，成長するが，生徒は同時に学校によって支えられ，癒され，成長するのである。このような学校の体制作りは，教育相談担当の教師の重要な役割である。

　こうしたことのために教育相談担当の教師は，研修を企画，実施したり，生徒への対応を検討する会議を開いたり，教師間の調整を行ったりすることになる。また，スクールカウンセラー，養護教諭といった学校内の職員，あるいは臨床心理士，精神科医，小児科医といった学校外の専門家と担任がうまく連携できるように橋渡しするのも，学校教育相談担当の教師の役割である。

引用・参考文献
(1) 一丸藤太郎「学校カウンセリング」『別冊発達16　カウンセリングの理論と技法』ミネルヴァ書房，1993年。

(2) 伊藤博『ニュー・カウンセリング』誠信書房，1983年。
(3) 河合隼雄『臨床教育学入門』岩波書店，1995年。
(4) 桑原知子『教室で生かすカウンセリング・マインド』日本評論社，1999年。

推薦図書
(1) 一丸藤太郎「学校カウンセリング」『別冊発達16　カウンセリングの理論と技法』ミネルヴァ書房，1993年。
(2) 河合隼雄『臨床教育学入門』岩波書店，1995年。
(3) 桑原知子『教室で生かすカウンセリング・マインド』日本評論社，1999年。
(4) 鑪幹八郎・一丸藤太郎・鈴木康之編集『教育相談――重要用語300の基礎知識』明治図書出版，1999年。
(5) 村山正治『カウンセリングと教育』ナカニシヤ出版，1992年。

（一丸藤太郎）

―――スクールカウンセラー―――――――――――――――コラム1―

スクールカウンセラーの過去・現在・未来

　スクールカウンセラーとは，学校内で児童・生徒の心の支援，ならびに児童・生徒にかかわる保護者や教師の援助を行う専門家のことである。

　アメリカではすでに，1950年代にスクールカウンセラーが制度化されたが，わが国では，これまでごく少数の私立学校などで独自に配置されただけであった。しかし，不登校，いじめ，学級崩壊，「キレる」子ども，少年犯罪など，昨今の児童・生徒における心の問題には多様化と深刻化が認められ，平成7年度から文部省（現文部科学省）により「スクールカウンセラー活用調査研究委託事業」としてスクールカウンセラーが試験的に配置されることとなった。

　スクールカウンセラーの多くは，日本臨床心理士資格認定協会の認定する「臨床心理士」であり，臨床心理学の専門家としてさまざまな領域で心理療法や心理査定に携わっている。

　この事業はおおむね好評であり，平成7年度には全国で154の小学校，中学校，高等学校に配置されていたものが，平成12年度には2250校へと驚異的な速さで拡げられた。また，平成12年の日本臨床心理士会や文部科学省の発表によると，スクールカウンセラーの配置校では不登校児童・生徒の減少が認められている。こうして，平成13年度からはスクールカウンセラーの配置が制度化されることになり，特に不登校やいじめが多い中学校については，全国約1万の公立中学校すべてへの配置が進められた。平成15年度の配置校数は約7000校であり，さらに平成17年度までには全国約1万の公立中学校すべてに配置する方針となっている。

スクールカウンセラーの活動

　この事業では，ある一校に専従する「単独校方式」と，ある学校を拠点としながらも，より幅広く学区や地域の複数校を受けもつ「拠点校方式」の2つの活動形式があり，2年間，週8～12時間の非常勤となっている。

　主な活動目的は，児童・生徒の心理的問題の解決と予防，発達促進，ならびに学校に援助の体制を根づかせることである。具体的には，①児童生徒への直接的援助（カウンセリング，居場所づくり，心理的アセスメント），②教師への援助（コンサルテーショ

ン，専門機関との橋渡し，研修活動），③保護者への援助（カウンセリング，ガイダンス，保護者の会の運営，専門機関の紹介），④地域の啓発（講演会）といった活動が行われる。

スクールカウンセラーの有効性と課題

　スクールカウンセラーの最大の特徴は，外部性と専門性をもった者が，一定期間，校内に定着するという点にある。しかし，これは諸刃の剣であることに留意する必要がある。

　まず，スクールカウンセラーが外部の専門家であることで，児童・生徒，保護者は安心して相談ができるという利点がある。とくに思春期の生徒の場合，第二次性徴の話など，絶対に他人には知られたくない気持ちを秘めていることが多く，この安心できる関係によって生徒の自由な自己表現や感情の交流が保障され，心理的成長や問題の解決を支援することができる。しかし，これはときとして教師に「生徒の心を理解したいがスクールカウンセラーに尋ねてはいけない」という距離感を引き起こし，教師とスクールカウンセラーのコミュニケーションが低下したり，場合によっては「相談室では何が行われているのか」という不信感を招くこともある。

　また，手近にスクールカウンセラーという専門家がいると，児童・生徒に適切かつ迅速な対応ができるので，教師が安心できるという利点もある。教師の負担を軽減することにもつながる。しかし，これが乗じて「スクールカウンセラーにかかっているから十分だ」「自分には手がつけられない問題だ」と，教師が児童・生徒の問題を全面的にスクールカウンセラーに委ねてしまう場合もある。あるいは逆に，教師がスクールカウンセラーに対して「自分だけの力で解決したい」「相談すると自分の教育能力が問われるのではないか」といった思いを抱き，教師とスクールカウンセラーの接点がきわめて少なくなる場合もある。これでは学校に援助体制を根づかせることはできない。

　つまり，重要なのは学校現場におけるスクールカウンセラーの位置づけであり，教師との相互理解と協力関係である。スクールカウンセラーは教師と敵対する者でも，教師に代わる者でもないこと。教師もスクールカウンセラーもこれらのことをよく知っておく必要がある。大切なことは，教師とスクールカウンセラーが互いの視点の違いを尊重し合い，それぞれの専門性を活かし合うことであり，それにより，「生徒に対する見方が変わった」「対応の足がかりが得られた」というように，生徒理解が充実したものになっていくことである。このように，児童・生徒の心の支援に学校全体で取り組むことができるようなチームワーク作りが，スクールカウンセラーの重要な働きのひとつなのである。

　　　　　　　　　　　　　　　　　　　　　　　　　　　　　　（渡辺　亘）

第2章　カウンセリングの理論と実際

　近年，教育現場においてカウンセリング・マインド，あるいはカウンセリング的関わりの必要性がますます強調されるようになってきている。学校現場においてカウンセリング・マインドが必要とされるのはなぜか，そのめざすところは何なのか，具体的にはどのように実践されるのか，生徒の心の発達を援助するために教師ができることはどのようなことなのか。こうした問いに答えていくために，本章では，まずカウンセリングの基本的な考え方や応答技法について解説する。次に，教師が行う学校教育相談や日常の生徒との関わりに，カウンセリング的な視点がどのように役に立つのか，どのように活かすことができるかについて論じていくこととする。

1　カウンセリングの基礎

1　カウンセリングと学校教育相談

　学校教育相談とは，学校においてなされる教師による生徒への援助活動全般を指す。心理臨床家が行う狭義の教育相談，学校カウンセリングとは，区別して考える方向にあるといえる。しかしながら，その援助の方向性や基本的な考え方には，カウンセリングに関するさまざまな理論や技法から発展してきているものが多く含まれている。したがって，カウンセリングに関する基本的な理論やいわゆるカウンセリング・マインドについての理解を深めることは，学校教育相談を実践しようとする者には不可欠なことといえるだろう。

　カウンセリングを定義すると以下のようになる。すなわち，主に言語を通してなされる専門的な活動であり，その過程で専門的知識と技能を有するカウンセラーと，自己成長をめざしたり，問題や悩みを訴えたりするクライエント（来談者）とが力動的に相互作用しながら，クライエントが自己理解を深めて

意味のある意志決定をしていくことを援助することである。この定義からもわかるように，カウンセリングとは心理学的な知識や技能を基本にしたきわめて専門的な活動である。その意味の異同が論じられることが多い言葉に，心理療法という用語がある。心理療法もカウンセリングと同様，心理学的知識に基づく専門的な援助活動であり，その実践には専門的な教育・訓練が不可欠である。現在では，この２つの用語はほとんど同義的に用いられるが，心理療法という場合には「治療的」な観点からの援助による問題の解決・軽減という意味合いが強く，カウンセリングという場合には発達的・成長的な観点からの援助による個人の可能性の実現という意味合いが強いという区別をする専門家もいる。また，その対象に関して，カウンセリングの方がより健康度の高い人々の適応の問題を扱うのに対して，心理療法では心の病や障害を扱うものと考える立場もある。学校が本来教育を目的とした組織であることを考えれば，そこで行われる相談活動も問題の発生を未然に防ぐ予防的なカウンセリング，あるいは生徒の可能性を広げる開発的なカウンセリングという意味合いが大きくなってくるといえる。

2　カウンセリングの基本姿勢

　来談者中心療法の創始者であるロジャース（Rogers, C.R., 1966）は，カウンセリングにおいて建設的な人格変化が生じてくるためにカウンセラーがとるべき基本的な姿勢として，いくつかの条件を提示している。そのなかで最も基本的なものとして，カウンセラーの自己一致・純粋性，無条件の肯定的配慮，共感的理解（感情移入的理解）の３つがカウンセリングにおいては重要視されている。

　自己一致・純粋性とは，カウンセラーが自分自身の経験に開かれていることの必要性を説明するものである。自分自身の経験に開かれているとは，カウンセラーが自分自身の感情や態度，気分などを，否定したり歪曲したりすることなく十分に意識していること，自分の気持ちに正直であるということである。クライエントの話を聞きながら，自分がいまどんな感じがしているかに気がついていることである。たとえば，あるクライエントと会っていて不快に感じる

ときに，その感情を偽って振舞うことで対処しようとしたり，会っていて恐れを感じるようなクライエントに対してそのように感じている自分に気がつかないでおこうとしたりすることなどは自己一致の状態とはいえない。カウンセラーとしてあまり望ましくないと思われるような感情体験や態度にも鋭敏に気がついていることが必要であり，そのうえで，より経験の豊かなカウンセラーに助言を求めたり，十分慎重な配慮のもとでその感情体験をクライエントに伝えて，クライエントの理解に役立てたりするなどの適切な対処をすることが必要である。そうした自分の感情や思考の流れに気がつくことができないカウンセラーは，クライエント自身が自分の感情に気がつくように援助していくことはできないとロジャースは述べている。

　無条件の肯定的配慮とは，カウンセラーの期待や価値観に沿ったクライエントの言動にのみ是認を与えるのではなく，クライエントの体験のあらゆる側面を一切の価値判断をせずにそのまま受け入れて，そのクライエント独自の体験として関心をはらい尊重していく姿勢を指している。日常生活のなかの人間関係は大部分が条件つきの配慮となっている。たとえば自分のいうことをよく聞いてくれる子どもをかわいいと思ったり，勉強がよくできる子どもに好感を抱いたりすることがある。カウンセリング場面ではこのような条件を棚上げしておくことが必要である。無条件の肯定的な配慮をもって関与されるとき，クライエントはカウンセラーに認められたという感覚をもつことができ，自己評価の高まりを体験できる。そうした体験の積み重ねにより，クライエントは自信をもつようになり，一歩一歩先に進むことができるようになるのである。

　共感的理解とは，カウンセラーがクライエントの内的世界をあたかも自分自身のものであるかのように体験しようと努力し，クライエントが自分自身や他者および外界をどのように見ているかをその感情も含めて正確に把握しようとすることである。カウンセラーがクライエントの視点からその体験を見ようと試みていることがクライエントに伝われば，クライエントは自己理解を深めることができるし，またそうした試みに取り組むことを励まされたと感じるであろう。

　ロジャースのあげたこれらの条件はどれもが相互に深く関連しあったもので

あり，また，どれもがカウンセリング関係を成功させるために欠かせないものである。しかしながら，こうした条件を完全に満たしていくことは現実的に困難なことである。したがって，カウンセラーとして重要なことは，これらの条件を満たすべく努力を続けるということになるだろう。

3 カウンセリング・マインドとは

前項でカウンセリング場面においてカウンセラーに求められる基本的な条件を説明したが，ロジャースはこの3条件をカウンセリング場面にかぎらず，さまざまな場面において人間関係を促進するための重要な要因となるものと考えた。こうしたカウンセリングの理念に立脚した形で，教育現場を中心にカウンセリング・マインドというものの必要性が主張されるようになってきたのである。カウンセリング・マインドとはひとことでいうと，生徒を理解するうえで必要とされる，相談的な見方，感じ方，考え方，態度のことである。尾崎と西(1984)は，教師に求められるカウンセリングマインドに基づく姿勢について，以下のように要約している。

① 生徒の成長への可能性を信頼し，畏敬の念をもつ。
② 人間として対等の関係を実感し，心のひびき合いをもつ。
③ 生徒の考え方・感じ方をありのままに受けとめ，共感的に理解しようとする。
④ 教え与えることに性急にならず，自分で学ぼうとする構えを大切にする。
⑤ 知的側面だけでなく，情緒的側面への関わりを大切にしていく。
⑥ 生徒を先入観や固定的な考えで見ないで，新鮮な目で柔軟に見ていく。
⑦ 生徒とともに考え，歩もうとする。
⑧ 生徒の自尊心を大切にして，追い立てないで待てる。
⑨ 共感的理解と訓育的指導とを統合していく。

ここにあげた基本姿勢の背景にあるのは，人間は適切な環境が与えられれば誰もが健康的でその可能性を十分に開花させた生活を送ることができるという肯定的な人間観だといえる。個々の生徒の自己成長力を信じられるか否かが重要だといえるだろう。

2　カウンセリングの技法とカウンセリング的関わり

1　カウンセリングの技法

　カウンセリングの基本理念とそこから発展したカウンセリング・マインドの概念については前節にあげた通りであるが，では実際のカウンセリング場面ではどのような関わりがなされるのであろうか。カウンセリング場面におけるカウンセラーの基本的な応答のあり方についてまとめると，以下のようになる。

① 傾　聴

　クライエントの話をしっかりと聴き，そしてクライエントの話に関心を示してしっかり聴いていることをクライエントに伝えるための姿勢を意味する。カウンセラーがクライエントの発言を，注意を集中して耳を傾けていると，適度にうなずくことや，「うん」「ええ」「なるほど」などの相づちが自然と出てくるものである。こうしたカウンセラーの反応により，クライエントは自分の言うことをきちんと聴いていてくれていると感じることができるのである。

② 繰り返し

　クライエントが語る内容を，クライエントが用いた言葉にできるだけ忠実に要点をおさえて繰り返すことである。クライエントの言葉をカウンセラーが忠実に理解して，それを伝え返そうとする場合，「～ということですね」「～という感じなんですね」などという表現をとることになる。このような応答によってもクライエントは，カウンセラーが自分の話をしっかりと聴いていてくれているのだと感じることができる。

③ 感情の反射

　クライエントが語る話のなかに含まれる感情，あるいはその時点でクライエントが体験している感情を，カウンセラーが言語化して伝え返すことである。クライエントが感じている気持ちを正確に共感的に理解して，クライエントが理解できる形で伝え返すことが重要である。カウンセラーの応答は「～というお気持ちなんですね」「～とお感じになるんですね」という表現をとることになる。

④　明確化
　クライエントが混乱していて話の内容が整理されていなかったり，その意味があいまいなままでクライエントにもはっきりとした形で理解されていなかったり，あるいはクライエントが気持ちを表現しようとしてもうまく言語化できなかったりする場合に，カウンセラーが「それは～ということでしょうか」などといった形で，その意味・内容を明確にしようとする試みを指す。
⑤　質　問
　クライエントが語ることがわかりにくい場合や，クライエント理解を深めるために詳しく語ってもらう必要がある場合には質問をすることになる。質問には閉ざされた質問と開かれた質問の2つのタイプがある。
　閉ざされた質問とは，「はい」「いいえ」で答えることができる質問や，「いつ」「誰が」「何を」「どうした」といったような事実を答えるような質問を指している。クライエントの問題の背景にあるさまざまな情報を得たり，事実関係を確かめたりする際に必要な質問方法である。しかし，このような質問ばかりが繰り返されると，カウンセリング場面が「カウンセラーが質問してクライエントが答える」という型にはまったものとなってしまったり，会話が知的な側面ばかり強調されたものになってしまったりして，カウンセリングが深まらなくなる可能性がある。
　開かれた質問とは，「はい」「いいえ」などで答えるのではなく，クライエントが自由に語れるような質問の仕方を指している。具体的には「そのとき，どんな風に感じましたか」「そのことについてもう少し話していただけませんか」などの表現がとられることになる。このような形で質問がなされると，クライエントの話す内容を過度に方向づけることなく発話を促すことになり，クライエントの自発的な表現が促進されることになる。クライエント自身が自由に自己表現する機会を提供するものであり，カウンセリング場面ではこの開かれた形での質問が用いられる場合が多い。
⑥　要　約
　クライエントが多くのことを語り，話が複雑に入り組んできてその内容を整理する必要が生じたときに，それまで語られた内容をまとめて伝えることを要

約と呼ぶ。簡明に要約して伝えることで，クライエントが自分の話をきちんと聴いてもらえていると感じられると同時に，カウンセラー自身がクライエントの話を正確に理解しているかどうかを確認することができる。具体的には，「ここまでは……ということについて話してきたんですね」「これまでの話をまとめてみると……ということですね」といった形になる。

2 学校教育におけるカウンセリング的関わり

さて，以上のような応答がカウンセリング場面でカウンセラーによってなされるのであるが，では，これらの応答技法は学校教育の場面においてはどのように活かされる可能性があるだろうか。

まず，最初にあげた傾聴であるが，これは学校教育相談において生徒の訴えに真摯に耳を傾けるために欠くことができない姿勢であるのは当然のことである。さらに，授業場面などにおける教師と生徒とのコミュニケーションを促進させるという意味でもきわめて重要なものといえよう。自分の話したことに教師が耳を傾けて聴いてくれているとわかるとき，あるいは簡単な形であれ受容されたと感じられたとき，生徒は自分の考えをさらに表現していこうというように勇気づけられるものである。傾聴の姿勢を示そうとするときに，教師は生徒のさまざまな発言に細やかな配慮ができるのであり，そうすることで発言しやすい雰囲気を作っていくことができると思われる。また，生徒のさまざまな問題行動に対処する場合にも，傾聴という姿勢を意識することで，一方的に教師自身の考えを説くのではなく，まずは生徒の話を聴くという姿勢をもつことができるようになる。このような姿勢を示すことができると，生徒は安心して自分が感じていることや考えていることを表現することができるのである。

繰り返しや明確化も個人的な相談場面ばかりではなく，やはり授業場面における生徒とのコミュニケーションの円滑化に大きな効果をもたらす。生徒の発言に対して「あなたは〜ということを考えているんだね」といった応答をすることで，個々の生徒の考えを確認しながら授業を進めていくことが可能になる。個々の生徒の発言に丁寧に応えていくことで，発言を促進する効果もあるだろう。また，授業場面における発言ばかりではなく，集団活動などにおける個々

の生徒のとった態度・行動を，繰り返しや明確化を通して彼ら自身が自分の態度・行動を振り返り，意味付けする機会を提供することができる。「あなたは〜ということを考えていて，それで〜という行動をとったのだね」というように明確化してあげることで，生徒は自分の行動を振り返り，自分の行動に対する気づきを増していくことができるのである。

感情の反射は多くの対人関係場面において，自分の気持ちが理解されているという安心感を得ることができること，自分の気持ちに対する気づきが促進されること，そして受け入れられたという肯定的な体験をもとに意欲が喚起されるという意味をもつと考えられる。学校という集団場面においても，適切な感情の反射が行われれば，生徒は教師から否定されることなく理解されたと感じることができる。そして，生徒は教師を信頼してより一層の自己表現を試みようとするだろうし，生徒の自己評価は高まり，新しい行動への意欲が喚起されることだろう。

質問は，学校現場のあらゆる状況において，生徒の注意を喚起し焦点化する手助けとなるだろう。また，教師が開かれた質問を用いることにより，生徒は自身の体験について自分の力で自由に探索していくことが可能になる。

以上のように，カウンセリングで用いられる応答技法は，生徒に対する援助・教育のさまざまな状況において応用されることが望ましい。その結果として，教師と生徒とのコミュニケーションが促進されて，教師と生徒との間に信頼関係が確立されるということが期待されるのである。

3 カウンセリング的関わりの目標

カウンセリングの目標は，その対象，クライエントが訴える問題，カウンセリングを行う相談の場などの条件によって異なってくる。大まかにまとめてみると，以下のようになるだろう。

① クライエントの訴える症状や問題行動の解決・軽減
② クライエントが生きていくうえでの困難の軽減
③ クライエントの人格的成長・可能性の実現

ここでは，たとえば医療現場で行われるカウンセリングでは①や②が目標となるであろうし，予防的カウンセリングや開発的カウンセリングと呼ばれるものは③が目標となるだろう。先に述べたように，学校教育相談においては①よりも②や③がその主な目標となると考えられる。そして，日常の学校活動における教師によるカウンセリング的関わりにおいて重要な目標となるのは，発達援助ということになる。つまり，「育てる」という視点が欠かせない。では，この「育てる」，あるいは発達援助という目標を達成するために，教師がめざすべき姿勢とはどのようなものが考えられるだろうか。

　まず，生徒の個性を尊重するということがあげられる。学級運営や学校運営のように集団を相手にする場合，生徒の個性は考慮しないまま対処した方が効率は良いだろうし，教師の側の負担も少なくて済む。しかしながら，生徒のものの考え方，感じ方は千差万別で，一人として同じものはない。このような個性に配慮することなしに，教師は個々の生徒の気持ちが理解できるであろうか。教師が，ロジャースのあげた無条件の肯定的配慮や共感的理解といった条件を自分のものにしようと努力するとき，また，傾聴や感情の反射などを実践しようとするとき，教師は生徒一人ひとりの立場に自分の身を置いて感じ，考えようとするわけであり，その結果として生徒の個性といったものに注目するようになるのである。そうすると生徒は個性の部分まで含めて自分が教師に受け入れられている，理解されていると実感することができ，そのことが生きる力を支えるものとなるのである。

　学校教育相談あるいは教師によるカウンセリング的関わりにおいて，発達援助が大きな目標となると述べた。発達という言葉には，「前進する」とか「上位の段階に移行する」などのプラスのイメージが付与されている場合がほとんどである。こうした発達というものに対するイメージは決して誤ったものではない。しかし，発達には個人差があり，一般的に期待されるような発達段階をたどることばかりを期待すべきではないということも十分認識しておくことが重要である。発達というものがけっして直線的に，一方向的に進むものではなく，逆戻りすることや行きつ戻りつすることもあり，そのことが重要な意味をもつこともあるということを知っておく必要があるだろう。たとえば，登校を

渋る子どもが，一日学校を休んで母親のもとでゆっくりとした時間を過ごすことができると，翌日から元気に登校できるようになることがある。母親とのつながりを再確認して十分甘えることで，先に進めるようになるのであろう。あるいは，些細なことと思われるようなことを訴えては頻繁に保健室を訪れる子どもたちもいる。そうした子どものなかには，しばらく横になって休んだり，養護教諭とたわいのない話を少ししてみたりというように，さまざまな形で甘えの欲求を満たして元気を取り戻し教室に帰っていくということもある。甘えるというのは発達的に見ると前段階への逆戻りであるが，このように次のステップを踏み出すための助走として必要な場合もある。教師との間でもこのような逆戻りを許容する雰囲気をもてること，あるいは教師との間で子どもが弱音を吐くことができて，甘えを体験することも許されるような雰囲気を築くことが重要である。

　教師が固定化した価値観にとらわれることなく，柔軟な価値観をもつということも重要なことである。ひとつのものごとを多くの側面から見ることができるということでもある。ものごとには必ず良い面と悪い面が存在すると考えられる。生徒の欠点と思えるところも，視点を変えて見ると良い部分が見つかるかもしれない。あるいは違った価値や意味が見つかるかもしれない。たとえば，クラスに不登校の生徒がいたとすると，その生徒が学校に出てきて授業を受けるということが最終的な目標と考えるのが一般的である。しかし，本当にその生徒の人生にとって，その時点で学校に行くことが最良であるかどうかは実際にはわからないことである。その時点ではその生徒にとっては学校を休んでおくことが最良の選択かもしれない。十分休んで，甘えの体験を積んで，その後に大きく成長するかもしれない。そしてその結果として学校に来るようになるかもしれない。つまり，生徒が育っていくことが重要なのであり，登校するということは必ずしもその最終的な目標ではないかもしれないという意識をもっておくことが必要である。不登校という問題にかぎらず，常にさまざまな視点から生徒を理解しようとする姿勢が重要だといえよう。

　継続するということも，教師の姿勢として重要なことである。人が他者を信頼する，あるいは信頼してもらうということには，非常に多くの時間を要する。

また,「育つ」ということにも多くの時間が必要であり,「育てる」ための関わりを長い期間にわたって継続していくことが必要である。河合(1970)は,「時間がかかりすぎる」というカウンセリングに対する批判に対して,「よいことをするには時間がかかる」と答えている。クライエントの可能性を発展させていくことに注目するカウンセリングと同様に,学校教育相談や日常の生徒との関わりにおいても,意義深いことをするには時間をかけて継続していくことが必要であろう。信頼を得るためには,連続性・一貫性をもって対処しなければならない。成果を性急に求めるのではなく,生徒が育っていくのを待つことができる,焦らさないという姿勢が求められる。生徒が教師を信頼するようになり,新しい世界に足を踏み出そうとする勇気と意欲を得るには,相応の時間とエネルギーが双方に必要となるのである。

「育てる」という学校教育相談あるいは教師によるカウンセリング的関わりの目標を達成するためには,ここにあげた「個性を尊重する」「発達段階にとらわれすぎない」「柔軟な価値観をもつ」「継続する」という姿勢が教師には求められる。教師がこのような姿勢をもち,ロジャースの3条件やカウンセリング的な応答を心掛けると,生徒の一人ひとりが学校という集団体験において自由に自分の可能性を表現し,試していくことができるようになってくる。そして,個々の生徒が,その子なりのやり方,その子なりのペースで試行錯誤できる環境が保証されることになり,意味のある成長が達成されてくると思われる。

4 カウンセリング的関わりの実際

1 苦手な生徒への対応

誰にでも苦手な人はいるだろう。そのような人は,一緒にいてイライラさせられたり,嫌な気分にさせられたり,さまざまな形で不快な気分にさせられる。自分が担当する生徒のなかにも,なぜか馬が合わない子どもやイライラさせられる子どもが,一人や二人はいたりするものだろう。そういった子どもを相手にする時,どのように接したら良いだろうか。

桑原(1999)は,このように相手のなかに感じられる嫌な部分というものは,

実は自分自身が心の中にもっていて，それに気がついていない場合があると述べている。そして，そのことに気付こうとしてみること，すなわち相手が感じさせる不快な部分が，実は自分のなかにあるのではないかと考えてみることで，その対応に余裕が生じ，そうした存在を排除するのではなく，少し取り入れてみるという姿勢を勧めている。このような視点をもつことは，子どもに対する関わり方にも良い影響を及ぼすことが考えられる。自分がその子どもと接していてどのような気持ちになるのか，その気持ちを歪曲してとらえようとしたり，否定しようとしたりせずに，正直に受けとめることが重要だろう。自分の気持ちに正直であれば，教師自身が弱音を吐いて他の教師などに援助を求めることも可能になってくるだろう。

　また，教える—教わるという関係にとらわれずに，教師の側も生徒一人ひとりから教えてもらうことができるという構えをもつことも，苦手な生徒に接するときには役立つかもしれない。苦手な生徒と関わることで，何かしら学ぶことができるという認識をもって関わっていくと，その関係に新たな可能性が広がることが期待される。

2　予防的な関わり

　生徒に問題が生じないよう，日常の生徒との関わりにおいて絶えず個々の生徒に関心を向けていることが何よりの予防的な関わりといえる。これまで述べてきたように，自分に肯定的な関心を寄せてくれる人間がいるということが感じられると，多くの人間はさまざまな事態に対処していく意欲や勇気をもてるものである。また，何か困難な事態が生じたときには，信頼を寄せる人物に相談したり援助を求めたりするものである。普段から，個々の生徒に合った対応を心掛けて実践することが，問題の発生を未然に防ぐことにつながるといえよう。個々の生徒に合った対応というのは，個人差を考慮した対応ということである。励まされると発奮して頑張る生徒もいれば，その同じ励ましを脅威に感じて引きこもってしまう生徒もいる。そのような生徒には，ただその訴えに耳を傾けるだけの方が支えになるかもしれない。このような個人差に対して敏感になり，どのような関わり方がそれぞれの生徒にとって一番適しているのか，

どの程度の関わり方が生徒を傷つけないものかといったことに絶えず配慮しておくことが重要である。このような見方をしていると，問題が生じることが予想される生徒を見極めることができるようになるだろう。

3　問題が生じた時の対応

　問題が生じたことに気付くためには，その兆候を含めて，それを見極める目をもたなければならない。そのためには生徒の発達年代に生じやすいさまざまな問題についての知識や生徒の家族背景，担当するクラスの全体像を把握しておくことが必要である。たとえば，不登校にしてもその背景はさまざまである。登校渋りのレベルにある生徒や不登校初期の生徒などは，教師によって本章で述べたような配慮ある対応がなされることで，十分な成果をあげることも少なくないだろう。深刻で長期にわたるような不登校や精神的な病が背景にあるような不登校は，当然専門家の援助や治療が必要になってくるだろう。教師は，自分で対処しえる範囲で，生徒への援助を考えることが望ましい。専門家に生徒やその保護者を橋渡しすることも重要な責務である。専門家への相談を勧める場合にも，生徒の自主性を尊重することは忘れてはならない。また，専門家へ橋渡しをした後も，任せきりにしないで，声をかけることや関心を示すということを絶やさないようにしなければならない。

　どのような場合であっても，関心をもって見守るという教師の姿勢が，生徒が育っていくための支えとなるということを忘れてはならないのである。

引用・参考文献
(1) 尾崎勝・西君子『カウンセリング・マインド――子どもの可能性をひき出す教師の基本姿勢』教育出版，1984年。
(2) 河合隼雄『カウンセリングの実際問題』誠信書房，1970年。
(3) 桑原知子『教室で生かすカウンセリング・マインド』日本評論社，1999年。
(4) ロジャーズ，C.R., 伊東博編訳『ロジャーズ全集第4巻　サイコセラピィの過程』岩崎学術出版社，1966年。

推薦図書
(1)　上地安昭『学校教師のカウンセリング基本訓練』北大路書房，1990年。

(2) 鵜養美昭・鵜養啓子『学校と臨床心理士——心育ての教育をささえる』ミネルヴァ書房，1997年。
(3) 河合隼雄『河合隼雄著作集7　子どもと教育』岩波書店，1995年。
(4) 国分康孝編『学校カウンセリング』日本評論社，1999年。

(勝見吉彰)

第3章　児童・生徒の問題の理解と対応

　教育現場ではさまざまな問題が起こっている。その数が13万人といわれている小・中学校の不登校（文部省〔現文部科学省〕による平成11年度の調査），1980年代後半から特に問題になってきたいじめ，そして90年代後半からは小学校での学級崩壊，さらには高校を中退する生徒数の増加，あるいは引きこもりなど，学校が抱える問題は近年になってますます多様化し，複雑になってきている。本章では，このような問題に対して，現場の教師や周囲の大人はどのように理解し，対応していったらよいのかを検討してみたい。

1　問題とは何か──問題のもつ問題

　まずはじめに，「問題」とは何かということから考えてみよう。本章のタイトルにも掲げたように，教育現場では児童・生徒の問題行動とか問題児といった言い方がよくされる。
　たとえば次のような光景を考えてみよう。小学校の低学年のクラスで，担任の指示がなかなか守れない子どもがいたとする。その子は非常に元気で活発なのだが，授業中じっと座って先生の話を聞くことができず，そのうち周囲の子に話しかけたり，いたずらをしかけてしまう。注意されても初めのうちだけで，また同じことが繰り返され，しまいにその子は，クラスの「問題児」として担任から認識されるようになってしまうのである。
　子どもにこのような行動上の問題が生じたとき，周囲の大人の間には一般にどのような反応が起こるだろうか。先の例でいえば，まず担任は，「この子が授業中なかなか落ち着かないのは，私の教師としての指導力が足りないからだろうか」と考えるかも知れない。あるいは逆に，「幼稚園での指導・教育が悪かったから集団行動が取れないのだ」とか，「あそこの親は子どもに甘く，

ちゃんとしつけができてないからこのような子どもになったのだ」と他を非難する方向に向かうかも知れない。一方，親の側は，もしクラスでのわが子の問題行動を指摘されたとしたら，教師の指導力や学校やクラス内の落ち着かない雰囲気を問題にするかも知れない。

　ここで起こっていることは，問題の原因は何か，という原因探しである。何らかの問題（結果）が生じるということは，そこには必ず原因があるはずだ，したがってその原因さえ除去すれば（たとえば教師の指導力の向上，あるいは家庭でのしっかりしたしつけのし直し）問題は解決する……，といった「科学的」な因果論がここには流れている。しかし原因探しは往々にして犯人探しとなり，先ほどの例のように，学校と家庭の不毛な論争（極端な場合は責任の押し付け合い）に陥ってしまうことになる。しかし人間の心の現象ということを考えた場合，その原因を科学的な因果論に沿って探し当てるのは至難の技に近く，ここから建設的な議論や解決策はなかなか生まれてこない。もうひとつ大きな問題は，原因探しへの没頭は人を第三者的な評論家にしてしまい，肝心な当人との関わりをなくし，問題解決のための行動がそこから何も生じてこない，という危険性が潜んでいるということである。

　問題とは何か，というテーマに立ち返ってみよう。このことを考えるうえで大切なポイントは次の2点である。まずひとつめは，問題行動なり問題児といった場合の問題とは，一体「誰にとって」の問題なのかということ。それが不登校なら，子どもが学校に行かないということが誰にとって問題になるのか，ということである。当の本人が，学校へ行きたいのに行けないということで悩む，という場合ももちろんあるが，普通は，親であるとか教師といった周囲の大人にとって問題になることの方が多い。

　2点目は，「どのような状況において」，それが問題になっているのかということ。ここでは，誰もが学校に行っているというのが当たり前の社会（特に義務教育社会，そして最近崩れつつあるとはいえ，まだまだ根強い現代日本の学歴重視社会）において，ということになろうか。自分の子どもが，あるいは担任をしている子どもが学校に行かないというのは，このような状況だからこそ問題となりやすいのだ。そしてそれは，目立つとか，世間体が悪いから，とい

うことになってくるのである。

　このことは突き詰めると，だいたいは周囲の大人にとって，子どもの普通ではない，すなわちみんなと同じではない行動が問題となる，ということである。子どもの問題を考えるとき，問題のもつ問題，すなわち今あげたような問題発生時の背景をまず頭に留めておきたい。

② 問題の意味と理解

1　発達的視点から

　ここで，問題の内容そのものについて考えてみよう。問題というものを考えたとき，われわれはその否定的側面に注目しがちである。不登校の場合なら，学校に行かないことによる勉強の遅れ，友達との交流がなくなること，あるいは社会性の未発達などといったハンディにすぐ目がいってしまい，そのマイナス面を気にするだろう。気にし悩むのは，子ども自身でもあるのだが，むしろ親の方がそれは大きい。しかし，子どもが発達・成長していく過程において生じてくるさまざまな問題は，すべて否定的で，避けるべきものばかりなのだろうか。

　子どもの成長，とくに心の発達に目を向けてみたとき，大人にとっては困った問題とか否定的に映る現象でも，子どもの側から見ると実は成長にとってむしろ必要なもの，というのが少なからずある。以下に，その例をあげてみよう。

　子どもが誕生して最初に大人にとって困る問題としては，「8カ月不安」，いわゆる「人見知り」があげられるだろう。母親に抱かれている間は機嫌がいいのに，母親以外の人に抱かれると泣き出してしまい，機嫌が悪くなる現象である。子育てで忙しい母親にとっては，自分以外の人に抱かれてもにこにこしてくれるのが一番だし，そうしてくれれば家事などをこなすのも好都合なのだが，赤ちゃんは母親が面倒をみないと落ち着かない。そして大人から見ると，それは困った問題ということになる。

　しかしこの現象は，子どもの側から見ると，母親とそうでない人の区別がつき，母親以外の人物に否定的な反応を示し始めたことを意味している。この発

達的テーマは，5カ月前後の選択的微笑（それまでの無差別微笑から，母親に向けてのみ微笑む）に続くものであるが，この段階に至って初めて，対人関係の基本となる母子関係（二者関係）が成立したと考えることができるのである。

　2歳半から3歳にかけて見られる第一反抗期についてはどうだろうか。言葉の発達に伴って，自己主張が強くなり，親の言うことを聞かずに「イヤ！」を連発する現象である。店で気に入ったお菓子や玩具を握りしめて駄々をこね，その横で親が手を焼いている姿はよく見かける光景である。

　このとき，子どもの心の世界ではどのようなことが起こっているのだろうか。それまでは全面依存していた母親に対して，「イヤ」ということ。結論からいうと，これは，母親との間に少しずつ距離を置き始め，同時に一方で，それでも母親は自分のことを見捨てない，そして愛してくれているということを試し，確認する作業なのだと考えることができる。このプロセスを通して子どもは母親の愛情を確認し，守られながら，自分と母親は違う存在なのだということを認識していくのである。これは自我の誕生であり，心理的離乳が始まったことを示している。

　このように見てくると，第一反抗期には母子双方の信頼関係がその前提になっているように思われる。仮にもし子どもが母親に対して不安や恐怖を抱いているとしたなら，反抗などとてもできない。反抗などしたなら見捨てられてしまうに違いない，と子どもは考えてしまうからだ。これと関連して，「小さい頃は，手がかからなくてよい子だった」と後に親が述べる子どもたち，すなわち第一反抗期のなかった子どもたち，思春期の第二反抗期になって初めて反抗を始めた場合，そこにさまざまな困難が生じたり，あるいは後に適応上の問題が起こったりするのを，われわれは経験上知っている。

　人見知りにしても，第一反抗期にしても，それぞれ個人差があり一概にはいえないが，以上の例からも，子どもが成長していくうえで大人にとって困ること，一見否定的に映ることが，発達上は重要な意味をもっていることが多いということがわかるだろう。

　ではもっと踏み込んで，人見知りのように発達上よく観察される現象ではなく，一見どころかどう見ても否定的にしか思えないような行動，たとえば思春

期・青年期の引きこもりなどについては、いったいどのように考えていったらよいのだろうか。

　思春期の不登校・引きこもりに関して、山中（1978）は「思春期内閉論」を展開している。引きこもっている間、彼らの心的エネルギーは内に向かって、内界の活動に費やされ、この間、外的には一種の不適応状態になる、としている。しかし内では、青年期の大きなテーマであるアイデンティティの形成が行われ、それが確立されるとエネルギーは再び外に向かい始める、というものである。そして山中は、このときの外的不適応を、成長・発達していくためにはむしろ必要なもの、とさえ考えている。

　同様に河合（1980）も、思春期を蝶のさなぎに喩え、子どもとしての幼虫時代が終わり、大人としての成虫になる前のさなぎが思春期にあたるとし、外からはじっとして動かないように見えるが、なかではものすごい変容が起こっているのだと述べている。

　両者に共通しているのは、思春期・青年期の引きこもりのもつ肯定的な意味に注目し、それを保障していくことが、周囲の大人が関わっていく際に重要だと指摘している点である。

　否定的に見えるものには、発達途上で観察されるさまざまな現象のみならず、不適応とされる現象でも、そこには成長の芽、可能性が隠されているということにわれわれは注意しておかなければならない。子どもの問題を前にしたとき、このことを意識しているか否かでその関わりは大きく変わってくるだろう。

2　不登校を例として

　ここで典型的な「よい子」の不登校の例を取り上げ、問題の意味をどのように理解したらよいか考えてみよう。

【事例】　中学校2年、男子
　5月の連休明けから、朝、身体の不調を訴え、週に1回から2回登校を渋るようになる。それでも何とか頑張って行くが、月に2～3回学校を休むようになる。心配した親が近所の医者に連れて行くが、特に身体的な異常は見つからなかった。1学期の間はこのペースで何とか登校を続けていたが、2学期に入ってついにダウン

し，完全に学校へ行けなくなってしまう。そして9月の半ばぐらいから，心配した母親にともなわれて，カウンセラーのもとに通うようになった。

　母親の話によると，「小さい頃から手がかからず，よい子」であり，これまで叱ったという記憶があまりない。家の手伝いもよくし，宿題も親からいわれる前に自分でやり，忘れ物をするということもなかったとのこと。成績もよく，頑張り屋さんで，友達思いの優しい子だった。ところが，学校に行かなくなってからは生活が一変し，昼夜逆転，部屋に引きこもってテレビゲームと漫画中心の毎日となる。

　カウンセラーとの面接では，どちらかというと言葉数は少なく，テレビゲームや，読んでいる漫画の感想をぽつりぽつりと話す程度だった。ところがしばらくすると，家で描いたという絵を持参してくるようになった。はじめの数枚は，堅く扉を閉ざしたお寺のお堂や，眠っている人形の絵だった。恐らく，周囲とのコミュニケーションを絶ち，引きこもっている自分の姿を表現していたものと思われる。その後，家の設計に少年は興味をもち始め，家の見取り図や設計図，外観図を描いては持ってくるようになった。しばらくして，今度は自分の部屋の改装プランを練り，その頃関係が改善した父親の協力も得られ，半年間というゆっくりとしたペースではあったが，実際に部屋の模様替えを実現させてしまった。そしてちょうどこの頃，すなわち面接を開始して約1年半後の4月，少年は1年留年という形を取り（入学4年目で中3に復学），学校に戻っていった。このときの状態は，不登校になる前と違って，自分の進路や行動については自分で判断し決定する，といったように目覚しい成長の跡がうかがえた。

　さて，不登校については，その要因として，分離不安説，あるいは自己評価と他者評価のずれ，そしてそのことに起因する場面逃避説，さらに青年期に関しては，先に述べた内閉説や，親からの分離・自立とアイデンティティの問題など，さまざまな説明がなされている（詳しくは，第5章参照）。しかしいずれの場合にせよ，それまでの生き方では行き詰まり，そこに変更が求められており，彼らは学校に行かないという大きな犠牲を代償としてその作業に取り組まざるを得ない状況にあるのだ，と理解してよいのではないだろうか。

　この例でも，小さいときから親の期待や意向を敏感に感じて先取りし，親の敷いたレールに沿って受け身的に進んできた少年が青年期を迎え，親から分離し自立していくために，不登校という表面的には脱線と見える行動を取らざるを得なかったのだと考えられる。もちろんこのことは，本人に明確に意識されることは殆どない。特に児童期から思春期にかけては，自分の心のなかで何が

起こっているのかわからず、ましてや周囲の大人から言葉で説明を求められても、それに答えることは不可能に近い。このことは、思春期に限らず、問題を抱えている児童・生徒達に対応し、援助する際の重要なポイントとなってくる。

③ 問題の種類と発生のメカニズム

1 問題の種類

児童・生徒に起こってくる（大人の側から見れば、「児童・生徒が引き起こす」という言い方になるが、それは一面的な見方でしかない。意図的に引き起こそうと思って起こるのではなく、当人の意識とは関係なしに生じてくる、からである）さまざまな問題は、一般には不適応と呼ばれ、大きく次の3つに分類される。まずひとつめは精神症状、あるいは心理的問題と呼ばれるもの。ふたつめは身体症状、そして3つめが行動上の問題である。後のふたつはそれぞれ、心理的な問題が身体化されたもの、行動化されたものと考えられる。児童・生徒に現れやすいそれぞれの症状や問題行動は表3-1に、そのメカニズムについては図3-1に示す。

まず表3-1についてだが、先にあげた不登校はここでは行動障害のなかの非社会的行動に分類される。ただし不登校というのは行動に表された結果の総称であって、たとえば低年齢では母子分離不安、中学生・高校生では神経症性の心理的要因がその中核的な問題となっていると考えられる。

ここでは、心と身体の関係についても触れておく必要があるだろう。心理的要因が関係して身体に現れる症状として、表3-1ではヒステリー（神経症の一部として）と心身症が取り上げられている。両者では、ヒステリーが感覚運動神経系の器官に、心身症が自律神経系の器官にそれぞれ障害が起こるということと、そして前者には疾病利得や疾病への逃避が認められるという違いがある。ヒステリーの典型例としては、裏づけとしての器質的障害が認められない心因性の、難聴や視覚障害、あるいは歩行困難や呼吸困難、意識消失発作などがある。後者では、ストレス性の消化性潰瘍などが大人ではその典型としてあげられるだろう。ただし大人では、感情の言語的表現の苦手なタイプの人が心

表3-1 不適応にもとづく各種の障害

障害		症状と行動
行動障害	非社会的行動	過度の緊張，上がり，焦燥，不安，恐怖，孤独，無力感，劣等感，閉じこもり，不登校，集中困難，学業不振，放浪，自殺企図，多手術癖，災害癖（事故頻発症）など
	反社会的行動	過度の反抗，かんしゃく，怠学，うそ，攻撃行動，破壊，暴力，盗み，性的問題行動，その他の非行，薬物嗜癖
	習癖	偏食，指しゃぶり，爪かみ，チック，吃音，小児フェティシズム，毛髪抜去癖など
身体的障害	神経症	不安にもとづく自律神経失調症状（不安神経症），転換ヒステリー，森田神経質症，心気症
	心身症	発病や経過に情動的要因が重要な意味をもつ各種の身体疾患。たとえば，神経性皮膚炎，円形脱毛症，慢性じんましん，関節痛，筋痛，斜頸，緊張性頭痛，ぜんそく，呼吸困難，神経性せき，心臓神経症，偏頭痛，嘔気，嘔吐，食欲不振症，胃けいれん，消化性潰瘍，過敏性腸症候群，下痢，便秘，腹痛，食品アレルギー，頻尿，排尿障害，夜尿，月経障害，婦人自律神経症，めまい，耳鳴，眼瞼けいれん，ふるえ，乗物酔い，起立性障害その他
心理的障害	神経症	不安神経症，恐怖症，神経症的うつ病（抑うつ神経症），森田神経質症，強迫神経症
	(心因反応)	意識喪失，失踪，夢中遊行，関係妄想などの妄想反応その他

(出所)　前田（1985）からの引用。一部筆者改変。

身症になりやすいといわれているのに対し，子どもの場合は心身が未分化であるだけに，心理的な要因が心身症として現れやすいとされる（詳細については，「2　問題発生のメカニズム」で触れる）。

　年齢がさらに下がると，今度は習癖としてさまざまな行動上の問題が起こってくる。爪かみとかチック，指しゃぶりなどは幼児期に見られ，子育て相談などでよく持ち込まれる問題である。

2　問題発生のメカニズム

　成長の途上で，われわれはいろいろな外的ストレスや，それぞれの時期の発達課題に直面し，何とかそれらを乗り越えながら適応し，成長していく。しかし時として，何らかの要因が重なったときに行き詰まり，不適応に陥ることがある。問題行動も含め，ここに掲げたさまざまな障害はその例である。その現

れ方は，その個人のパーソナリティ構造や特性，あるいは年齢によって異なってくる。

　図3-1では円が個人の心を，円内の〇や△，◇などは個人のパーソナリティ特性をそれぞれ表している（したがって，その個人，個人によって，円内の〇や△，◇の数や種類は異なってくる）。外的（個人を取り巻く外界），内的（無意識も含めた個人の精神内界）を含め，環境との関係においてそれまでの適応様式ではうまくいかなくなったとき，大きく精神化，身体化，行動化という3つの方向に，不適応の方向が分かれていく。ただし適応にも，環境に働きかけ，環境そのものを変えていったり，あるいは自分自身を変えていくという積極的なものから，現状を維持するだけの消極的なもの，特に後者では，諦めとか妥協といったものまで相当幅があり，適応しているからといってまったく問題がないという訳ではない。

　さて不適応には3つの方向があると述べたが，その違いはどこから来るのだろうか。このことを考えるヒントとして，幼児とか小学生の場合は，行動障害や身体症状が出やすく，精神的な症状（その典型は神経症）として出現するのは青年期以降になってからが多い，という事実がある。思春期の子どもたちにとって，自分の心のなかで起こっていることを説明するのが困難だということをも考え合わせると，何らかの葛藤なり情緒的混乱を心で引き受け，言葉にして悩むには，すなわち精神的症状なり心理的問題として抱えるには，それなりの心の強さが必要だということだ。心理学では「自我の強さ」という言い方がなされる。

　ある程度自我が発達していないときは，身体的問題（症状）で表されたり，行動上の問題として表現されることになる。したがって，子どもの問題に対応する際，身体化されたり行動化された現象の背後にある問題の意味を如何に読みとり，理解するかが，その援助を実りあるものとするかどうかの大きな鍵となってくる。このことは，子どもの発する言葉にならない無意識的メッセージに対して，われわれ大人の側の心がどのぐらい開かれているかに懸かっている。

　最後に，不適応に対して，問題のもっている問題に対するのと同様にわれわれが抱いてしまう一面的な見方について考察し，不適応が次のさらなる適応，

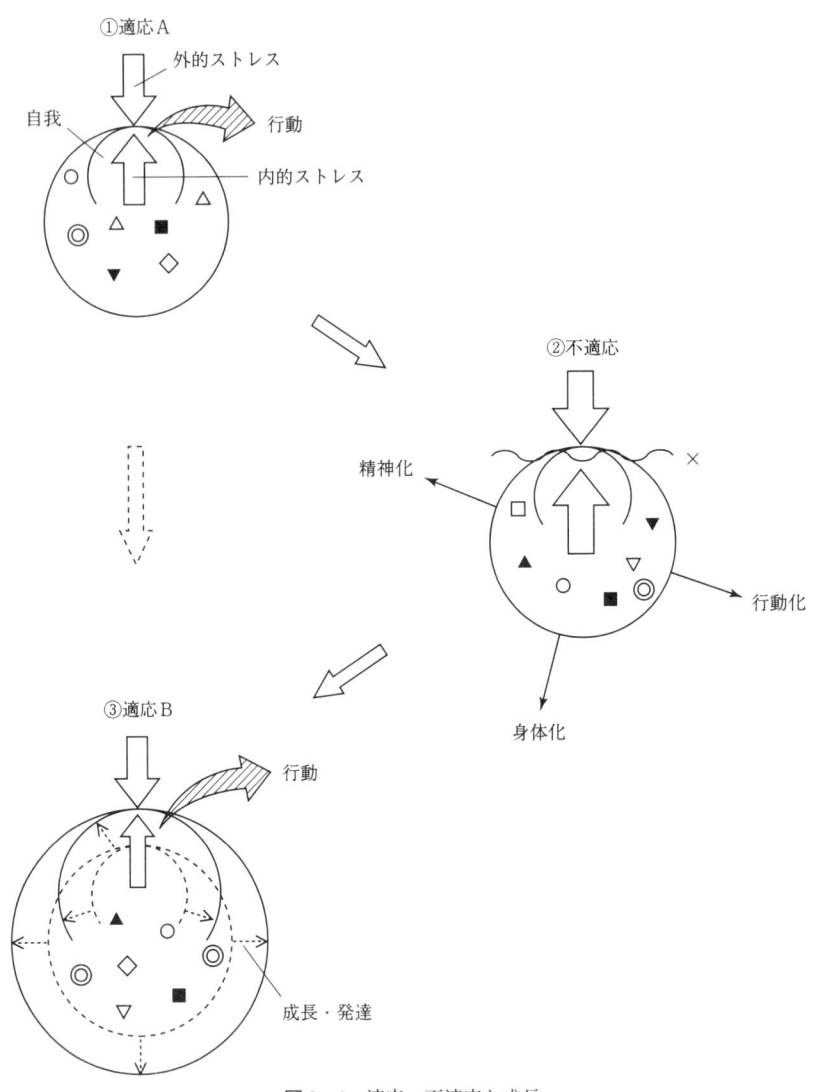

①適応A
外的ストレス
自我
行動
内的ストレス

②不適応
精神化
×
行動化
身体化

③適応B
行動
成長・発達

図3-1　適応・不適応と成長

もっと別の言い方をするなら，成長とか創造に繋がるひとつのステップになり得ることを示してみたい。

図3-1の①適応Aは，特に問題のない普通の状態を示している。外界からのストレスと内界からのストレスに対して，自我（意識の中心）はそれなりに対応し，適応の状態を保っている。ただし先に述べたように，適応には幅があり，このなかにはかろうじてバランスを維持しているという消極的で受け身的な適応も含まれている。我慢，妥協，折り合い……，目に見える大きな問題はないものの，その場合は，日々の生活から生き生きとした感じが失われているかも知れない。

この微妙なバランスが何らかの要因で崩れると，②の不適応の状態となる（図では，内外ともストレスを表す矢印が①より太く，大きくなっている）。不適応がどの方向に向かうかは，前述したとおりである。子どもの場合，この時点で初めて，周囲の大人は問題に気付くことになる。ここで子どもの発するメッセージをしっかりと受け止め，適切な援助が行われたなら，③への移行が生じてくる。

ここで，③の適応Bを，不適応になる前の適応A（①）の状態と比較してみよう。一番の違いは，円が大きくなっていることである。この拡大は，心の成長・発達と考えることができる。しかし，単に大きくなったというだけではなく，その中身そのものも大きく変化している（パーソナリティを表す円内の模様が変わり，その結果，主観的に感じる内的ストレスが小さくなっている）。先の不登校の例に限らず，何らかの問題を抱え，それに立ち向かわざるをえなかった子どもたちが，周囲の援助を支えに何とか解決できたとき，そこに必ず，生き方の変更も含めた心の成長が認められる，というのは多くの事例が示している。ここでいう周囲の援助とは，親や教師，あるいは子どもと関係する大人たちの真の関わりである。

4　対応と援助，およびその留意点

1では，問題のもつ問題について考え，子どもたちの問題（その多くは行動

化される）は往々にして，当人自身よりもむしろ周囲の大人にとって都合の悪いことが問題となりやすい，とその背景について明らかにした。2では，問題に内包されている可能性，すなわちその肯定的な意味について検討し，3で，大切なのはその意味をきちんと理解し関わっていくということ，このことが取りも直さず，子どもたち自身の心の成長やその支援に繋がっていくのだということを述べた。

　では，問題を抱えている児童・生徒に対して，教師はどのように対応し，援助していったらよいのだろうか。最後にこのことを検討し，本章の終わりとしたい。

　実はこれまでに，児童・生徒の問題を検討しながら，その対応に必要な基本的な事柄についてはすでに何点か述べてきている。それらをここでまとめ直し，さらにいくつかの点を付け加えてみたいと思う。

　児童・生徒への関わりにおいて大切なことは，まず問題の意味をきちんと理解し，子どもたちが発信しているメッセージをしっかりと受け止めることである。問題の理解には，これまで述べてきたような発達や，心についての知識が必要となる（しかし，これは必要条件であって，十分条件では決してない）。それらは少なくとも，問題の種類に共通する類型的テーマをわれわれに教えてくれるからだ。しかし，問題のテーマや構造の方に目が行き過ぎてしまうと，今度は，問題を抱えているその人個人が背景に退き，生徒ひとりひとりの個別性が消えて，一番大切な教師と生徒の人間的な関係が失われてしまうことになる。この辺の事情については，第2章の「カウンセリングの理論と実践」を参照されたい。ただし，教師はあくまでも教師が本分であって，カウンセラーになる必要はなく，教師という立場でできることを取り入れるのが生徒にとって一番有用だろう（カウンセラーはあくまでもカウンセラーであって，教師では決してない）。

　次に，理解と対応で重要と思われるのは，子どもと同じ視線，同じ地平に立てるということ。そのためには，自分にとっての常識，あるいは大人，教師，学校にとっての常識を相対化させることが必要となる。特に，子どもの見方，感じ方との間にずれがないか，もう一度検証し直してみることが求められる。これには，かつて子どもであったときの自分の体験を，どれだけ掘り起こせる

かが鍵となる。今，目の前にいる子どもと同じ「風景」を見たことはなかったか，そのときどう感じ，どのような思いを抱いたのか……。これは別の言い方をするなら，自分のなかの「子ども（性）」の発見，ということになろうか。ただし，いつも「子ども」である必要はない。それは，子どもだから見えることもあれば，逆に子どもだから見えない（大人だから見える）こともあるからだ。ときに子どもに立ち返り，また大人に戻るというふたつの世界を行き来できる柔軟さ・感性がここでは必要となる。

　さて，これまで理解と対応といいながら，どちらかというと理解に重点を置いて述べてきた。それは理解と対応は車の両輪のようなもので，理解ができたら自ずとその対応も決まってくるからである。しかし，わかるということと実践との間には距離があるのも事実だろう。その間を埋めるものは，経験もあるかも知れないが，最終的には，子どもが好き，という情熱ではなかろうか。ただ，これをかけ声倒れの精神論に終わらせないためには，ひとつの工夫がいる。それは，関わる教師自身の生活を公私を含めて豊かにすること，生き生きとさせることである。直接関係なさそうだが，実はこういったことこそが，最終的にはゆとりを生み出し，理解と対応の間の橋渡しを可能とするのである。

引用・参考文献
(1) 河合隼雄『大人になることのむずかしさ』岩波書店，1980年。
(2) 菅野信夫「乳幼児期の心の発達と人間関係」高杉自子・小田豊編著『保育内容　人間関係』（演習保育講座7）光生館，1998年。
(3) 菅野信夫「引きこもり現象への心理療法的接近」岡田康伸・鑪幹八郎・鶴光代編著『心理療法の展開』（臨床心理学大系18）金子書房，2000年。
(4) 山中康裕「思春期内閉論」中井久夫・山中康裕編『思春期の精神病理と治療』岩崎学術出版社，1978年。
(5) 山中康裕『問題行動』日本文化科学社，1982年。
(6) 前田重治『図説　臨床精神分析学』誠信書房，1985年。

推薦図書
(1) 大江健三郎『「自分の木」の下で』朝日新聞社，2001年。
(2) 河合隼雄『子どもと悪』岩波書店，1997年。

　　　　　　　　　　　　　　　　　　　　　　　　　　　（菅野信夫）

第4章　児童・生徒理解の精神医学的な基礎

　この章では，まず精神医学についての一般的な知識を提供し，その基本的な考え方を紹介する。つぎに児童・思春期によく見られる具体的な問題を，心身・家族・社会の広がりのなかでとらえ，整理し，通覧する。そして精神科の診察はどのように進められるのか，精神科の医療・保健・福祉がどのように展開されているか，その実際を紹介する。馴染みのないことへの不安や偏見をぬぐうことができればと思う。ここでは，児童・生徒への支援を，広いつながりのなかに位置づける力を身につけ，生徒指導・教育相談・治療教育など近接する教育や臨床の領域と連携するセンスを養うことをめざしている。さらに，狭義の精神科診療と連絡を取り合い，その知恵を校内で活用する基礎を養うことをめざしている。

1　精神医学の成り立ち

　精神医学の今日は，人間関係の困難や行動の問題など，心の痛みに対して，① 科学的な観察や実証のもとに脳や身体の病としての精神病概念を築く努力，② 時代の思潮を背景に，仮説を駆使した理論構成のもとに，神経症概念を築く努力，③ これらの流れにある仮構や思弁を排し，厳密な現象学に立脚する精神病理学を築き，人間学への道を拓く努力，④ こうした努力の底に潜む，人間性を排除する，ニヒリズムや科学の危険性を批判する反精神医学からの捉え返し，といった動きから成り立っている。

　精神医学は，生物学・心理学・社会学・哲学などに基礎をおき，このような動きの合流する応用学である。その関心は身体から対人関係，分子レベルから文化，時代や社会へと及び，その実践は診察室から病棟，地域での取り組み，ひいては，家族への援助や社会への関与にまで及んでいる。

それは学校保健や教育臨床とも関わり合い，子どもの心の動きだけではなく，学校という場やシステムの病理までをも見ようとするものでもある。

2 精神現象の異常をとらえる

精神症状は，① 主観的な異変，② 身体症状，③ 行動上の乱れ，として現れる。そして，それには① 量の異常，と② 質の異常とがある。

1 精神症状の現れる領域

精神症状の現れ方としては以下のようなものがあげられる。

自　我　　他人と区別され，自ら考え行動しているという意識がおかされ，現実がピンとこなかったり，操られていると感じたりすることがある。

思　考　　考えの進み方やまとまりの悪さ。他人に考えを吹き込まれたり抜き取られると感じること。内容的な誤りの訂正困難な状態（妄想）などがある。

知　覚　　存在しないものが見えたり（幻視），聴こえたり（幻聴）する。

感情・気分　　不安・抑うつ・爽快・無関心など量的な問題や，不合理であったり，その場に不釣り合いな感情が沸き起こるなど質的な問題がある。

意欲・行動　　亢進や低下の異常もあるが，それらが短い時間や連続した場面で揺れ動くなどの変わりやすさも問題となる。

見当識　　「いつ」「どこ」「だれ」などが正しく認識されなくなる。

記　憶　　記銘・保持・再生・再認の障害があり，作話をきたすことがある。

意　識　　意識水準の低下と，意識範囲の狭まりがあり，不安や恐れや幻覚を合併することがある。

人　格　　医学的には，生まれながらの感情・意欲・知能を総合する性格傾向をさすが，病気・加齢・環境の影響により変化し，発展するものでもある。

表　情　　感情や意欲，幻覚など内面の体験，知的水準などの表現が把握される。

2　精神科の診察の手順

(1)　面　　接

対話のなかで，① 受診の理由（主訴），② 診察にいたるまでの経過を聞き，③ 目で観察し，耳を傾け，症状を把握し，④ 必要に応じて，体の診察を行い，⑤ 全体をまとめ，検査計画を立案する。

(2)　検査・情報検証

情報を補強し検証する ① 関係者面談，② 身体的検査（血液・脳波・画像検査など），③ 心理テスト（人格傾向や知能の客観化）を行う。

(3)　診　　断

身体因→内因→心因の順に，問題の所在を検討し，そのうえに，心理社会的な理解を行い，見通しを伝え，合意を得，協力関係を築きあげる。

(4)　治　　療

総合的な理解のうえに種々の方法を選択し，組み合わせて行う。

3　よく見られる状態像

よく見られる子どもの状態としては以下のようなものがあげられる。

落ち着きのない子　気が散りやすく，じっとしていられない，衝動的な子どもには，情緒的な要因によるものと，脳の問題に基づくものがある。

運動神経の鈍い子　リズムや協応動作がぎこちなく，体育が苦手であったり，手指が不器用で字の下手なこともあり，運動面を育てることが大切になる。

発達に偏りのある子　視聴覚をはじめ，五感からの認知にアンバランスがあり，目が合わなかったり，対人関係が遅れることがある。混乱に陥りやすいため，その子の特徴を理解しておくことが大切である。

こだわりの強い子　変化に弱く，融通がきかずパニックに陥ることがある。また不合理とわかっている考えや行為が意に反して起こり，手洗い，やり直し，確認癖などが，やめようと思っても止まらず，周りの理解が必要となる。

奇妙な不安に悩む子　他人の言動が自分に関係しているように感じられたり，自分から発する音や臭いのために人に迷惑をかけていると悩むことがある。見る自分と見られる自分のバランスを取り直す思春期に多い悩みである。

不安が身体症状化する子　身体の病気で，その発症や経過に，心理・社会的な要因が密接に関与するものを心身症という。とくに，成長変化の過程にある，子どもの身体は環境の影響を受けやすい。言葉による表現が未熟で，感情や思考と身体が未分化なため，葛藤や欠乏，ストレスは身体を通して解決を求め，身体症状として発信されやすいので注意がいる。

敏感で過適応な子　相手や周りの気持ちに敏感で，人に合わせ過ぎ，自分の本音を抑えて無理をしているのに，よい子として見逃されやすいもので，破綻すると，よい子の息切れとして登校拒否，心身症や神経症などをきたすことがある。

③　基本的な考え方と人間理解

1　症状の原因・結果・目的に関する考え方

ある事象の原因を探ると，それがまた何かの結果であったり，原因とも結果ともつかないことも多く，因果関係を単純に決めつけることはできない。

主体の外から及ぶ外因と内から出る内因が絡み合っており，外因は，心的葛藤から文脈をたどれる心因，心的体験としては意識されにくい自己と世界の総体であるような状況因，社会文化的背景による社会因，脳が1次的に侵襲される器質因，そして身体疾患から2次的におかされる症候性の要因に大別される。内因は体質や気質など遺伝的な素因と環境の相互作用により発展し固定する，いまだよくわからないものをさし，機能性（functional）ともいわれる。

症状や問題行動は何かの結果であるが，実は，それには，何かをめざす意味があり，隠された理由や動機を見出すこともできる。カナー（Kanner, L.）は心のドラマへの入場券，危険を知らせる信号，破局を防ぐ安全弁のようなもの，それなりの解決への企てとして，そして周りを動かす厄介ごととしての意味を指摘している。セリエ（Selye, H.）のストレス学説にモデルを求めるなら，症状や問題行動は警告・防御反応であり，回復・成長過程と疲弊・自滅過程との間での振動による，新たな調和への模索と見ることもできる。

2　記述と診断という作業について

　有用な判断に至るには適切な情報の収集と分析が必要である。あたかも内科医が目を見，脈をとるように，向き合い，表情を読み，対話する。揺さぶり共感し，関与しながらの観察，理解と合意により情報を得，検査や調査により裏付け，記述する。記録は，主訴や主問題・家族歴・生育史・発達歴や既往症・現在の問題のストーリー化・所見の整理・診断・今後へのプランよりなる。

　診断は情報を整理し，どうしたら良いか，治療のための戦略を練る中間的な作業である。短い共通語（ラベル）を組み合わせ，プランの根拠となる認識と合意をまとめる手続きである。援助や介入など対応に，絶対的なものはなく，適合性の高いもの（適応）から避けるべきもの（禁忌）まであり，必要と危険性を考え合わせて，方法を選択し，修正するという考え方が基本となる。

　しかし，研究が進み，事実が確かめられるにつれ未知はさらに広がるもので，一致性の高い用語に集約するのは難しいことである。短い文章にする「記述診断」が精確であるが伝達性には劣る。次善の策として，全体をとらえるいくつかの軸を設定し，そこに位置づける，「多次元診断」という方法がある。

　近年，対象の一致性をめざしたWHOによる国際的約束（ICD-10版，1992年）が好まれ，その精神と行動に関する章には，分類各項に短い基準が設けられている。変化と発達の途上にある児童思春期においては，各項を，症候・発達・身体・心理社会要因など，6軸に再配置し，多軸構成にして用いられている。

　診断は，「……のおそれ」という疑いや，「……では無い」という除外にとどまることもある。治療という働きかけのなかでさらに検証が重ねられる。

④　代表的な障害や問題

1　幼児期に表面化する障害

　ここでは，特別なニーズをもった，気になる子どもの背景に，中枢神経系の機能の偏りが推定されるケースを取り上げる。小さい頃より，親のしつけや愛情不足といわれ続けていることが多く，教師はまずはこのような「障害」があ

ることを知り，保護者を一方的に非難せず，お互いの信頼関係を作ることである。個々の障害の違いによって援助の仕方が異なるため，早めに児童精神科医に相談し，臨床的なデータや根拠に基づいた対応をしていくことが大切である。

精神遅滞　精神遅滞は①知的機能が平均よりも明らかに低く（知能検査でIQ 70-75以下），②適応技能（コミュニケーション，身辺処理，家庭生活，社会的技能，地域社会の利用，自己管理および自己決定，健康と安全，実用的教科，余暇，仕事）の2つ以上の領域で支援を要し，③18歳以前に生じるとされる。重症度には主要な関係要素に環境（必要とする支援）が位置づけられており，劣等感や感情処理のつたなさから，情緒的な問題になっている場合もある。担任はクラスのなかでできることとできないことを見極めたうえで，保護者と，学習面や交友関係，情緒面などでどのような「援助」が必要であるかを話し合う。所属の学級を変えることが適当である場合もあるので，それが排除とならないよう，十分な配慮のもとに話し合うことが大切である。

高機能の広汎性発達障害　自閉症は①相互的な社会関係の発達の質的異常，②コミュニケーションの発達における質的異常，③反復的・常同的行動あるいは執着的な興味ないし活動の限局，の3つの症状がある場合に診断される。精神遅滞では全般的な遅れが特徴であるが，自閉症では発達の質的偏りを特徴としている。自閉症の70-80%に精神遅滞を合併している。原因はなんらかの中枢神経機能の障害によるものであり，親の育て方など心理的な要因によるものではない。自閉症と診断されれば，TEACCHをはじめ，構造化された教育プログラムによって対応すべきである。なかでも，精神遅滞のない場合を高機能自閉症と呼ぶが，さらに，初期の言語発達に遅れのないケースを別にして，アスペルガー症候群という。これら知的に高い高機能広汎性発達障害の場合，学業ではそれほど問題がみられなかったり，言葉にもそれほどの遅れがないため，普通学級で見逃されていることが多い。しかし，「相手の気持ちを理解する」ことが困難で，一方的に自分の興味を話し続けたりするなど社会的スキルの習得に問題があり，「何か変」とイジメの対象になることも多い。しかし，教師は「他にもこのような子どもはいる」と，自閉症の理解に基づいた配慮の必要を感じずに放置し，不登校になって初めて援助の手が伸べられるような場合も

ある。問題を先送りせず，その年令にふさわしい社会的行動を視野に入れた取り組みが必要となる。

学習障害（LD）　基本的には精神遅滞によるものではなく，聴く，話す，読む，計算する，または推論する能力のうち，特定のものの習得や使用に著しい困難を示すさまざまな状態をいう。その原因として中枢神経系になんらかの機能障害があると推定されている。単なる学業不振や学習全般の遅れとは異なり，学習面にばらつきがある。具体的には漢字や文字の習得が困難であったり，計算はできても文章理解ができず問題が解けなかったり，時計の読み方を何度教えてもすぐに忘れるなどなどで LD を疑う。学力面のみではなく行動面の問題をもつことも多い。治療的対応は WISC-III，ITPA，K-ABC などの神経心理学的検査所見をもとにした治療教育的なアプローチが大切になる。

ADHD　かつての微細脳機能障害（MBD）は，近年，A.D.D（注意欠陥障害）もしくは A.D./H.D（注意欠陥／多動性障害）と呼ばれている。注意の障害，過活動，衝動性の3症候からなり，幼児期よりみられる。原因として神経学的・遺伝的要因が重視されている。平静時には善悪の判断が可能で，家庭のしつけのせいにされることが多いので注意が必要である。LD と ADHD とは別の病態として分離されたが，50‐80％の高頻度で合併している。また行動上の問題をもつものも多い（ADHD についてはコラムを参照のこと）。

2　不安やストレスに関連した障害

(1)　心に現れる問題（精神神経症）

【児童期に特徴的な情緒障害】

分離不安　母親など安全の拠り所から離れるときに生じる不安をいう。登園渋りや低学年不登校（学校恐怖症）の中心的な心理機制となる。

愛着障害　乳幼児期に，養育者との間に虐待など異常な関わりのパターンがあったり，養育者がしばしば変わると，愛着（愛の絆）の障害をきたす。別離や再会のときに視線をそらしたり，逆に，誰にでも親しげな行動をとるが，親密な人間関係の形成が困難となる。

場面緘黙　言葉を理解し話す能力はもっているが，その社会的な使用が困難

で，たとえば，学校など特定の場面では話（せない）さない，などの行動面の障害である。多くは，家庭などリラックスした内輪な世界では，何の問題もなく話している。

児童虐待　殴打児症として気づかれることが多かったが，現在は，より広義にマルトリートメント（不適切なかかわり）ととらえられ，身体的虐待・ネグレクト・性的虐待・心理的虐待の4つに整理され，注目されている。

PTSD　衝撃的な体験後に，恐怖が繰り返し思い出されたり，同じような刺激を避けたり，自律神経が過度に働くなどの症状をもつ。難治で長期の経過をたどる障害である。契機は虐待，暴行，事故，災害など多岐にわたる。

【思春期以降に特徴的な情緒障害】

社会恐怖症　比較的小さな集団のなかで，他人から注視されることを恐れ，社会的な状況を避けたり，パニックをおこす。低い自己評価や批判への傷つきやすさと関連している。

パニック障害　反復する突然の重症の不安発作で，動悸，胸痛，窒息感，めまいなどをきたす。そこには，死や自制心を喪失すること，狂気への恐怖などが存在する。発作は数分間で，特定場面でおこると，以後そうした場所や事態を避けるようになる。

強迫性障害　強迫思考（繰り返し心に浮かぶ考え，イメージ，衝動的な気持ち）と強迫行為（何度も繰り返される同じ行為）とがあり，本人は無意味さや苦痛を感じており，止めようとするが止まらない。

自我同一性の拡散　人は親子・家族・学校・社会等の集団に適応する各々の段階で，「○○の自分」という役割を果たし，思春期にそれらを統合して「自分とは何か？」という自我を確立する。その統合に失敗すると，生きていることの意味がわからなくなり，社会的な選択（たとえば卒業や就職）の回避，勤勉さの喪失，対人的な距離の取り方の失敗などが起きてくる。

思春期危機　外部の環境と心の内面を調和させる努力を適応反応という。思春期のさまざまな課題とそれをのり越える試みのなかで，自我が統合的に収束されていくが，この過程には多少の病理や逸脱をともなうのがつねであり，これを思春期適応反応とか思春期危機という。成熟のための揺れである。

(2) 身体に現れる問題（精神身体症）

チック　特定の筋肉群が意思とは関係なく動きだし，繰り返される素早い運動や発声のことをいう。心理的な要因と身体的な素因が関与する。複雑な動きや発語（汚言）が長期に持続し，人格の変化や困難化をきたすジル（トゥレット）症候群では，薬物を用いることが多い。

吃音（どもり）　話すときに音を繰り返したり，延ばしたり，つまったりして言葉の流暢性が失われる。意識しはじめると，緊張感や恐怖感が高まり，無理な振る舞いとなり，本格的な吃音へと移行する。多くは身体的な素因によるが，精神的なストレスで進行。持続させる因子には周囲の干渉がある。

遺尿や遺糞　尿や大便が無意識のうちに漏れることで，排泄器官の調節機能を医学的に確かめる必要があるが，昼間におきるものには，心理的な要因の関与が大きい。情緒飢餓，隠された怒りや不満を認められることが多い。

摂食障害　神経性無食欲症と神経性過食（大食）症を併せて摂食障害という。無食欲症では，標準値より15％少ない体重，肥満への恐怖，体のサイズへの歪んだ認知，月経異常などをきたす。過食症では，衝動的な大食，自己制御不能感，嘔吐や下剤の服用，厳格な食事制限などがある。成熟拒否感情が広く知られ，自己統制に執着するが，無力感に悩んでいる。

自律神経失調症　自律神経は，環境に適応するために全身の器官を自動的に調節するシステムで，不安や緊張が続くと失調が起きる。たとえば，起立性調節障害は，立ちくらみ，動悸などをきたし，また午前中の不調があり，不登校児に合併することがある。頭痛や頭重感など，それを説明しうる医学所見の乏しい不定愁訴が，不適応症状の一環として現れることが多い。

(3) 行為に現れる障害（精神行動障害）

行為障害　繰り返し持続する攻撃的，反抗的な行動パターンを特徴とする。具体的には，度を超した喧嘩やいじめ，動物や他人への残虐行為，ひどい破壊行為，放火，盗み，繰り返される嘘，家出，たび重なるひどい癇癪などで，周りが苦しむ。

嗜癖や耽溺　アルコールやタバコ，ドラッグや目的外薬品の習慣的な摂取を嗜癖という。その強迫性をとらえて依存症，行為の結果をもって中毒症ともい

う。シンナーと鎮痛剤が代表的である。有害物質以外にも，暴力や自傷行為の一部も含まれる。

(4) 性格に現れる問題（人格障害）

対人恐怖症　正常範囲のものから，精神病との鑑別を要するものまであり，日本人に多い。自己不全感が強く，相手の雰囲気から自分の欠点を直感する。その発展過程は生育歴や状況から了解される。内容により，赤面恐怖，視線恐怖，自己臭恐怖，醜形恐怖などがある。

思春期妄想症　「自らの身体的異常のために，周りに不快な感じを与えている」という妄想的確信を強固に抱く一群の状態をいう。対人恐怖の多くや体感異常症の一部を含む。その重症化にともない，対象は不特定の対人関係に拡散し，被害感を帯びてくる。思春期が終わるにつれて和らいでくる。

境界性人格障害　対人関係・自己像・感情の不安定性，恣意性，予期せぬ衝動性がさまざまな状況で明らかになる。「見捨てられ」るのを避けようとして，うつ状態・自殺企図・リストカット・対人関係のトラブル・過食嘔吐などがみられ，情緒不安定で，種々の行動化が繰り返される。

3　機能性精神病

　向精神薬の開発など分子レベルの解明が進み，諸種心理療法，認知行動療法，社会技能訓練，社会復帰プログラムなど有効なアプローチが次々に生み出され，時代精神のボーダレス化によるとも思われるが，近年，軽症化の印象がある。

統合失調症（精神分裂症）　お互いに理解し切れないことに悩む状況と要約することができる。現実との生き生きとしたやりとりが薄れ，閉じこもりがちになる。相互性が崩れ，一方的な思い込みを深め，理解しにくい言動をともなうことが多い。

　好発年齢は人生の前半，とくに思春期・青年期にあり，学童期には稀であるが，保護者や家族にまで目を向けると必ず遭遇する問題である。

　症状には妄想や幻聴などの陽性症状，引きこもりや能動性の減退などの陰性症状と，言動のまとまりのなさや注意力の低下などの解体症状がある。臨床像にはいくつかのタイプがあり，妄想型・意欲や精彩がなくなり困難な予後をた

どる破瓜型・工業国では稀になってきた緊張型等々に分けられる。

独特な流れと波があり，急性期・安定化期・安定期に分けられ，慢性化と再発を防ぐことが課題となる。全てに共通する症状というものはないが，中心症状は思考障害・感情障害・自閉症・アンビバレンスなどである。その心理は，連合弛緩とか自明性の喪失とか説明され，認知障害や発達障害などが想定されている。精神分裂病の名称は標記のように訳されている。

治療はステージによって異なり，急性期には薬物療法が第一選択である。急性期を過ぎると，様々な心理療法や生活プログラムが活用される。薬物がその成果を促進することも確認されている。過剰な刺激は慎むべきである。予断や偏見に曝されており，正しい知識を持つことが，何よりもの援助になる。ただの怠け者に見えることもあるが，これは症状であり，責められることではない。専門的な援助者につなぎ，連絡を取り合い，協力し合うことが大切である。

感情障害　うつ病とか躁うつ病といわれていたものへの近年の総称である。生命感情の低下あるいは高揚という変化で括られる。落ち込むとかはしゃぐということである。思春期は，ブルーな気分に彩られ，またそれを打ち消すかのように，お箸が転がっても可笑しくなる年頃でもあり，誰もが思い当たり，また誰にも起こりうる，想像のつきやすい身近な出来事である。

一回的なエピソードで終わるものも多いが，反復するもの，両極に揺れるものもある。挿間的なものから持続的なもの，軽いものから重いもの，反応的なものから性格的なものまである。主要な症状は感情障害に加え，意欲や行動の抑制や亢進，思考の渋滞や奔逸，ときに妄想に及ぶこともあり，睡眠や食欲など身体症状も必発で，日内リズムが見られる。

抗うつ薬への反応よりシナプスの生化学的な研究が進んでいる。発症には，発病状況の煮詰まりと一定の誘因があり，循環気質や執着性格などメランコリー親和型の布置と，昇任や出産などさまざまなライフ・イベントが注目されている。

治療には薬物が第一選択となるが，さまざまな心理療法が併用され，こうした状況を緩める認知行動療法の有効性も確認されている。この障害のはらむ最大の危険は自殺である。励ましや説教はこの傾向を追い詰めてしまい禁忌である。精神科医との日頃の連携に基づいた校内の共通理解が大切になる。

5 治療と援助の実際

1 心理治療・精神療法

力動的アプローチ　援助者が傾聴的，共感的，純粋な態度で接することにより，ケースの良き性質を延ばし，課題を取り除いていく心的な相互作用を方法とする単純のものから，自由な連想や会話により，両者の間に沸き起こる感情から対人関係を分析し，内界の整理統合をもたらそうとするものまで，さまざまな方法がある。

認知・行動療法　認知療法は「今，ここで」の問題に焦点をあて問題解決をはかる。歪んだ認知が行動異常と結びついているとの仮説にたち教育的に当面の問題への対処の方法を教える。行動療法は，実験的に確認された「学習理論」を用い，不適応行動を弱め，適応行動を触発・強化しようとする。

個別と集団のアプローチ　個別療法は，一対一の言葉によるやりとりの深まりが可能であったり，逆に集団場面への参加が困難な場合に適用される。一方集団は適応訓練，匿名保障，学習，支えあいの場となり，その性質を利用して成長や変容を進めようとする。ケースにとっての必要性や治療の場の特性により選択される。

対話・イメージ・アート・遊戯　成人への対話形式の面接に対して，言語化能力や葛藤の内省力が未熟な子どもには，イメージ・アート・遊びなど，言語を介さない手段を用いて精神療法が行われ，さまざまなアプローチがある。

2 状況構成・環境調整

　精神的な問題は，本人の課題に止まらず，その成り立ち，持続や悪化に，環境や状況が深く関与しており，周囲へ（から）の働きかけが大切になる。

家族調整・家族療法　治療的な課題が大きな家族に対して，家族間の問題解決や調整を図る。とくに子どもでは，周囲の状況，なかでも家族の与える影響が大きいため，家族調整は大きな成果をもたらす。

地域調整・ケアネットワーク　地域に受け入れられ，学校や家庭生活を続け

られるよう，環境づくりをする。具体的な暮らしの確保や学校などの地域組織の理解を得るための連絡調整が必要である。心のケアには，関係者や保健・医療・福祉・教育の連携が不可欠である。ケース本人だけではなく，親や養護教諭などのキーパーソンを支える，直接・間接の「人の輪」をつくることが大切になる。

ケースワーク・アウトリーチサービス　問題を抱える人が必要なサービスを受けとれ，生活者としてのウェルビーングの増進をはかれるようにする。面接を通して心理社会的な背景の理解や支援を進め，また経済などの現実的な不安に対しても，制度利用や資源の活用などについて助言する。時宜を得た，指導や看護など，生活の場や問題の場に赴くサービスの展開も重要になる。

3　危機介入・場面面接

　子どもは，パニック・錯乱・不安・抑うつなど内面的な危機，自殺・家出・衝動行為など行動上の危機，家族の崩壊・家庭内暴力・虐待などの家族の危機に遭遇する。こうした危機に対して，即座に介入を行い，乗り越えさせたり保護する必要がある。危機介入では，「今，ここにある危機」に対して，現実原則に従ったスピーディで積極的な対応が求められる。単なる面接だけではなく，虐待，家出，非行，錯乱などには，児童相談所，警察，医療機関などとの協調的な介入が必要になることも少なくない。

4　環境療法

　技法的に純化された援助に対し，より自然な生活や身体の動きを介した環境的なアプローチには以下のようなものがあげられる。

入院／施設／治療共同体　治療教育や援助は，さまざまな人が関わる生活であり，一つのコミュニティをなしている。この社会環境を治療的な雰囲気に作りあげていこうとする志向が，治療共同体である。これをさらに洗練し応用したものが，入院や施設における「総合環境療法」である。子どもをとりまくすべての環境や関係を治療的かつ発達的に組み立て，役立てていこうとするものである。すでに紹介したアプローチや以下のような方法が駆使されている。

活動療法　精神力動への理解に基づき，作業を媒介に，治療的人間関係を促進させる精神療法の一種である。作業療法士を中心に進められ，生産的あるいは創造的なもの，遊びや運動，読書，音楽，絵画などのレクリエーション活動などを手段とする。生活に安らぎや気分の転換をもたらすものである。

生活のケアー　洗面，入浴，更衣，整美など基本的な生活の確保から，外出，買い物，外泊，人との交流や交渉，協調や責任など社会技能の訓練まで，ともに暮らす日々のケアーのなかで，生きたこまやかな指導や支援が行われる。

5　相談・治療機関の概要

精神医学的な相談や治療の場としては以下のようなものがあげられる。

精神科クリニック　ビル内の診療所として，街中の交通至便な所にあり，開設医の得意分野を中心にした診療を行う。入院設備をもたず，個別精神療法やガイダンス，薬物療法等で対応可能な事例にかぎられるが，身近な機関である。

総合病院精神科　高度な検査機器や入院機能をもち，また他科の医師による診察も可能であるため，身体的な要因にもとづく精神症状，心身症や合併症のある場合が主たる対象になる。また，訪ねやすさも利点になる。

単科精神病院　入院・デイケア・外来を備え，軽症例から，妄想・幻覚・興奮・自殺企図など危機介入を要する重症例までの広いサービスを得られる。

児童相談所および精神保健福祉センター　それぞれ児童福祉法および精神保健福祉法に基づく公的機関で，「子育て・非行・心身障害など児童に関するあらゆる相談に応じ，心理検査やカウンセリング，訪問や一時保護」をしたり，「精神保健および福祉に関する技術協力・研修や広報・組織づくりや運動の推進・複雑困難な相談」などが行われている。

6　チームワーク／ネットワーク／連携の取り方

複数の機関や人がケースに関わることは，大きな力になるが，ケース運営の足かせにもなる。以下の要点を意識し，日常的なつながりやこまやかな話し合い，緻密な検証を尽くす必要がある。

連携の要点として，①　内部連携なくして対外連携はない。②「なぜ連携す

るのか」と自問する。③ 対等な立場を自覚し相互の役割を明確にする。④「紹介」とは手を引くことではない。⑤ 相互の専門性・背景文化・立場を尊重する。⑥ ケースの内密性や尊厳性保持（情報管理）を徹底する，といったことに留意しなければならない。

　連絡の過剰も欠乏も困難を招き，ほどよい間の置き方には，心理療法にあい通じるものがある。お互いの隙間でおこる問題はこちらのこととして解消する。さらに当面の"キイ"は誰が取るのかを常に確認し合うことが必要である。

引用・参考文献
(1) 大月三郎『精神医学』文光堂，1978年。
(2) L. カナー，黒丸正四郎他訳『児童精神医学』医学書院，1964年。
(3) 「臨時増刊号：小児の心身症」『小児内科　23』1991年。
(4) 中根晃『発達障害の臨床』金剛出版，1999年。
(5) 山崎晃資他「〈特集〉ADHD」『精神療法　26(3)』2000年，227-271頁。

推薦図書
(1) 小谷英文『ガイダンスとカウンセリング』北樹出版，1993年。
(2) 滝川一廣他『「こころ」はどこで壊れるか』洋泉社，2001年。
(3) 竹田契一他『LD児の言語・コミュニケーション障害の理解と指導』日本文化科学社，1997年。
(4) 鑪幹八郎他『教育相談――重要用語300の基礎知識』明治図書出版，1999年。
(5) V.E. フランクル，宮本忠雄他訳『神経症――その理論と治療Ⅰ・Ⅱ』（フランクル著作集4・5）みすず書房，1961年。

　　　　　　　　　　　　　　　　　　　（西田篤・大澤多美子・杉山信作）

―― AD/HD（注意欠陥／多動性障害）――――――――――――コラム２―

　精神年齢に比して不釣り合いに多動，衝動的，不注意である場合にいい，幼児期より見られる。かつては屑籠的診断である MBD（微細脳機能障害）が用いられていたが，その概念の不明確さから1980年代より行動レベルでの疾患概念として整理されている。1980年，アメリカ精神医学会の診断基準 DSM-III においては ADD（Attention deficit disorder：注意欠陥障害）が用いられた。ADD の基本症状は不注意，衝動性，多動性の３つからなり，多動をともなう場合とともなわない場合に２分されていた。しかしその後，後者の診断に当てはまる場合はほとんどなかったというデータに基づき，1987年に出版された改訂版（DSM-III-R）では，注意欠陥／多動性障害（AD/HD）としてまとめられている。1994年に新しい診断基準である DSM-IV（精神疾患の診断・統計マニュアル第４版）が発表されたが，AD/HD の基本症状は①不注意（９項目中６つ以上），②多動性と衝動性（合計９項目中６つ以上）が７歳未満から存在し複数場面で存在すること（たとえば学校と家庭など）。社会的，学業上あるいは職業上，臨床的に著しい障害が存在する。広汎性発達障害，統合失調症その他の精神病，その他の精神疾患（気分障害，不安障害，解離性障害など）によるものではないとしている。類似の症状は，虐待など不適切な環境で育った子どもにも見られるので，鑑別診断は慎重になされねばならない。下位分類として混合型，不注意優勢型，多動性―衝動性優勢型の３つをあげている。混合型が全体の85〜90％を占めている。1992年に世界保健機構（WHO）が作成した診断基準（ICD-10）では，多動性障害（Hyperkinetic disorder）が採用されているが，内容的には DSM-IV の診断基準にかなり歩みよっている。
　合併症として，学習障害，不器用，行為障害，チック，強迫症状，抑うつ状態などが見られる。多動が顕著でない不注意優勢型では，学童期になってこうした症状から把握されることが多い。AD/HD 児は，周囲からの刺激に反応し課題から離れたり授業態度が悪く，かっとなって他児に暴言や危害を加えることも多い。また，注意を与える教師に口答えをしたり挑戦的行動をとる。しかし平静時は正常な判断が可能なため，担任の多くは家庭でのしつけの問題と考えやすい。まわりの子どもたちからは，単なる「わがまま」，「自分勝手」ととられがちで，いじめを受けることもある。また家庭では，肯定的に受け止める雰囲気に欠け，二次的な情緒障害（自尊心の低下，劣等感，無気力）を生じやすい。このような二次的な情緒・精神行動面の予防のために，早い段階での診

断・治療が望まれる。

　有病率は大体3～5％，性比は4～5：1と男児に多い。原因については，これまでの研究で，社会的・環境的要因よりも，神経学的・遺伝的要因が重視されている。多くの研究から脳の前頭部における神経伝達物質のレベルが，年令にともなって適正に増大していかないことによる実行機能の障害が示唆されている。遺伝については，約25％のケースで父に，約20％のケースで母に原因があると報告され，もし子どもの一人がAD/HDであるならば，その兄弟がAD/HDである可能性は35％であるといわれている。

　治療の基本は薬物療法である。中枢刺激剤メチルフェニデート（リタリン）が70～80％に有効といわれ，6歳前後から用いられる。一般に，朝食後，体重あたり0.3～0.5 mg/kgを服用する。錠剤は10 mgが市販されており，朝1錠，また朝昼各1錠が用いられることが多い。服薬後1時間で効果が現れ，3～4時間持続する。副作用として食欲不振，不眠等がある。効果の減弱を防ぐため休薬日を設ける。最近では，長期服用での発育への影響は少ないと報告されている。その他，カルバマゼピン（テグレトール），三環系抗うつ剤などが用いられる。もちろん，薬物療法だけでは十分ではない。教師の話や課題に集中できるように教室の構造を工夫するなど環境調整的アプローチ，また，シールなどのご褒美を用いた行動療法的アプローチが用いられる。とくに教師および家族にAD/HDについての知識を与えたり，教育技術的援助は大切である。

　予後について，以前は成長すると注意の障害や多動は良くなるといわれていたが現在は否定的である。注意欠陥などの認知系の障害は残りやすく，中学生以降では，精神行動面の二次的症状が問題になることが多い。約60％は成人になっても軽度の残遺状態を残し，約20％は重大な困難が残る。成人にとっても子どもの薬物療法に用いられる薬物（リタリン）によく反応するといわれている。

（大澤多美子）

第5章　不登校の理解と対応

　2006（平成18）年9月に発表された文部科学省の統計によると，2005年度における全国の不登校児童・生徒（小学校・中学校）は12万2000人を越え，中学校では36人に1人の割合を占めるという（文部科学省「平成17年度生徒指導上の諸問題の現状について」2006）。社会全体の価値観の多様化にともない，不登校の子どもたちの様相も非常に多様化してきており，従来のようにクリアカットに理解できないケースも増えてきている。またそれにともなって，不登校児童・生徒に対する対応に関して，教師の間に多少の混乱が生じているのが現在の状況のように思われる。そこで本章では，不登校児童・生徒をどのように理解したらよいか，またこのような児童・生徒への適切な対応とはどのようなものかについて，大まかなアウトラインを示したいと思う。

1　不登校の状態像と回復過程

1　不登校のタイプ

　不登校という概念は，「学校に行っていない」という現象をとらえて一括りにしたものであるため，そのなかには実にさまざまなものが含まれる。親の養育能力が乏しく，児童福祉の面からの援助が必要となるケースもあるし，精神障害の好発期に当たる思春期では精神分裂病やうつ病などが発病した結果として，不登校状態が生じているケースもある。ここでは，比較的多く見られる3つのタイプを中心に取り上げて，考えてみよう。

① 神経症タイプ

　几帳面，真面目，完全主義で柔軟性に乏しいなどの性格傾向をもつ子どもで，学校へ行くことに対する葛藤が見られるのが特徴である。つまり，学校には行きたい，行かなければならないという気持ちを抱いており，前日にはきちんと

時間割の準備などをするのだが，朝になると起きられず，頭痛や腹痛，発熱などの身体症状を呈したり，ぐずりや反抗などを示して，登校不能となる。親や教師からの登校刺激（登校を促す働きかけ）に対して「すくみ反応」を示し，家のなかや自室への閉じこもりが一時的に見られる。

② 怠学・非行タイプ

　学業不振が積み重なり，教室に寄りつかなくなるタイプであり，学校を休むことへの葛藤は見られない。学校を休んでいても家の中に閉じこもることはなく，むしろ同じような子どもと群をなして，喫煙や万引きその他の反社会的問題行動を引き起こす。登校しても校内で校則違反や授業エスケープなどを繰り返す。教師に対しては，概して反抗的であるが，一方で教師からの関心や交流を求めていることもあり，アンビバレントな態度を示す。

③ 無気力・未熟タイプ

　上記の2つのタイプの中間的なものであり，登校をめぐる葛藤はあまり見られず，学習意欲に乏しい。交友関係は豊かでなく，非行化することもほとんどない。欠席は断続的で，学校行事や定期試験には出てきたりする。家に閉じこもってしまうことはなく，平気で外出もできる。教師などからの働きかけに応じて，登校を再開することもあるが，持続しない。葛藤を保持できるほどの自我が育っておらず，未熟で欲求不満耐性が低い。近年このタイプが増加している傾向が見られ，「葛藤のない不登校」とか「明るい不登校」などと呼ばれることもある。

　不登校の児童・生徒をタイプに分けるということに関しては，「レッテルを貼ることになる」などと，その意味を疑問視する意見もある。また，「怠学・非行タイプ」の状態像を示している子どもでも，身体症状をあわせもっていたり，葛藤が見え隠れすることもあり，不登校のすそ野が広がってきた現在では，特定のタイプにははまりきらないケースも増えてきている。しかし，個々のケースを深く理解し，適切な対応を実践していくためには，いくつかの典型的タイプを頭に入れておくことが重要である。

2 不登校の一般的経過

不登校の一般的経過について原田ら（1997）を参考にして神経症タイプの不登校を中心に記述する。

① 不登校前駆症状期

学校を休むことはほとんどないが，登校前の朝の支度に時間がかかるようになる，遅刻が多くなる，食欲がなくなる，帰宅するとぐったりと疲れた様子で，だらだらとした生活となる，家のなかでイライラし，家族やペットなどに当たったりする，身体の不調を訴え，保健室を訪ねるようになる，部活動を休んだり，やめたいといい出す，授業中集中していない様子で精彩を欠き，成績が急に低下する，体育を見学するようになるといったことが見られるようになる。このようなサイン行動が見られたら，何らかのストレス状態にあると考えられ，そのまま放置すると，いずれ不登校やその他の問題が生じてくる可能性がある。

② 不登校初発期

実際に欠席が始まる時期である。初めのうちは，とくに休日あけに登校しにくいことが多く，また特定の科目の曜日に欠席が集中する場合もある。朝の登校時，頭痛や腹痛，発熱，嘔吐などの身体症状を呈するため，親は身体の病気をまず疑い，かかりつけの内科や小児科を訪れる。しかしこれらの身体症状も午後になると収まって元気になることや，「身体的には異常なし」という医師の診断を受け，親は「ずる休み」や「なまけ」ととらえ始めることが多い。そのため親は，あるときはなだめたりすかしたりしながら，またあるときは叱ったり説得したりしながら，何とか子どもを登校させようと必死になる。子どももある程度それに従って，登校したり休んだりする。

③ 連続的不登校への移行期

親が強行に子どもを登校させようとすると，より激しい身体症状を表したり，家庭内乱暴（家具類やドア，ふすま，壁等を壊す）や家庭内暴力（母親や弟妹，祖母が対象となることが多いが，エスカレートすると父親にも向かう）が生じ，徐々に連続して学校を欠席するようになる。世間体を気にする祖父母による登校圧力に，親子ともども苦しむこともある。

④　閉じこもり期

　親が子どもの不登校状態を認めず，さらに強く登校を求めていくと，家族との接触も断ち，自室に閉じこもるようになる。極端な場合は，食事も家族と一緒にはとらないため，親が子どもの部屋に運ばざるをえなくなることもある。親からの干渉がなく，社会も動きを止めている静寂の時間帯である深夜の方が落ち着けるようになり，昼夜逆転の生活へ移行していく者もいる。部屋は足の踏み場もないほどの乱雑な状態となり，洗面・入浴・衣服の着替えなどの生活習慣も乱れてきたりする。このような無気力な時期を経て少しだけエネルギーが蓄えられてくると，自分の殻のなかでテレビゲーム，ラジオ，音楽などに没頭するようになる。この時期は，「さなぎの季節」とか「繭籠もりの時期」などと呼ばれ，はためにはなかなかわからないが，子ども自身のなかでは意味のある変容が確実に，ゆっくりと進行していく時期である。

⑤　家庭内適応期

　親が登校を促さなくなり，学校に行かない子どもの状態を受け入れることができるようになると，家庭での居場所を得て，少なくとも家のなかでは以前よりも落ち着いた規則的な生活が営めるようになる。家のなかで家族と共に食事や会話が再びできるようになるが，家の外に出ることは難しく，来客があると自室に引っ込んでしまったりする。先の「閉じこもり期」に引き続いて「興味の局限」が見られ，好きな音楽や映画，アニメーション，バイク，プロレス等々の世界に没頭する。そのために必要なCD，ビデオ，雑誌等の購入やレンタルは自らは外出できないため，家族に代行を頼むこととなる。最近では，パソコンのインターネットを通じていろいろな情報を収集する子どもも多い。不登校にともなう二次反応として，何十分も続けて手洗いをするなどの強迫症状や自己の身体への過度なとらわれなどが生じることもある。

⑥　回復初期

　散らかっていた自室を片付けたり，しまい込んでいた学校関連の物を取り出したりする。新聞やテレビのニュースなどをよく見るようになり，社会への関心が芽生え始める。家族との会話のなかで，学校や進路の話が出ても過度の不安や苛立ちを示さなくなってくる。最初は夜がふけた頃，犬の散歩に出かけた

り，ジョギングなどをするようになるが，次第に昼間でも買い物に出たり，家族と一緒に外食ができるようになる。インターネットをする子どもでは，チャットに参加してみたり，メールのやりとりをするようになる。なかには自分のホームページを作ってしまう子どももいる。友達やクラスメイトとの接触も徐々に可能となっていく。

⑦　社会適応開始期

　自転車で小旅行に出かけたり，アルバイトを始めたり，不登校の子ども対象のキャンプに参加したりと，他者との接触や何らかの集団への参加を試みるようになる。そして，そのような実験的試み，他者と出会い触れあう体験を重ね，やがては自分に合った社会集団を見つけて，そこに属する道を見出していく。その道は，以前通っていた学校への復帰，定時制や通信制，単位制高校への進学，大検などの「バイパス」を利用した大学進学，何らかのボランティア・サークルへの所属，就職など人それぞれである。

②　不登校の要因と心理的メカニズム

1　不登校の要因

　子どもが不登校状態に陥ると，親も教師もそれぞれに「原因探し」を始める。概して親は学校や教師の要因を思い浮かべやすいのに対して，教師は親の養育態度の問題に目が向きやすい。また親はまず，子どもに学校に行けない「理由」を尋ねるものであるが，その際に子どもが語る「理由」は，追及された結果とりあえず口をついて出たものであることも多く，それを真にうけて障害を取り除いても，いっこうに事態が改善せず，第２，第３の「理由」が出現するということもよくある。

　不登校の原因として語られるなかには，単なるきっかけにすぎないものも，またかなり長期間にわたって形成されてきた要因もあり，それらが同じレベルで扱われていることが多い。前者のきっかけとして作用するものは，不登校を引き起こした「結実因子」として，後者の長期にわたる要因は「準備因子」として，区別して考えることが必要である。

表5-1 不登校のきっかけとなりやすい事象

不本意入学・転校・進級・クラス替え・席替え
学業不振・成績低下・身体的不調
多すぎる宿題・厳しすぎる給食指導や校則指導等の過剰管理
交友関係上のトラブル（クラス・クラブ・女子グループ内）
いじめられ（クラス内・クラブ内・登校班内）
家庭環境の急激な変化（親の死・離婚・蒸発・単身赴任・弟妹の誕生・兄弟姉妹の不登校等）

表5-2 不登校の要因

子ども自身の要因	家 族 要 因	学校・教師の要因	社 会 的 要 因
自主性・自発性の乏しさ	母親の過保護・過干渉	学校環境の魅力の乏しさ	物質文明の歪み
完全主義・強迫的傾向	父親の放任・過度の厳格さ	ギスギスとした学級風土	学歴偏重社会の歪み
対人過敏性・傷つきやすさ	両親の不和	教師の共感能力の乏しさ	知育偏重の教育制度
ソーシャルスキルの未発達	親による子どもの取り込み	教師によるひいき	情報化社会の歪み
欲求不満耐性の低さ	親と祖父母との軋轢	教師による高圧的・権威主義的態度	地域社会の崩壊
誇大的・万能的自己像	親の共感能力の乏しさ	画一的な生徒像の押しつけ	モラル・理想モデルの喪失
			歪んだ平等主義

　不登校は，ある単一の要因によって生じていることはあり得ず，いくつかの要因が重なって作用したときに引き起こされるものであり，それら要因の組み合わせは個々のケースにより異なってくるため，一律に論ずることはできない。ここでは長尾（2000），高橋（1993）などを参考に，不登校を引き起こしやすいきっかけと要因を，表5-1，表5-2にまとめた。

2　不登校発生の心理的メカニズム

　不登校発生の心理機制に関しては，これまでにいくつかの仮説が提示されているが，ここでは長尾（2000），若林（1993）などを参考に，代表的な3つの説をあげておく。

① 分離不安説

　子どもが幼稚園や学校に行けなくなるのは，学校場面に対して恐怖感を抱くからというよりも，母と子の間に分離することへの不安が強く働いているからであるとする考え方である。たとえば，何度も流産した後に授かった子どもであったり，乳児期に大病を患ったり，夫との間で依存欲求が満たされないと

いった何らかの理由により，母親が子どもを過保護に育て，母子が1つのカプセルのなかで共生しているような癒着した関係ができあがってしまうことがある。子どもはやがて入園や入学を迎え，学校社会に入っていくが，学校場面で何らかの不安を感じたりすると，母親のもとへ退却し，母親から離れられなくなってしまうのである。子どもの側に母親と離れることへの不安が強く生じていることは一目瞭然であるが，よく観察すると，母親の側にも別れることへの不安がかいま見えることがある。たとえば，教室まで送ってきてすっと背中を押して離れていけばよいところを，「大丈夫？」「ちゃんと入っていけるわね？」と，何度も何度も確認せずにはいられなかったり，登校できないわが子を口では厳しく叱りながらも，泣きそうな顔をしている姿などは，母親の不安を示している。子どもは敏感に母親の不安を感じとり，ますます不安を増大させ，母親へのまとわりつきを強めていく。母親は自分の自由を拘束された苛立ちや年齢相応の行動をとれないわが子への腹立ちを抱き，拒否的な態度を示したりすることもあるが，そうすると子どもに対する罪悪感が生じて，ますます過保護になっていくといった悪循環をたどりやすい。このような母親の側の分離不安は，子どもの自立を阻害する結果となってしまう。このようなケースでは，母親自身の心理的な自立や夫婦関係の変容が課題となってくる。

② 自己像（防衛）説

　不登校は本人のもつ非現実的な万能的自己像から生じるという考え方である。不登校の子どもは，自分自身の能力を過大に評価し，非現実的な自己像を抱いている。しかし，学校場面においてその力が試され，万能的な自己像が脅かされて不安に陥り，脅威となる場面を回避して，自己愛的な虚構の自己像をもち続けようとする。そこで許容的な母親がしばしばその避難所となって，子どもはそこへ退却する。誇大的・万能的な自己像の形成には，祖父母による溺愛・過保護が影響していることもある。中学生や高校生でよく見られる「優等生の息切れ型」不登校などは，この説で理解できる。

③ 回避反応説

　いじめや失敗といった何らかの不快な体験，あるいは恐怖体験が反復して経験されると，学校場面に対する恐怖心が条件づけられる。そこへあるとき学校

を休んだところ，不安や恐怖心が一時的に低減したことから，学校を休むという回避反応が強化され，自宅で恐怖場面を回避するという行動が習慣化してしまうという考え方である。条件づけに関する心理学の行動理論に立脚している。

　これらの説でよく理解できるケースもあれば，そうでないケースもあろう。また，これら3種類のメカニズムが複合的に働いているようなケースも存在するであろうが，いずれにせよ，こういった心のからくりを知識としてもっておくと，不登校の子どもが示す種々の行動を理解する際に，役に立つものである。

３　不登校児童・生徒への支援

1　支援に当たっての基本姿勢

(1)　早期発見・早期対応を心がける

　不登校にかぎったことではないが，身体の病気と同じように，心の問題への対応に当たっては，できるだけ早い時期にその兆候を発見し，適切な対応を早期に実践していくことが重要である。親の側に子どもの不登校を否認する傾向が生じるのと同じように，教師のなかにも児童・生徒の何らかの異変に薄々気づきながら，対応が後手後手に回ってしまい，継続的に欠席する状況が生じた後にようやく重い腰を上げるといったことも多い。第Ⅰ期「不登校前駆症状期」で触れたような兆候が見られたら，子どもの心が疲弊し，過剰なストレスが生じていることを疑い，親や他の教職員から情報を集めたり，児童・生徒自身との個別面接を実施してみるのがよいだろう。ごく初期にうまく対応をすれば，完全不登校状態にいたらずにすむ場合も多い。

(2)　校内での連携・協力体制の確立

　自分が担任をしているクラスに不登校の生徒が現れると，教師は自分の指導能力に自信をなくし，自分を責めてしまいがちである。その結果，周りからの評価を恐れるあまり，上述したような後手後手の対応となったり，担任による抱え込みが生じやすい。しかし，中学校では1クラスに1人は不登校が発生する現在では，不必要に自責の念を抱くことなく，どのクラスにも生じうる現象ととらえて，他者の助けを借りて臨むくらいの余裕をもった方がよい。校内で

援助を仰ぐ対象としては，副担任・同学年担当教諭・学年主任・教育相談係・校長・教頭・養護教諭・スクールカウンセラーなどとなろう。現状では「学級王国」の壁は崩れつつあるものの，「学年団」の壁が厚く，情報が管理職や他のスタッフに全く届いていないといったこともある。当該生徒に接する頻度の高い同学年の教師を中心に対応していくこと自体は妥当であるが，教育相談係や養護教諭，スクールカウンセラーなども加わり，学年の壁を取り払った「チーム体制」で臨むことができれば，より確実な効果が期待できるであろう。そして，担任による経過報告を中心に，他の関係スタッフも自分のもつ情報を提供しながら行う，「事例検討」形式のミーティングを定期的に開いて，児童・生徒の問題についての理解を深め，具体的対応方法を検討していくことが望ましい。

(3) 先入観を捨て，すべての事例に初体験の構えで臨む

不登校についての理解や対応に当たって教師にしばしば見られるのが，「以前自分が関わったある不登校の生徒は，○○の点が問題で，××の対応をした結果，学校に来るようになった。だから今度も同じようにやればきっとうまくいくはずだ」といった考え方である。しかし，不登校の実態は百人百様である。背景となる家庭の状況も異なれば，子ども自身のパーソナリティも一人ひとり違うのであるから，過去のケースで有効であった対応が同じようにうまくいくとはかぎらない。また，先に紹介した不登校のタイプや心理機制に関しても，あくまでも典型的・代表的なものを抽出したにすぎないということを心にとどめ，それらを無理矢理ステレオタイプに当てはめようとしないことが大切である。それらの類型や典型例とどこの部分は一致し，どこの部分はまた違った要素が混ざっているのか，個々のケースごとに細かく理解していく姿勢が必要である。

(4) 学校復帰・再登校を最終目標としない

学校の教師に「学校復帰を目標とするな」と求めるのは，少し酷なことかもしれない。しかし，子どもにとっては在籍校に復帰することが必ずしも最善の道ではないこともあるし，場合によってはしばらく立ち止まって自己を変革することこそが，その子どもにとって大切な課題であるというような認識をもつ

ことが重要である。ひょっとしたらその子にとっての不登校とは，絡め取られてきた母親の手から逃れ，何とか自立しようとする試みであるかもしれないし，また崩壊してしまいそうな家族を，不登校という問題を自分が呈することによって何とか支えている姿なのかもしれないのである。そういった重い荷を背負った子どもでは，課題の解決に数年を要することもまれではない。そのような，その子にとっての不登校が有する深い意味は，簡単には把握できないものである。そのような時，校内のスクールカウンセラーや学外の相談機関の臨床心理士などにコンサルテーションを受けると，より広い視野が開けてくるだろう。

2 不登校に関する支援の実際
(1) 登校刺激について

近年，「子どもが不登校状態になったら登校刺激は絶対に与えてはならない」という認識が，親や教師の間に広まっているようであるが，これは誤りである。おそらく，不登校の子どもの相談を実践している相談機関による助言が発生源になっているものと思われるが，これらの相談機関が対象としている子どもたちは，第Ⅲ期「連続的不登校への移行期」から第Ⅴ期「家庭内適応期」までの段階にいる神経症タイプの不登校の場合が多い。このような子どもにむやみに登校を促す働きかけをしないという指針自体は正しいが，それが過度に一般化されて受け取られたものと思われる。第Ⅱ期「不登校初発期」までの段階では，登校刺激を試みる価値は十分にある。とくに休み始めて1週間程度の間では，教師が優しく誘ってあげることや，親が子どもの背中をちょっと押してあげることで，意外とすんなりと学校に戻っていけることも多い。とくに小学校低学年までの子どもでは，子どもの気持ちに十分な共感を示す一方で，親（とくに父親）が毅然とした態度で，「学校は行かなければならない」という姿勢を示すことが必要である場合もある。また，第Ⅵ期の「回復初期」あたりまで回復してきた段階では，子どもの示すさまざまな行動から判断して，登校刺激を徐々に取り入れていく必要が出てくる。

また不登校のタイプによっても対応が異なってくる。「怠学・非行タイプ」

や「無気力・未熟タイプ」では、教師がそのまま放っておいたのでは、糸の切れた凧のようになってしまうか、「家庭内適応期」をただ長びかせるだけになってしまう。これらのタイプの子どもに対しては、むしろ積極的に登校を誘いかけるべきである。ただし、一度登校するようになっても、なかなか持続しないのが彼らの特徴であるから、教師の根気強い対応が求められる。また、彼らが学校のなかで存在価値を実感できるように、何らかの役割や活躍の場を与えるなどの工夫も必要となってこよう。これらの子どもに対しては、ただ待っているだけでは不十分であり、教師の側のよりアクティブな働きかけが必要なのである。

(2) 家庭訪問について

不登校の子どもに教師がとる対応のなかで最も多いのは家庭訪問であろう。しかし、実際に訪問してみると、子どもが部屋に閉じこもって会えないことも多い。また、何回か訪問を重ねても一向に変化の兆しが見られない子どもの状態に恐縮して、親の口から「もう来ないで、そっとしておいてほしい」という言葉が聞かれることもあったりして、一筋縄ではいかないのが実状であろう。そこで、家庭訪問をする際の留意点を何点かあげてみよう。

まず、訪問する時間に関して、注意が必要である。一般に不登校の子どもは、朝の登校時間に不安・緊張が高まり、午後になると次第に落ち着いてくる。したがって、「たまたま授業があいているから」などの教師側の都合で、午前中の不安定な時間帯に訪問することは慎みたい。平日であれば夕方、あるいは土曜の午後や休日などに訪問することが望ましい。また、1回の訪問であまり長時間滞在しない方がよい。子どもにとっても教師自身にとっても訪問している時間は、気を遣う時間であるため、30分程度で切り上げる方がよい。双方ともに緊張がとれ、うちとけてきた段階では、1時間程度までのばしてもよいだろう。訪問の頻度や1回の時間は、一定に保つことが望ましい。カウンセリングでは空間的枠組みと同時に、時間の枠が安定した面接の環境・構造を築くうえで、重要となる。同じように家庭訪問でも、時間の枠を一定に保つことで、子どもに安心感が芽生え、「毎週決まった曜日に先生が家にきてくれ、一緒に過ごしてくれる」、「この30分は自分のために先生が提供してくれている時間で、

そのなかで自分のことを表現できるし，先生にわかってもらえる」，「今度先生が来たらこんなことを話そう」というような意識や感覚が子どもに生じてきて，教師による訪問の時間を子どもも上手に活用できるようになっていく。

　初めての訪問の際には，訪問することをあらかじめ親を通じて予告しておく方がよいだろう。特に緊張が強かったり，完全主義傾向が強い子どもの場合は，その子なりの心の準備が必要なこともある。初回から子どもが会ってくれればよいが，子どもにとって教師とは，「学校」という看板を下げて歩いているような存在であるから，なかなか会えないことも多いだろう。また学校に行っていない自分の惨めな姿を教師にさらしたくないという思いもあるかもしれない。子どもが会いたがらない場合は，けっして無理矢理子どもの部屋に入り込んだりして強行突破を図ろうとはせず，親と話をして帰っていけばよい。このことは，親の不安を受け止め，親の援助者になるという意味と同時に，子どもに教師の姿勢や人間性を示すという意味をもつ。子どもは息をひそめて，親と教師の話を聞いているものである。帰るときに，ドアの向こうにいる子ども本人にも，一言声をかけておくとよいだろう。このような地道な訪問を続けた結果，半年ないし1年たった頃に子どもが会ってくれるようになったというケースもある。

　子ども本人と会うことができたら，その子の「世界」，その子の「城」に入れてもらう感覚で臨むとよいだろう。事前にもっている情報から，あるいはその子の部屋に貼ってあるポスターや棚に並んでいる本や雑誌，CDなどを手がかりに，子どもの興味・関心の世界を探り，共有するのである。好きなアイドルや歌手，最近読んだ本や見た映画・アニメの話，その他子どもの熱中していることなどをチャンネルとして子どもとつながっていく。一緒にテレビを見たりゲームをしてもよい。母親がぴったりとくっついているような場合には，散歩などに連れ出すのも一つである。そして約束の時間がきたら，当初の約束通りに帰っていくことが肝要である。ここで欲を出して，「なかなか意味深い話が出てきたから，今日はもう少し粘ろう」などと考えないことである。また子どもは，「先生は今は猫をかぶっているけれども，そのうち本性を現して，学校に来いと言い出すはずだ」などと，最初の頃は警戒心を強く抱いている。何

回訪問を重ねても，自分のペースを尊重し，自分に関心を向けてくれている教師を実感できるようになると，徐々に教師や学校に対する不信感もやわらいでくる。

　家庭訪問で何より肝心なことは，子どもにとっても無理のないペースで侵入的にならずに接することと同時に，教師自身にとっても負担とならない範囲で根気強く継続していくことである。

　(3)　保護者への支援

　社会が不登校に対して許容度を増したとはいえ，わが子が不登校状態に陥ったときの親の苦悩は相当なものである。たいていの親は，自分の子育てが失敗したのではないかと，自責の念を抱く。そのようなときに，教師による支えは何よりも親に勇気とやる気を与える。しかしともすると教師は，親の欠点を指摘したり，親の子どもへの接し方を変えさせようとする事に熱心になり，親の抱えている不安や苦悩を受けとめそこなってしまうことが多い。一見して親の養育態度上の問題が見て取れるケースもあるが，そのようなケースこそ焦らずに，まず親の気持ちを共感的に受け止め，親の苦しみを共有することが大切となる。親と教師との間に信頼関係ができあがって初めて，両者が同じ方向を向いて協力していくことが可能となるのである。

　(4)　専門機関との連携

　不登校状態が長期化したり，子どもや家族の問題が根深いものであるとき，学校だけでは十分な対応ができないケースもある。そこで専門の相談機関の利用が検討されることとなる。親の方がすでに専門機関に相談に行っている場合もあるが，学校から親に紹介する場合も出てくる。そのような場合に備えて，地域の専門機関についての情報を得て，連携先のリストを作っておくとよいだろう。「怠学・非行タイプ」では，児童相談所が適切な場合が多く，「神経症タイプ」では大学附属の心理教育相談室や個人のカウンセリングルームなどが適切であろう。摂食障害や過敏性腸症候群などの身体症状をともなっているケースでは，身体面でのケアが受けられる医療機関が適切であり，また精神分裂病やうつ病などが疑われる場合には，精神科医の診察を受けることが必要となる。適応指導教室は，そこへの通所が出席日数にカウントされることもあって，親

にも教師にも比較的好まれる機関であるが，規模やスタッフなどの面で千差万別といった現状にある。「怠学・非行タイプ」の不登校生徒が，心理臨床の専門家がいない小規模の適応指導教室に入室した結果，他の子どもも巻き込んで収拾がつかなくなったというような例もある。「怠学・非行タイプ」や「無気力・未熟タイプ」は安易に適応指導教室を当てにせず，学校が粘り強く対応していくことが望ましい。スクールカウンセラーは，各専門機関の特徴をよく知っており，専門家同士のネットワークをもっているので，彼らに外部の相談機関との橋渡しを依頼するとよい。また，親に専門機関の利用を勧める際には，専門機関に相談に行くことの意味をよく説明し，親の相談への動機づけを高めておくことが，よい結果につながる。

　子どもには来談動機がなく，親だけの相談となることも多いが，親と子どもが専門機関に行き始めたら，親や本人の了承を得て，担当者と連絡を取ることが望ましい。教師のなかには専門機関に敷居の高さを感じるためか，なかなか連携をとらない者もいるが，より適切な支援を行うためには，連携をとることが役に立つ。学校での子どもの様子について専門機関側に情報提供するとともに，専門家の理解や今後の見通し，学校側の対応における留意点などをアドバイスしてもらうとよいだろう。子ども自身が学校復帰を望む場合，最後の段階で力を発揮するのはやはり学校であり，教師である。そこに到達するまでに，専門機関としっかり連携しておくと，最終段階での仕上げもスムーズにいく場合が多い。

(5)　学級・クラスメイトへの対応

　担任がクラスメイトに頼んで不登校状態となった子どもの家に立ち寄ってもらい，配布物を届けてもらったり，朝迎えに寄ってもらうよう依頼することがある。しかし，誘ってもなかなか登校しなかったり，プリントを届けにいっても本人が出てこないような状況が続くと，教師の期待が重荷となって，依頼された子の方がダウンしてしまったり，不満を抱いたりすることがある。したがって，そのような協力をクラスの子どもに求める場合には，「行っても出てこない可能性もある」こと，「もしそうなっても君の責任ではない」こと，「無理をせず決まった時間になったら誘うのをやめて登校する」こと，などをあら

かじめ説明しておきたい。また不登校状態にある子ども自身に，そのようなことをしてもらってもよいか否か，頼むとしたら誰に来てもらうと嬉しいか，など聞いてから実施した方がよい。教師の目には仲良しと映っていた子どもに，実は意地悪をされていたなどということも間々あるからである。

学級の子どもたちに不登校の児童・生徒のことをどのように説明するかという点も，教師が悩むことであろう。もし学級集団の凝集性が高く，苦しんでいる仲間をみんなで支えていこうという雰囲気ができあがっているクラスならば，取り繕うことはせずに，きちんと説明した方がよい場合もあるだろう。そのような説明を受け，自分が助けてあげたいと，不登校の子どもの家に遊びにいってくれる子どもも出てくるかもしれない。この場合も，学校に来るように励ましたりすることは控え，学校や勉強のことから離れて一緒に楽しく遊ぶということが大切であると説明しておこう。一方，教師が説明しても不登校というものが理解できないような子どもたちの集団の場合は，あくまでも「身体の病気」で通した方がよい場合もある。日頃の学級経営，クラス作りがこのような時に影響してくるのである。

引用・参考文献
(1) 高橋良臣『登校拒否にかかわる25の視点』学事出版，1993年。
(2) 長尾博『改訂学校カウンセリング』ナカニシヤ出版，2000年。
(3) 原田正文・府川満晴・林秀子『スクールカウンセリング再考』朱鷺書房，1997年。
(4) 文部科学省「平成17年度生徒指導上の諸問題の現状について」2006年。
(5) 若林愼一郎『登校拒否』医歯薬出版株式会社，1993年。

推薦図書
(1) 梅垣弘『登校拒否の相談指導』糧／篠原出版，1996年。
(2) 菅野純『教師のためのカウンセリングゼミナール』実務教育出版，1995年。
(3) 桑原知子『教室で生かすカウンセリング・マインド』日本評論社，1999年。
(4) 小泉英二『登校拒否』『続登校拒否』学事出版，1973・1980年。
(5) 佐藤修策・黒田健次『あらためて登校拒否への教育的支援を考える』北大路書房，1994年。
(6) 神保信一・下司昌一『登校拒否がわかる本』日本文化科学社，1995年。

(鈴木康之)

第6章　いじめの理解と対応

　いじめは，歪んだ「対人関係の場」において発生する排除的で加虐的な対人行為であり，学校だけでなく人間社会に多く見られる現象である。嫉妬，攻撃性，蔑視など，人間のもつ否定的な情動がいじめ発生の大きな要因と考えられる。学校におけるいじめへの介入においては，教師の存在が対人関係の歪みの要因となる可能性を認識したうえで「傍観者」及び「観衆」の指導をすることが不可欠である。また，いじめ予防の観点としては，否定的情動ももつという人間の本質をコントロールする能力を育てること，幼児期から道徳性を育成すること，いじめが起こりにくい風土を作ることが大切である。

［1］　いじめの典型例

　子どもだけでなく大人も含めて，心の葛藤やストレスの多くは対人関係の歪みに由来するトラブルや軋轢に求められるのではなかろうか。生きる喜びや生きがいが人間関係からもたらされると同時に，失意や怒り，悲しみもまた人間関係から生まれる。子どもの心の問題を考えることは子どもを取り巻く人間関係のあり方を検討することでもある。ことに思春期の子どもの場合，親離れの途上で保護者の「守り」が薄まり，友だち同志の付き合いが大きな比重を占めるようになる。すると必然的に友人関係の悩みも多くなり，歪んだ対人関係が形成されやすくなり，「いじめ」という対人的な構造が醸成されやすくなる。
　最初に，いじめの典型例として大平（2000）が中学時代に受けた経験をみてみよう。大平はいじめ被害からの自殺未遂，非行への傾斜など紆余曲折の人生を歩み，現在は弁護士として活動をしている。
　大平は祖母と一緒に暮らすためにある中学校に転校した。その学校で彼女は2年間にわたり激しいいじめを受けることになった。彼女へのいじめはクラス

の仲間からのシカトから始まった。朝，教室に入るとみんなの様子がよそよそしい。いつものように友達に挨拶をしたが何も返事がなく，無視される。無視される理由がまったくわからない。それ以後，彼女が教室に入るとクラスの皆は蜘蛛の子を散らすように彼女を避けた。やがて無視や陰口だけでなく，机の上に中傷の落書きをされる，ペンケースが壊され捨てられる，バケツの水をぶっかけられるなど，いじめ行動がエスカレートしていく。それでも彼女は耐えた。そして，中学2年のクラス替えでようやく仲良くなれたと思っていたグループの3人が，突然裏切っていじめる側につくようになった。

> 「なによりも私がショックだったのは，親友と思っていた三人がまるで手のひらを返したように向こう側についたことだった。親友と思っていたので秘密や悩みを言っていたのに……（中略）……私は両手をぐっと握りしめ，唇をかみしめた。涙がこぼれてきた。それを見た生徒は，『あ〜ぁ，何かすっとしたわ』『便秘がなおったみたいや』『こいつまたチクリよるのと違う』『アホははよ死ね』という声とともにその子たちの笑い声が聞こえてきた。家に帰るまでの道のり，いろいろな思いが頭の中をかけめぐった。『今日のことを親に言うと，学校にも言うだろう。そうなると，またチクリと言われて，もっとひどい目にあう。これまで耐えてきたけど，もう限界や……もうあかん……死ぬしかない！』」

大平の例からも見て取れるように，「いじめ（bullying）」は学校の閉じられた仲間集団という対人関係の場に潜む根ぶかい病理を反映している。すなわち，いじめは，歪んだ「対人関係の場（interpersonal field）」において発生する排除的で加虐的な対人行為であるといえよう。

2 いじめの定義

「いじめ」とはどのような事態か。複数の定義があるが，まず文部省（1986）が示す定義とその認識について述べておこう。

いじめとは「自分より弱い者に対して一方的に、身体的・心理的な攻撃を継続的に加え、相手が深刻な苦痛を感じているもの」と規定されている。

　いじめの様態（下位行動）としては8種類の行動が示されている。すなわち、①言葉での脅かし、②冷やかしやからかい、③持ち物隠し、④仲間はずれ、⑤集団による無視、⑥暴力、⑦たかり、⑧親切の押しつけ・お節介、などである。これらの様態のなかで最も多発するのは、冷やかしやからかい、言葉での脅かし、仲間はずれ、などである。もちろん、冷やかしやからかいが、即いじめと認定されるわけではない。からかいの行為が継続され、なおかつ対象となっている子どもが強い苦痛を経験していることが要件となる。

　次に、グループの相互作用という視点を導入した森田・清水（1994）の定義をみてみよう。子ども集団のダイナミクスを重視した認識方法である。

　いじめとは「同一集団内の社会的相互作用過程において優位に立つ一方が、意識的にあるいは集合的に他方に対して精神的・身体的苦痛を与えること」である。森田・清水（1994）によれば、いじめをしている相手は、親しい友人が48％を占め、話をする程度の友人の32％を含めて、いじめっ子の80％は何らかの友人関係にあることが示唆されている。この事実は、異質な者を締め出そうとする単純な排除行動ではなく、いじめの多くが「仲間集団における対人関係の場の歪み」として発生することを裏付けるものである。

　森田・清水（1994）の定義の中心にあるのは、対人関係における「力の不均衡（unbalance of power）」という概念である。したがって「いじめは個人に張り付いた属性に対して攻撃行動が発動されるのではなく、あくまでも関係性のなかで発生する現象であり」、集団のなかで優位に立つ子供たちが、その力を劣位にある子どもに繰り返し乱用することによって生じる。しばしば、子どもや教師の口から「いじめられている子にも問題がある」という趣旨の発言がなされるが、森田の相対的・状況論的な認識はいじめの原因を個人の属性に帰することに対して警鐘を鳴らすものである。

　さらに、高徳（1999）は「いじめとは、主に思春期の同一集団内の不安定な補完的人間系において見られる、優位に立つ一方が、劣位の他方に対して、反復的・継続的に心理的苦痛を与える制裁的、排他的な攻撃行動である」とし、

思春期特有の仲間集団に着目した定義を行っている。思春期の子どもたちは，他の発達段階の子ども以上に「仲間への忠誠」を求め，「同じであること」を希求する同調傾向が顕著となる。そのため，いじめ行動が多発し，深刻化する危険性が高まると考えられている。

なお，これらの定義には直接言及されていないが，今日のいじめの認識におけるもうひとつの特徴は，被害者の子どもの主観的苦痛を重く評価する点である。「被害者である子どもがどう感じているのか」が鍵を握る。表面的なふざけやからかいの行為を観察しただけではいじめかどうか判断しにくい。最終的な判断基準は，子ども自身が居場所の剥奪感や心身の苦痛を経験しているかどうかによる。

ただし，この主観的基準にも落し穴がある。子どものなかには，普段から被害感情が強い者もおり，何か契機があるとその被害感を武器にして，周囲の人たちを振り回すことがある。事実としては行き過ぎや反復性はなくても，「いじめられた」と訴え，教師に「相手の子どもの謝罪を強く求める」などの対応を迫ることもある。その訴えに沿って対応していると，いじめたと訴えられた子どもが深く傷つき，逆転した人権問題が発生することもある。

③ いじめ事件の推移

いじめは昔から問題になってきたが，大きな社会問題となったのは，1975（昭和50）年末に起きた「いじめ・自殺事件」の頻発で，1984～85（昭和59～60）年度にいじめ・自殺事件が16件も発生している。ちょうど不登校の子どもが急速に増加しはじめた頃である。事態を憂慮した文部省は「通知」を何度も出し，学校での指導の徹底が求められた。その結果，1986（昭和61）年度からいじめの報告件数は減少し始めた。

しかし1992（平成4）年頃から再び増加の兆しをみせはじめ，1994～95（平成6～7）年には衝撃的な事件が続発した。1994（平成6）年5月，岡山県総社市の中学3年生が金銭要求や暴行などを背景として自殺したのを皮切りに，いくつもの事件が続発し，同年11月には愛知県西尾市の中学で大河内清輝君のい

じめ自殺事件が起こった。この事件では，長文の「遺書」が残され，いじめに苦しみ，家族を想う少年の気持ちが切々と書かれていたこともあり，マスコミと社会の関心を大きく引くことになった（高徳，1999）。以下にその冒頭部分のみを記しておこう。

　「いつも4人の人にお金を取られていました。そして今日持っていくお金がどうしても見つからなかったし，これから生きていても……。小学校6年くらいから少しだけいじめられ始め，中1になったらハードになってお金を取られるようになった。中2になったらもっと激しくなって，多い時で6万，少ない時でも3〜4万，この頃でも4万。……でも，僕が断っていればこんなことにはならなかったんだよね。スミマセン。もっと生きたかったけど……。家にいる時が一番たのしかった。いろんな所に，旅行にも連れていってもらえたし，何一つ不満はなかった。（この後，いじめの詳しい経緯や家族への感謝の言葉が語られている）……最後におばあちゃん本当に申し訳ありませんでした。」

　こうして社会問題化した後もいじめ事件は続発し，被害を受けた子どもたちの悲鳴が全国で連鎖的にこだました。他方，いじめと事件の直接的因果関係は必ずしも明確でないケースもみられ，加害者と認定された生徒の傷つきの問題，マスコミ報道が学校にもたらした「報道被害」，さらに自殺予告騒動など好ましくない影響も生じた。
　こうした状況下で1995（平成7）年のいじめの件数は6万件を越える最悪の発生件数となった。以上のような事態を受けて，文部省（1995）によりいじめの対応にあたっての5つの基本認識が示された。すなわち，①「弱い者をいじめることは人間として絶対に許されない」との強い認識に立つこと。②いじめられている子どもの立場に立った親身の指導を行うこと。③いじめの問題は教師の児童・生徒観のあり方が問われる問題である。④関係者がそれぞれの役割を果たし，一体となって真剣に取り組むことが必要である。⑤いじめは家庭教育のあり方に大きな関わりを有している。そして，主要な施策の一つとして臨

床心理士等によるスクールカウンセラーの活用が1995（平成7）年から試行的に始まることになった。

4　いじめをめぐる主要な考え方

1　社会のなかのいじめ

　いじめは学校における特殊な現象ではなく，人間社会に多く見られる現象である。たとえば障害者いじめ（障害者差別）がある。いじめは差別のひとつの形態であり，いじめられる者の人権侵害に相当する行為なのである（菅野，1997）。また，会社においても，いじめがリストラの背景にあることも意外に多く（小田，1999），セクハラも性による女性いじめの一種である（武田，1998）。

　いじめは，現代社会における特徴的な現象ではなく，近世社会における「村八分」にも共通点を見出すことができる。これは，学校での「シカト（無視）」といういじめと同様な性質をもっている（礫川・田村，1997）。村八分とは，居場所がなくなること，場からはじき出されることを意味し，いじめの象徴的な現象である。

　さらに，家庭内にもいじめがある。嫁いじめはその特徴的な例であろう。現代では児童虐待が大きな問題となっている。虐待という言葉には残酷さがうかがえるため，虐待をしている親は「わが子いじめ」というが，その現状はきわめて深刻である（武田，1998）。児童虐待は，身体的虐待，心理的虐待，養育の拒否・放棄（ネグレクト），性的虐待に分けられるが，しつけと称して行われることが多い身体的虐待と心理的虐待は，教室内のいじめと共通点を見い出すことができる。

　このように，いじめは社会全体に見られる社会問題である。2人以上の集団があるところには，いじめの起こる可能性があるといっても過言ではなかろう。いじめは，強者による弱者いじめという単純なものではなく，歪んだ対人関係のなかで生じる「人間関係の問題」ととらえる必要がある。

2　いじめと人間の本質

　多くの人は，愛情，優しさ，思いやりなどの肯定的な情動だけでなく，嫉妬，攻撃性，蔑視などの否定的な情動ももっていることは否めない。小田（1999）は，他者への攻撃性は人間の本質ととらえ，アメリカの心理学者，A・ベイリーが提唱している「古態心理学に見る人間の攻撃システム」を紹介している。これは，動物としての人間の本性のなかには他人を攻撃する仕組みが組み込まれているというものである。したがって，いじめは人間の本質的なものであると述べている。また，礫川・田村（1997）は，いじめの根本は「蔑視」にあると考え，いじめは他者のもつ異質な要素をあげつらうことによって，これを蔑視することが大きな要因となると述べている。

　嫉妬，攻撃性，蔑視，悪意，侮辱，優越感，差別感など，人間のもつ否定的な情動，つまり闇の部分がいじめ発生の大きな要因と考えられる。したがって，いじめをなくすということは，人間の本質の闇の部分をなくすことを意味する。はたしてそれが可能であろうか。人間の闇の部分がなくなれば，光の部分もなくなってしまうのではないだろうか。

3　いじめと学校

　人間の本質を考えると，いじめは人間社会には必然的に付随する現象であるともいえる。学校においても同様である。いずれの学校においても，いじめはあるととらえておくことが大切だ。

　学校内のいじめをとらえる際，森田・清水（1994）の提唱した「いじめ集団の四層構造」が有効である。四層構造とは，いじめっ子（加害者），いじめられっ子（被害者），いじめをはやしたておもしろがって見ている子どもたち（観衆），見て見ぬふりをしている子どもたち（傍観者）のことであり，いじめはこうした四層構造が密接にからまりあった学級集団全体のあり方のなかで起こっている。こうしたなかで，いじめが成立するための大きな要因となるのは観衆の存在である。観衆は，直接手をくだしていないが，燃え上がるいじめの炎に油を注ぎ込む存在である。加害者にとって，観衆はいじめを積極的に是認してくれる層であり，いじめ行動を強化してくれる要素である。その意味では，

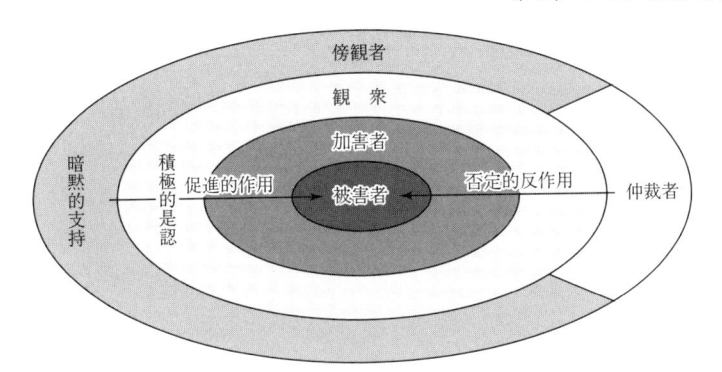

(出所) 森田・清水 (1994) のものを筆者が修正・図示した。
図6-1 いじめ集団の四層構造

観衆もいじめに加担する層であり，加害者側に立っている。また，傍観者はいじめを抑止する力とはなりえない。それは，自分が被害者に陥れられることへの恐れがあるからだ。傍観者のこうした自己保身は加害者への服従的態度の表明であり，いじめを抑止するどころか，いじめを黙認し促進的作用を及ぼす存在となる。さらに，わずかではあるが，学級によってはいじめを止めに入る仲裁者が現れる。この層は，傍観者層から積極的方向へと分化した子どもたちで，加害者に対して否定的反作用を及ぼす。しかし，たとえいじめを制止しようとしても，傍観者や観衆の支持がなければ，彼らの制止行動は浮き上がってしまい，逆に仲裁者がいじめの標的になりかねない。このように，いわば教室全体が劇場であり，いじめは舞台と観衆との反応によって進行する状況的ドラマである。

4 いじめと教師

学校におけるいじめを考えるとき，教師の存在を忘れることはできない。たとえば，とくに小学校において問題となっている学級崩壊は，子どもによる教師いじめであると考えることができよう。教師もいじめの被害者になりうる（第7章を参照）。また，教師が無意識のうちにいじめの加害者になっていることもある。教師がある子どもを排除したり拒否したりしているが，その教師はこのことに気づいていない。さらに，その教師がもつ嫌悪感は，それを読みと

る子どもたちによって増幅され，対象となった子どもはいつの間にか学級集団から排除されてしまう。教師は自分が加害者であることに気づいていないので，一生懸命にいじめを止める側にまわろうとするが，もともと自分が加害者の中核なので問題の解決に寄与できない（斎藤，1997）。

なかには，いじめに自ら荷担する教師もいる。忘れ物をした子どもに対して，学級のみんなが雑巾をぶつけるという罰を与えた例があった（菅野，1997）。これはまさに教師によるいじめである。

いじめの加害者にはならないまでも，いじめのきっかけを作る教師もいる。何気ない教師の言葉や身振りがもととなり，いじめが起こることがある。教師にほめられたことがきっかけでいじめられる子どもができるほど，学級内の人間関係は歪んでいる場合がある。

教師は自分が学級の一員であることを，常に心に刻む必要がある。また，たとえ自分ではいじめず，あるいは無意識のうちにいじめなくとも，教師であるというだけで，いじめのきっかけを作る役割をする。しかしそのことに気づいている教師はあまりにも少ない（菅野，1997）。

いじめに自ら荷担する教師，無意識のうちにいじめの加害者となる教師，いじめのきっかけを作る教師，いじめられる教師など，学校におけるいじめを考えるとき，教師は第三者ではありえないのだ。

5 いじめへの対応

1 いじめの基本認識

いじめは，強者による弱者いじめという単純なものではなく，歪んだ対人関係の場で発生する人間関係の問題である。そして，教室全体を劇場として，舞台と観衆との反応によって進行する状況的ドラマである。加害者と被害者のみの問題ではなく，いじめを生む集団の問題である。なぜなら，集団の構成員が互いに無関心な場ではいじめは発生しない。集団内に何らかの人間関係があり，それが歪んだ人間関係であるところに，いじめを生む土壌がある。

また，否定的情動ももつという人間の本質から，いじめを根絶することはき

わめて困難である。むしろ，いじめが発生してもいかに軽いうちに解決するか，そして，いかにいじめを予防するかという視点の方が現実的である。

2　いじめのプロセス

　いじめは大人には見えにくく，発見が遅れがちである。これは，いじめの手口が巧妙であることや被害者からの訴えがほとんどないこと，周囲の子どもたちからや保護者からの情報が希薄であることなどが要因として考えられる。したがって，大人はいじめの兆候に敏感である必要がある。オルウェーズ（Olweus, D., 1996）はいじめの兆候を表6-1，表6-2のように述べている。

　いじめは，学級の特定の人間関係のなかで軽い悪ふざけやからかいから始まり，次第に学級全体に広がりいじめの行為自体もエスカレートしていく。大平（2000）の例でも，最初は特定の仲間からの無視やすれ違いざまにわざとぶつかる程度だった。それが数日のうちに学級の全員に無視されるようになり，机の上に落書きをされたり，筆箱を捨てられたり，机の上をゴミだらけにされたり，バケツの水をかけられたりした。いじめられていることを親に話すと，親は担任に抗議した。担任から解決したとの連絡を受けて職員室に行き，担任に「（加害者のＡ子と）仲直りの握手をしなさい」といわれる。この担任の解決策はきわめてお粗末なものだったとしかいいようがない。それ以来「ちくり」というレッテルを貼られ，①に述べたように，いじめはますますエスカレートしていったのである。大平はこの担任について，どことなく冷たい感じのする人で，一応担任として生徒の話は聞くがそれ以上のことはしない，事務的な感じの人だったと述べている。少なくとも，教師としての自分も学級の構成員であり，何らかの形でいじめに関与しているという認識すらもちえなかったのではないだろうか。そうでなければ，いじめの事実が判明したときもっと適切な対応ができていたはずである。

3　いじめへの介入

　いじめの事実が判明したとき，まず優先されるべきは被害者を守ることである。被害者の気持ちをしっかり聴き，いじめの事実関係を把握する。それをも

表 6-1 学校で見られる兆候

〈一次的兆候〉
◎卑劣なやり方で繰り返しいじめられる，悪口を言われる，屈辱的なあだ名をつけられる，嘲笑される，けなされる，笑いものにされる，威嚇される，おとしめられる，脅される，命令される，支配される，服従させられる。
◎嘲笑的で非友好的なやり方で物笑いの種にされ，笑いの的にされる。
◎あら探しをされ，じゃけんに扱われ，こづかれ，叩かれ，殴られ，蹴られる（そして自分をうまく守ることができない）。
◎「口ゲンカ」や「殴り合いのケンカ」にまきこまれ，まったく手出しができず，引きこもってしまう（または泣き出してしまう）。
◎本やお金，あるいはその他の所持品をとられたり，傷つけられたり，ばらまかれたりする。
◎説明がつかないようなアザ，怪我，きり傷，ひっかき傷ができ，衣服が破けている。

〈二次的兆候〉
○休み時間や昼休みにひとりぼっちのことが多く，仲間グループから締め出されている，クラスの中に仲の良い友人が一人もいない。
○チームでゲームをする時，最後までチームメートとして選ばれない。
○休み時間に教師や他の大人の近くにいたがる。
○クラスでは自分の意見を言うことができず，不安で頼りない印象を与える。
○悩みをもっていて，不幸せで，落ちこんでいて，涙もろく見える。
○成績が突然または徐々に低下する。

(出所) オルウェーズ，1996。

表 6-2 家庭で見られる兆候

〈一次的兆候〉
◎学校から帰ってきたとき，服が破れていたり乱れていたり，本が傷んでいたりする。
◎納得のいく説明がつかないような打ち身やケガ，切り傷，引っかき傷がある。

〈二次的兆候〉
○学校が引けてからクラスメートや仲間を家につれてきたり，クラスメートの家や校庭で一緒に遊んだりすることがほとんどない。
○一緒に遊んだり，買い物をしたり，スポーツや音楽のイベントに行ったり，電話でおしゃべりをする仲よしの友人が一人もいない。
○朝学校に行くのを怖がったり渋ったりする，食欲がない，とくに朝，頭痛や腹痛をよく訴える。
○学校の行き帰りに普通では考えられないような道を選ぶ。
○いやな夢で安眠できない，睡眠中に泣く。
○勉強に関心がなくなり成績が下がる。
○不幸せで悲しそうで，ふさぎ込んでいる，突然，癇癪を起こしたり感情を爆発させる。
○家族からお金をせびったり盗んだりする（いじめっ子に用立てるため）。

(出所) オルウェーズ，1996。

とに，他の教員と協議して介入の方法を決めることである。学級担任は学級の構成員であり，何らかの形でいじめに関与していると考えられるため，その解決に当たっては当事者以外の教師の視点が不可欠なのである。

次に大切なのは加害者の指導である。教師はいじめ行為の不当性を強く訴え，いじめを許さないという姿勢を堅持することが必要である。あわせて，いじめの背景にある気持ちに焦点を当てることも忘れてはならない。いじめの解決のためには，被害者と加害者双方の心の癒しなしには成し遂げられない（菅野，1997）。十分な指導をせず，握手して仲直りをさせることは，いじめ問題の解決にはまったく結びつかないことは明らかである。

ここまでの指導は比較的よく行われる。しかし，次の指導が重要な意味をもつのである。それは，傍観者および観衆の指導である。いじめは，歪んだ対人関係の場で発生する人間関係の問題であり，いじめを生む集団の問題である。解決のためには，集団の力動を変える必要がある。そのためには，いじめの事実を学級全体に公表することが必要である。いじめの問題解決は，なるべく陰に隠れてこそこそとやるのではなく，学級の子どもたち全員でやることが望ましい（森田・清水，1994）。傍観者は，自分が被害者に陥れられることへの恐れを感じているため，いじめを黙認し促進的作用を及ぼす存在となっている。いじめの不当性について彼らとじっくり話し合い，仲裁者へと転化させる。自ら仲裁者へ転化できないまでも，仲裁者を支持する力を結集することが大切である。観衆は，直接手をくだしていないため，自分は関与していないと思っている。彼らには，観衆もいじめに加担する層であり，加害者側に立っていることを訴える必要がある。このように，対人関係の歪みを徐々に修正していくことが重要であり，このことなしにいじめの解決はありえない。

忘れてはならないことが一つある。それは，これらの指導が成果を上げることができるかどうかの鍵である。つまり，教師も学級集団の一員であるという認識を教師自身がもちえているかどうかということである。学級内の対人関係の歪みの要因の一つに教師の存在があげられることも多い。子どもたちとの人間関係を平素から培っていればこそ，危機的場面における介入の成果が上がるのである。

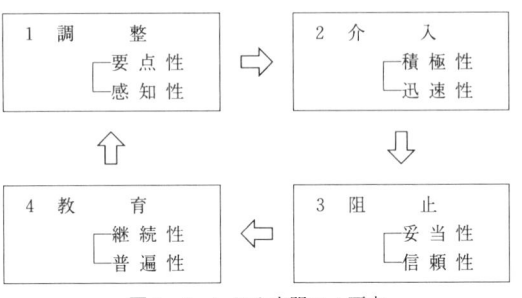

```
┌─────────────┐        ┌─────────────┐
│ 1  調   整  │   ⇒    │ 2  介   入  │
│   ┌要点性   │        │   ┌積極性   │
│   └感知性   │        │   └迅速性   │
└─────────────┘        └─────────────┘
       ⇧                      ⇩
┌─────────────┐        ┌─────────────┐
│ 4  教   育  │   ⇐    │ 3  阻   止  │
│   ┌継続性   │        │   ┌妥当性   │
│   └普遍性   │        │   └信頼性   │
└─────────────┘        └─────────────┘
```

図6-2　いじめ克服の4要点

　いじめを克服するために，森田・清水（1994）は，教師としての4つの要点を図6-2のようにまとめている。

　まず，いじめを克服するために，教師はいじめについて子どもの仲間関係の調整者であらねばならない。その資質としては，的（要点）を突いたいじめの実態把握（感知）ができることである。次に，いじめが感知されたら，子どもの仲間関係への介入は，態度としては積極性をもち，時間としては迅速性が強調されねばならない。そして，いじめの阻止を決心したときには，その決心が加害者にも被害者にもきちんと説明できる妥当性と信頼性をもったものでなければならない。さらに，いじめ対応の最終点の教育の段階では，学級のなかにいじめは集団の病理なのだという思いを定着させ，できればその思いを一生もち続ける継続性を考慮に入れた教育の展開，およびいじめ教育は当事者だけを対象としたものから，学級全体さらには学校全体の子どもたちを相手とした普遍性のあるものとなることが望ましい。

4　いじめの予防

　オルウェーズ（1996）は，学校内外でのいじめをできるだけ減らすこと，および新たないじめの発生を防止することを目標として，表6-3のようないじめ防止プログラムを作成した。いじめ防止のための対策を詳細に，また系統的に述べていることは注目に値する。

　次に，いじめ予防の視点として3点について述べたい。

表6-3 いじめ防止プログラムの概観

〈前提となる要件〉
○大人の側の問題意識と真剣な取り組み

〈学校レベルでの対策〉
○いじめアンケート調査―いじめの実態把握
○全校会議―いじめ問題の討議と長期活動計画の策定
○休み時間・昼休みにおける監督方法の改善
○魅力ある校庭づくり
○電話による接触―いじめホットライン
○PTA会合―学校側の決意表明と家庭との協力体制の確立
○全校的体制づくりのための教師グループ
○親のいじめ問題勉強会

〈クラスレベルでの対策〉
○いじめ防止のためのルール―内容の明確化, 賞, 罰
○学級会・ホームルーム―いじめ問題やルールの実行についての継続的な話し合い
○役割演技・文学作品の活用―いじめ問題についての生徒の具体的な理解の促進
○共同学習―生徒間の協力関係の形成
○クラス全員による楽しい活動への参加
○クラスPTA会合―いじめ問題一般についての教師・親・生徒の話し合い

〈個人レベルでの対策〉
○教師といじめ両当事者との突っ込んだ話し合い
○教師と双方の親との突っ込んだ話し合い
○教師と親のいじめ情報・知識の活用と創意工夫
○「中立的」な生徒からの支援のとりつけ
○親への支援と援助（プログラムに関する親向け小冊子の配布など）
○専門家が指導するグループへの親の参加
○クラス替えまたは転校

（出所） オルウェーズ, 1996。

　その第一は, 否定的情動ももつという人間の本質をコントロールする能力を育てることである。いじめは他者に対する攻撃的行動であり, 否定的な情動的態度であり, 子どもたちに他者との関係においてこうした行動や態度を一切もつなというのはそもそも無理である。もし本気でいじめを根絶しようとすれば, 力ずくで人間性を矯正しないといけないことになるが, これは不可能である。可能なのは, こうした行動と態度の激発を回避できる力, 自分でこれらの行動と態度をコントロールしうる自発的な力を陶冶することである。したがって, こうした能力の育成がいじめ予防のための現実的な目的となるのである。その

方法の1つとして，いじめという教室全体を劇場として舞台と観衆との反応によって進行する状況的ドラマを，子どもたちに実感させ意識化させるために，サイコドラマやロールプレイングなどの技法を取り入れた道徳の授業の導入が考えられる（菅野，1997）。

　いじめ予防の第二の視点は，幼児期からの道徳性の育成である。家庭は子どもにとって最初の教育機関であり，家庭でしかできない幼児期の性格形成や基本的なしつけが必要とされている（佐藤，1999）。いずれにしても，親が子育ての責任を負うことが必要である。その育て方いかんで，いじめる側にもいじめられる側にもならない子を育てることはできる。それは，安心して一緒にいることができ，感情の交流がスムーズに行われるような質のいい人間関係のなかで人格を熟成させることであり，幼児期においては主に遊びを通して行われる（藤井，1997）。質のいい人間関係のなかで，無心に遊ぶ経験から道徳性が身に付いていくのである。

　最後に，いじめ予防の第三の視点は，いじめが起こりにくい風土を作ることである。いじめは，歪んだ対人関係のなかで生じる人間関係の問題である。したがって，いじめが起こりにくい風土とは対人関係の歪みがないことを意味する。集団のなかに居場所を見つけることで安心感を得るのが日本文化の特徴であろうが，その弊害として偏った同質性志向が見られる。そこには「村八分」に見られるように，異質なものを排除することで集団の結束を図ろうとする歪んだ人間関係がある。集団のなかに個を埋没させることによって同質性を保とうとしている子どもたちの姿を見つけることができる。このような現状を脱するためには，個を基盤にした人格形成を図る必要がある。互いの違いを違いとして認め，互いの個性を尊重できる集団づくりが望まれる。そこでは，一人ひとりが自らの意見を安心して述べることができる。いやなことに対しては「ノー」といえる。いじめの初発行為がなされたとき，いじめられたものや周囲のものが，いじめるものに真っ正面からきっぱりノーということが何より有効なのである（菅野，1997）。その際，相手を傷つけずに自己主張できる力が大切であり，「アサーション・トレーニング（assertion training）」が有効である。さらに，いじめが起こりにくい風土づくりにおいて，教師もその一員であるこ

とを忘れてはならない。教師の姿勢そのものが，集団における対人関係の構成要素となっているのである。

引用・参考文献
(1) 大平光代『だからあなたも生きぬいて』講談社，2000年。
(2) 小田晋『大人社会のいじめを心理分析しよう』大和出版，1999年。
(3) ダン・オルウェーズ，松井他訳『いじめ　こうすれば防げる』川島書店，1996年。
(4) 菅野盾樹『いじめ　学級の人間学』新曜社，1997年。
(5) 斎藤学『いじめをなくす親子関係』労働旬報社，1997年。
(6) 佐藤順一「イジメは社会問題である」『佐藤順一編　イジメの総合的研究5　日本の家庭のしくみ』信山社，1999年，44-78頁。
(7) 高徳忍『いじめ問題ハンドブック』つげ書房新社，1999年。
(8) 武田京子『わが子をいじめてしまう母親たち』ミネルヴァ書房，1998年。
(9) 藤井護郎『文化としてのいじめ問題──対策でいじめはなくならない』農山漁村文化協会，1997年。
(10) 森田洋司・清水賢二『いじめ──教室の病い』金子書房，1994年。
(11) 文部省「いじめ問題の解決のために当面取るべき方策等について（通知）」文初中313号，1995年。
(12) 文部省初等中等教育局中学校課「いじめの実態等に関する調査：結果の概要」『教育と情報』337，1986年。
(13) 礫川全次・田村勇編『いじめと民俗学』批評社，1997年。

推薦図書
(1) 大平光代『だからあなたも生きぬいて』講談社，2000年。
(2) ダン・オルウェーズ，松井他訳『いじめ　こうすれば防げる』川島書店，1996年。
(3) 菅野盾樹『いじめ　学校の人間学』新曜社，1997年。
(4) 坂本昇一編『教育にとって「いじめ」とはなにか』明治図書出版，1996年。
(5) 森田洋司・清水賢二『いじめ　教室の病い』金子書房，1994年。

（山本　力・藤井和郎）

PTSD（外傷後ストレス障害） ──コラム3

　PTSD（外傷後ストレス障害）とは，精神医学上の診断名のひとつである。現在世界的に診断基準として用いられているDSM-IV（精神疾患の診断・統計マニュアル第4版）のなかに内容が規定されている。激しいショックを受けたり，生命の危険にさらされるような出来事（外傷体験）のあとに生じる一連の症状をさす言葉である。たとえば，震災などの天災や，戦争，犯罪などの被害，いじめや性犯罪の被害，家庭内における児童虐待などがその原因となる。直接の被害者である場合はもちろん，被害を目撃する体験も含まれる。

　実際に体験される影響は，外傷体験への直接的な心身反応と，情緒的，心理的な側面の影響の両面から考えることができる。

　まず，直接的な心身反応は，「再体験・侵入」「回避・麻痺」「過覚醒」という3つの言葉で整理できる。「再体験」には，その出来事が突然ありありと体験されるフラッシュバックや，繰り返し思い出したり，夢に見たりといった形がある。子どもであれば遊びによって繰り返すこともある。通常の記憶のように意図的に思い出すのではなく，意志に反して意識に「侵入」してくるのが特徴である。

　「回避・麻痺」は，その出来事にまつわる場所などを避けたり，ぼんやりした状態で生き生きとした感情や感覚を感じられなくなったりする。「過覚醒」とは，逆に，過度に警戒しているような状態で，目覚めすぎていて眠れない，緊張を解くことができないといった症状である。両者が時間によって交代することもある。

　本来この3つは，危険にたいして身を守るための反応であり，生体に備わっている自己防衛の仕組みである。したがって，PTSDの症状は，「異常な事態における正常な反応」と理解しておかねばならない。

　しかし，危険が去ってもこのような反応が続くと，かえって日常生活が障害されることになる。何度も思い出しても苦痛を再現するだけになり，感情や感覚が麻痺していれば，楽しい経験も楽しめなくなる。目覚めて警戒し続ければ，疲労が激しく日常生活を営めない。

　この種の防衛反応は，弱いものから激しいものまで，さまざまの程度で起こる。その程度がある線を越えたときに，医学的にPTSDと診断されることになる。したがって，教育場面では，診断基準に当てはまるかどうかよりも，いろいろな水準で起こることと

コラム3　PTSD（外傷後ストレス障害）

考えて対策を考える方が適切である。

　対策には，予防と回復という2つの観点が必要である。強い障害が生じないよう予防するのがまず第一の課題である。危険がある場合は，早くそれを取り除き，安全な状態を確保することが肝心であり，災害であれば，早く避難する，安全でストレスのない生活を確保する，いじめであれば，いじめられている現実を改善する，といった通常の援助がそのままPTSDの予防になる。

　危険がなくなれば，自然な回復力というものが働く。ショックがしだいに薄れてくるのは，回復する働きを私たちの心と身体がもっているからである。そのときに，誰かが守ってくれているという感覚が非常に助けとなる。一人放置されている感覚は，警戒や不安を強める。防御反応がしばらく続いても，危険のない状態に再びなじんでくれば，激しい反応がしだいに和らぎ，平常に回復する。ただ，衝撃があまりに大きかったり，何回も繰り返されたりなどしたために，容易に回復しない場合がある。そうした場合は，カウンセラーや医師などの専門家に相談し，個人の事情に応じた援助が必要になる。

　以上は，生理的な基盤をもつ心身症状であるが，外傷体験から派生する情緒的，心理的問題として，「無力感」「罪悪感」「孤立無援感」の3つがしばしば体験される。学校場面における援助を考える場合には，これらを緩和する援助が重要である。

　被害に遭遇したとき，「自分は無力だ」と感じるのは理解しやすい。あまりに大きな衝撃に襲われると，自らの力はあまりに小さく，「自分の力では何もできない」と感じる。その結果，「自分が無力だったから被害にあった」という罪悪感に陥る。「自分に責任がある」「自分が悪い」という感情は，暴力の被害にあったときにきわめて普遍的に体験される感情である。災害に際しても，「もっと人を助ければよかった」「自分だけ被害が少なくて申し訳ない」など，いろいろな形で罪悪感にとらわれる。

　無力感，罪悪感は，他者とのあいだに距離を感じさせ，「誰にも理解されない」「誰も助けてくれない」という孤立無援感を生む。孤立無援感は，ショックそのものより深刻な苦痛をもたらし，人間を逃げ道のない袋小路に陥れる。

　こういった心理状態は，まわりの者の言葉や態度で増幅されやすい。たとえば，「がんばれ」という励ましが，「がんばれない自分」への無力感，罪悪感，そしてわかってもらえないという孤立感を強めることがある。まずは罪悪感を増幅しないようにすることが目標となる。外傷体験への援助は，それ以上問題をこじらさないように，マイナスの要因を加えないように，という一見消極的な配慮が非常に重要である。こじらさなければ自然な回復が起こると考えておくのである。

　「がんばれ」というような本人の努力に期待する言葉かけよりも，ごく普通の挨拶や，声かけを通して，「あなたのことを考えていますよ」というメッセージを送ることが大きな助けとなる。可能であれば，実際に何かをする体験が有能感を回復するために役立

つ。たとえば、人のために何かを「する」体験である。災害後ならば、掃除や片付けなどの作業は心の回復のためにも意味深い。何かに参加して「役立つ」体験が自然にできれば、「無力感」を「有能感」へ変えるきっかけになる。ともに活動することで孤立感を和らげることにもなる。

　外傷性ストレスの影響は、個人の特性や過去の経験によっても異なる。困難がありながら何とか適応ができていた生徒が、ひとつのストレスをきっかけに適応が崩れる場合もある。回復を考える場合、直接の原因となった被害から立ち直るだけでなく、その過程で、あらたな成長を図るという観点が必要である。以前の状態に戻るという回復はほんとうのところ難しく、以前よりもストレスに対して強い状態に到達するという形で回復することが最終的な目標となる。そこには人格的成長という課題が重なっている。つまり、外傷体験からの回復というテーマは、きわめて教育的なテーマなのである。

（森　茂起）

第7章　学級崩壊の理解と対応

　この章では，1990年代後半から認識されるようになった「学級崩壊」とよばれる現象をとり上げる。①では，学級のなりたちについて述べた後，「学級崩壊」の登場とその定義について述べた。②では，「学級崩壊」の2つのパターンをあげ，国立教育研究所の調査をもとに「学級崩壊」を引き起こすと考えられる背景と直接的な要因について紹介した。③では，学級に直接的に関与している教師と子どものあり方について，子どもの変化について述べた後，教師に特有の「権威」と，教師がそれに準拠しながら脅かされ，傷ついてきたという指摘をあげ，教師に対するサポートの重要性を指摘した。④では，学級崩壊からの回復の努力として，子どもの実態に即した授業の工夫や，保護者・学内外の関係者との積極的な連携の重要性について述べた。

①　学級崩壊とは何か

1　はじめに——「学級」のなりたち

　学級とは，児童・生徒の学校生活での基礎的な生活・学習の単位として，編成された集団である。

　日本における近代学校制度は，1872年の「学制」から出発し，その実質は1900年代に確立したといわれる。前田（1994）によると，もともとこの時期における小学校で採用されていた等級制は，一人ひとりの学習成果を6カ月を基準にして測る進級サイクルであり，教師（師匠）と子どもとの教授・学習関係を個別的に扱い，集団として一定させることはしなかったとされる。しかし，教師の絶対的な不足や教室の不足，また徐々に上昇してきた就学率から，こうした1等級1教師という原則はその実現がむずかしくなり，1891年に「学級編成等ニ関スル規則」が定められることになる。ここに，私たちが慣れ親しんで

きた「学級」のかたちが成立することになる。ちょうどこの頃「学級王国」という言葉も誕生したというが，この時期生じた教師と子どもの関係をそれまでのものと比較するならば，教師にとっては，①教える対象が，個々の生徒から義務教育制度として一定年齢に達した同一年齢集団へと変化し，②教授の方法は，個別的な指導から一斉授業というかたちへと変化し，③学習課題は，それぞれの子どもの学習進度に応じた学習課題から同一の課題を教えることへと変化したと推測される。このような，個々の生徒を対象とした関わりから集団をひとまとめにした関わりへの変化の過程で，教育目標の実現や生徒の安全を守るために，秩序や規律を設定することが必要となり，教師はその集団を管理統制する役割も担っていくことになる。

さらに大正期になって，学級を社会的訓練や生活学習の場としてみなすという考え方が浸透し，学級は，狭い意味での学習集団というだけではなく，より幅広い意味での教育的機能を果たすことへの期待を引き受けるようになった（学級経営研究会，2000）。すなわち教師は，教育の専門家として，知識の伝達のみならず，幅広い技能や道徳の伝達といった，さまざまな教育的期待を背負うようになったといえよう。

毎年，さまざまな子どもたちと担任教師が，この学級という場で出会い，授業や集団活動を通して1年間を過ごしていく。そのなかでは信頼関係や協力関係が生まれることもある一方で，子どもたち同士，あるいは子どもたちと教師との間に，さまざまな葛藤や対立，トラブルが生じることは，免れないだろう。学級経営とは，こうした危機的な状況を経験しながらも，教師と子どもとたちの両者が，さまざまな活動を通して一つの秩序を作り上げていくための，1年間にわたる粘り強い取り組みであるともいえよう。

2 「学級崩壊」の定義をめぐる混乱

しかしここ数年，子どもたち自身と彼らを取り巻く環境の変化が指摘され，小学校の学級を中心に，「学級崩壊」と呼ばれる現象が認識されるようになってきた。教師の指導を受け入れない子ども，突然感情を爆発させる子ども，私語が多く授業がはじまっても教室内を立ち歩く子ども，そういった行為が繰り

返され，授業が成り立たず苦悩し途方にくれる教師の生々しい姿が，1998年頃から「学級崩壊」という呼び名でマスコミに報じられるようになった。このことを契機に，「自分たちの学級も崩壊を経験した」という教師や親，子どもたちの体験が報告されるようになってきた。

　これまでオープンに語られることの少なかった学級の問題がマスコミにとりあげられたことで，教師，親，子ども，それぞれの問題意識が喚起された。とりわけ教師にとって，これまでおそらくは，明るみにすることがためらわれた困難な状況をオープンにしていく試みが生まれつつある。こうしたことは，教育場面における一つの大きな変化であろう。

　しかしながら，この「学級崩壊」がとりあげられた当初は，この現象についての正式な定義がなされていなかったこともあり，その理解において，いくつかの混乱もみられた。たとえば，いわゆる「ムカつきキレる子」といった子どもたちの「新しい荒れ」現象が，この「学級崩壊」現象と前後してマスコミに登場したため，「ムカつきキレる子が小学校の学級に増え，学級崩壊を引き起こすようになった」という理解が，一部でなされていたこともその一例であろう。しかし，「学級崩壊」は一部の「荒れた」子どもたちが引き起こす現象ではない。こうした理解には，「学級崩壊」をその他の子どもを含めたクラス全体の力動としてとらえる視点が欠けていた。さらに，小学生と中学生の発達段階の違いや，教科担当制による中学校と，全教科を担任教師が担当する小学校の学級の違いが考慮に入れられていなかった。

　また，一つの学級の背景には，それぞれの学校の状況，保護者，地域の状況などが存在し，それぞれが学級という場に影響を与えている。したがって「学級崩壊」について考えるとき，教師と子どものそれぞれの状況，両者の関係を中心にしながら，そこに影響を与えている背景も視野に入れ，問題を包括的に探索していかなければならないだろう。

3　「学級崩壊」とは何か

　尾木（1999）はこのように，現象の微妙な差異や背景への丁寧な調査がなされないまま「学級崩壊」という言葉がそれぞれのイメージでとらえられて安易

に用いられ，一人歩きしていくことで，問題の本質が見えなくなっていくことへの危惧を述べている。そして，とりわけ小学校の問題としてとりあげられた「学級崩壊」が中学校や高校の問題にまで拡大解釈されることへの危険性に触れたうえで，

　① （学級崩壊とは）「小学校」問題に限定すること，
　② 「授業不成立」現象からとらえること，
　③ クラス全体の問題現象として押さえること，

という3つの視点を強調し，「(学級崩壊とは，) 小学校において，授業中，立ち歩きや私語，自己中心的な行動をとる児童によって，学級全体の授業が成立しない現象」と定義している。

　一方文部省は，1999（平成11）年に国立教育研究所に研究委託をし，「学級経営の充実に関する調査研究」を行い，同年に中間報告書を，2000（平成12）年に最終報告書を提出している。これらの報告書では，「学級崩壊」という言葉を用いることについては，「複雑な状況をじっくりと多面的にとらえていく姿勢を弱めてしまうのではないか」という立場から慎重であり，「学級がうまく機能しない状況」という言葉を使っている。そして「子どもたちが教室内で勝手な行動をして教師の指導に従わず，授業が成立しないなど，集団教育という学校の機能が成立しない学級の状態が一定期間継続し，学級担任による通常の手法では問題解決ができない状態に立ち至っている場合」と定義している。

　ここでは，文部省の定義を念頭に置きながら「学級崩壊」について述べていきたいが，①教科担当制による中学校の学級の問題と，ホームルームをはじめとして全教科を担任教師が担当する小学校の学級の問題を区別し，まず小学校の問題として「学級崩壊」をとらえていくこと，②担任教師とクラスの生徒全体の相互作用としてこの問題をとらえていくこと，③教室場面のみならず，その背景にある保護者や学校，地域のあり方といったものも視野に入れていくこと，といった点を強調したい。

2 「学級崩壊」の原因と背景について

1 2つのパターン

以上のように,「学級崩壊」とはとりあげられるようになってまだ新しい現象であり,また,そのあり方は個別性が高く,さまざまな要因が複雑に関係して問題情況が生まれていると考えられる。一方で,この現象がどのように生じたかを見ていったときに,

① 小学低学年型,
② 小学高学年型,

という2つのパターンに大別されることが指摘されてきている。

第一の小学低学年型の場合,子どもたち側に,けっして教員に対する悪意や敵意,意図的な反抗という意志があるわけではないことが特徴とされる。氏岡(1999)はこれを「むしろ先生にかまってほしいから,気を引きたいから乱暴したりするわけです。……そもそも席に座っていなければいけないという意識がない。……はじめから成立していた授業が崩れるわけではなく,そもそもできないというよりはむしろしないという感じがします」と表現している。学校には特有のルールや時間の流れが存在する。集団での生活や学習場面では,そこに独自の秩序や規律を守り,一つの目標に向けて同じ行動をとることが多く求められてくる。小学1年生をはじめとする低学年の子どものなかには,このような場面に違和感をもち,従来の集団教育に適応していけないという事例も少なくないという。「崩壊」とはもともと,確固としてそこにゆるぎなくあったものが崩れて壊れてしまい,その物としての機能を失ってしまうという意味をもつ言葉であるが,この低学年型の「学級崩壊」は,学級の機能が「崩壊」するというよりも,集団という形がなかなか「作れない」という問題として生じてくるのである。

これに対して,小学高学年型の「学級崩壊」では,子どもたちの側に,教師に対する意識的な敵意や悪意,授業を妨害しようという意図があることが多いことが特徴であるとされる。たとえば,教師の不用意な一言や対応が引き金と

なって，クラス全体の子どもたちの不信感を集めてしまい，学級全体のまとまりがとれなくなる場合などがその典型であるとされる。小学高学年になると子どもたちの多くが思春期を迎える。大人への反発をしながら仲間関係を強め，自分作りを行っていくことは従来から思春期の心性とされてきたが，そうした心性に加え，クラスの子どもたちが，それぞれに何らかの潜在的な不安やストレスを抱えており，そうしたネガティブな感情が一気に担任教師への攻撃となってむかうとき，一歩間違えれば残酷な「教師いじめ」のようなかたちで「学級崩壊」が生じてしまうのである。

2　国立教育研究所の調査

このように，「学級崩壊」という問題状況が認識されるようになってきたなか，国立教育研究所は，文部省の委託を受け，小学校の学級を対象にした詳細なインタビュー調査をもとに，学級経営委員会を組織し，「学級経営の充実に関する調査研究」を行った。2000（平成12）年3月の最終報告書では，「学級がうまく機能しない状況にある」150学級に関しての分析が行われ，以下の10の類型が分類・抽出されている（なお，報告書においては，教師の性別，教員の年齢，学級規模についても考察が加えられているが，ここでは10の類型を紹介するにとどめる。また，この分析においては，複数分類がなされているため，総累計が150学級を上回るが，多くの場合は複数の要因にまたがっているといえよう）。

① 就学前教育との連携・協力が不足している事例　　　　　　　　　20学級
② 特別な教育的配慮や支援を必要とする子どもがいる事例　　　　　37学級
③ 必要な養育を家庭で受けていない子どもがいる事例　　　　　　　30学級
④ 授業の内容と方法に不満をもつ子どもがいる事例　　　　　　　　96学級
⑤ いじめなどの問題行動への適切な対応が遅れた事例　　　　　　　51学級
⑥ 校長のリーダーシップや校内の連携・協力が確立していない事例　51学級
⑦ 教師の学級経営が柔軟性を欠いている事例　　　　　　　　　　　104学級
⑧ 学校と家庭などとの対話が不十分で信頼関係が築けず対応が遅れた事例　47学級
⑨ 校内での研究や実践の成果が学校全体で生かされなかった事例　　24学級
⑩ 家庭のしつけや学校の対応に問題があった事例　　　　　　　　　26学級

この結果をみると，約7割の事例が「教師の学級経営が柔軟性を欠いている」に分類されることになる。しかし，問題はむしろ，この報告書でも強調されているように，指導力のある教師をもってしても，かなり指導が困難な学級が存在するという点である。

3　「学級崩壊」の背景

「学級崩壊」には，子どもと担任教師のそれぞれのあり方，両者の関係やそのなかで生じてくる出来事といった直接的な要因とともに，学級担任をとりまく学校の状況，保護者や地域のあり方といった背景となる要因が存在する。

たとえば，担任をとりまく学校の状況としては，担任教師を孤立させてしまう職場の状況や，学校全体の協力・支援体制が確立していないという状況，異動したばかりで地域や学校の様子が把握できていない教師に困難な学級の担任を任せるといった管理職のリーダーシップの問題，などがこの報告書では指摘されている。

また，保護者や地域のあり方については，核家族化や地域における人間関係の希薄化のなかで，子育ての重要さを十分に自覚しながらも，日々子育ての難しさに孤軍奮闘する保護者が存在する一方で，子育てに無関心である例や，不確かな情報で学校や教師批判を子どもの前で行って子どもの教師不信を進行させてしまう例，さらにはリストラや雇用不安などの経済的な問題を抱え，基本的な家庭生活が安心して営めなくなった深刻な例，などがあげられている。

4　学級崩壊の直接的な要因

このようなさまざまな背景を踏まえ，学級崩壊の直接的な要因として，
① 子どもの集団生活や人間関係の未熟さの問題
② 特別な教育的配慮や支援を必要とする子どもへの対応の問題
③ 学級担任の指導力不足の問題
といった点がこの報告書では指摘されている。

子どもたちの生活や人間関係は変化してきている。個人主義，人間関係がうまく結べないなど，子どもたちの変化は指摘されてきて久しい。また，子ども

たちの変化に加えて，不登校や発達障害などの教室内で特別な教育的配慮や支援を必要とする子どもたちへの対応，いじめなど深刻な問題への対応には，従来の集団教育という枠組みを越えて，心理学や医学など他分野からの知見や援助を活用していくことが求められてくる。こうした新しい状況に対応していくうえでの難しさに教師は直面させられている。

③ 「学級崩壊現象」をめぐる子どもと教師の姿

ここまで述べてきたように，「学級崩壊」という現象には複雑な要因が絡みあっているが，ここでは，視点を学級という場に直接関わる教師と子どもの問題にうつし，若干の考察を加えておきたい。

1 子どもの姿——子どもの変化

「学級崩壊」の直接的な要因として，子どもの集団生活や人間関係の未熟さがあげられているが，「子どもが変わった」という意見は，親，教師からしばしばきかれるところである（たとえば，朝日新聞社会部，1999）。では，子どもたちはどのように変わったのだろうか。

緑川（1995）は，自らの実践経験から，「最近の子ども」の特徴について，
① 全体に明るく，のびのびして，素直で人なつこくて，楽しい。
② 興味・関心のある事象に対しては意欲的，積極的に立ち向かい，反応も早い。
③ 対人関係ではギクシャクする子が増え，ちょっとしたことで，落ち込んだり，泣きわめいたり，いじけたり，カーッとなったりする。

という観察をあげている。また，芹沢（1999）は，「自己領域」と「公共性」という視点から考察を行い，子どもたちの自己領域化を肯定した新しいシステム作りの必要性を提唱している。子どもたちの変化を，否定し批判することでは問題の解決にはつながらないだろう。変化を変化として受けとめて，これまでの働きかけをふり返り，変化に即したアプローチを模索することの重要性が問われている。

一方で，現実の教育場面には，これまでさまざまな制約が存在してきた。

2　教師の姿——教師の権威と教師が抱える痛み

　教師主導の一斉方式の授業や活動においては，教師は，多数のさまざまなあり方を示す生徒をとりまとめ，一定の教育的な期待や目標にむかって子どもを動かしていかなければならない。しかし，子どもとともにいる場をとり仕切り，場を目標にあわせて構成し，その目標に向かって子どもをリードしていくことは容易ではない。必ずしも一人ひとりの子どもがそういった学習や活動を，望んでいるわけではないのである。

　久富（1988）は，「学校という場所は，少数ないし一人の教員が，多数の生徒たちを相手にし，彼ら（生徒たち）がもともと必ずしも好んでいない学習活動へと導かなければならない。その状況が教員の特別の権威と，教員による生徒に対する統制を不可避にしている。したがって，ディスシップリン（統制の生徒への内面化過程）に失敗すると，教授活動においても失敗するだけでなく，父母・住民からの信頼を決定的に失う原因となる。……教員がディスシップリンに特別の関心を示すのは，その仕事の性格に起因する当然のことであり，そこに教員たちの苦心があり，苦悩もあるのだ」と指摘している。近藤（1994）は，この指摘をもとに，自らの実践をふまえて，教師の権威の質を問い，久富が指摘するように，「権威」として子どもの前に立ちうることが，教育活動そのものの遂行に不可欠が故に，教師は一層，「なめられる」「権威としては認められない」「権威であることを否定される」という側面に敏感になるという側面を指摘している。

　また，こうした状況に加えて，良心的な教師は，実体以上に，生徒の問題をすべて自分の責任として背負い込み，過度の自責にさいなまれるということも生じやすいようである。氏岡（1999）は，「先生本人は『自分のせいだ』と責任を感じるあまり，なかなか SOS を出しにくい。1つの教室の中での出来事で，ほかの先生たちもすぐには気づきにくい。職員会議で全体の先生で話し合っても，親に対しては『恥ずかしいこと』としてなかなか明らかにされない。この三重の壁があるゆえに，崩壊は表に出てこなかった」と述べている。

「学級崩壊」という現象に出会う時，崩壊を体験した教師の思いは痛切である。「すみません，今はまだ語る勇気がでません」「子どもたちの一言一言がつきささり，切り裂かれる思い」といった教師の言葉からは，身を切られるような痛みが伝わってくる。教師に反抗する，授業をきいていない，教師を無視する，指示が通じないなど，教師の努力に報いることのない生徒の態度や，さらに人間としての存在そのものまで傷つけられるような経験にさらされながら，思いきって SOS を求めた教師が，「先生がしっかりしないでどうする」「がんばって立て直しなさい」と叱咤されて，逆にますます自信をなくし，学級が混迷の度を深めた事例も少なからず見られるという。

　単に担任教師に「がんばる」ことを求めることでは，この現象の克服は難しい。新しい教授方法や工夫を探索していく一方で，こうした教師自身の苦悩を受けとめ，その心をゆっくりと開き，状況の解決にむけて取り組んでいく支援があることが，ゆくゆくは一人の教師の成長を促していくことに繋がっていくと思われる。

4 「学級崩壊」からの回復——まとめにかえて

1 回復へむけて

　「学級崩壊」からの回復に関しては，各地でさまざまな取り組みとその報告がなされている。先の「学級経営の充実に関する調査研究」の最終報告においては，学級の機能を回復させようとするいろいろな試みやその過程が比較的わかりやすい事例を収集して分析し，今後の取り組みのポイントとして，

① 早期の実態把握と早期対応
② 子どもの実態を踏まえた魅力ある学級づくり
③ TT（ティーム・ティーチング）などの協力的な指導体制の確立と校内組織の活用
④ 保護者などとの緊密な連携と一体的な取り組み
⑤ 教育委員会や関係機関との積極的な連携

の5点をあげている。

第7章　学級崩壊の理解と対応

　学級崩壊からの回復には，担任教師，学年や学校全体，保護者，地域や学外の機関といったさまざまな人々の働きかけが影響している。学級崩壊からの回復への努力を筆者なりに整理するならば，第一には，子どもの状況に即した教授の方法や学級経営上の工夫や取り組みに重点がおかれたもの，第二には，保護者との信頼関係の構築と連携による取り組みに重点がおかれたもの，第三には，学内における連携の充実化と学外機関との積極的な連携に重点がおかれたもの，に分類できると思われる。これらの3つの点について，以下に述べていきたい。

(1)　子どもの状況に即した工夫

　社会の変動のなかで，子どもの変化と新しい教育課題に直面しながら，小学校の授業は，少しずつ変化してきているようである。

　「学級崩壊」という現象からは少し離れるが，志水（1999）は，小学校の教育社会学の立場から，1980年代から1990年代にかけて多くの小学校のフィールドワークを行い，90年代も終わりに近づいた頃からの小学校の様子は，80年代当時と明らかに変化してきていることを述べている。そして，そうした変化の一つとして，教師主導の一斉授業の形式が驚くほど減ってきているということ，「グループや個人で好きなテーマを選び，自分（たち）で調べ，内容を整理したあと，みんなの前で発表し，成果を互いに批評しあう」というスタイルの授業が目につくようになってきたということを指摘している。

　こうした流れのなかで，「学級崩壊」からの回復への努力においても，従来の一斉授業の形式からはなれ，さまざまな工夫を行った実践が報告されてきている。先の1学級をより小グループにわけた取り組みのほかに，TT（ティーム・ティーチング），学年あるいは学校全体での取り組みなどがそれである（しかしながらこうした場合，教師間の意志疎通が欠けている場合や，きちんとした指導計画が整っていない場合は，その調整などに手間取り，かえって学校内に混乱をもたらしたとの指摘もある）。

　この分野に関してきめ細やかに考察するには筆者の力量は十分ではないが，いわゆる従来の教師主導の一斉授業という形式からはなれた新しい指導観，授業の工夫を求める模索が各地で始まっている。

(2) 保護者との信頼関係の構築・連携

　回復への努力として，「保護者との連携」の重要性も強調される。子どもの成長と発達に関して，保護者の及ぼす影響力は計り知れない。しかし，地域にはさまざまな家庭が存在し，親の意識や教育方針，家庭の状況は多様化している。保護者と理解しあう条件を整えるために，学級における子どもたちの学習や生活の様子についての情報を保護者へ提供し，学級通信や連絡帳，懇談会や個別面接などで保護者と連絡を密にとり，粘り強く保護者との関係を築いていく努力が実を結んだという例もきかれる。また，保護者に依頼し，授業の一部に参画してもらったことをきっかけに，学級の保護者全体の学校や教師に対する理解や地域での子育ての一助として有効に働いたというような例も存在するようである。

(3) 学内外での積極的な連携

　さらに学内外での連携としては，子どもの実態に即して，スクールカウンセラーや支援員，相談員を活用することで回復に寄与した例，幼稚園，保育園，小学校，中学校が連携し支援することで，地域のベースキャンプとして学校が発信の場となった例も報告されはじめているという。

　また，不登校，いじめ，発達障害等，特別な教育的配慮が必要な児童・生徒に対して，児童相談所や教育相談所などの学外の組織を活用し，対応していく事例も増加してきている。子どもをとりまく担任教師，保護者，学校，他機関の専門家が，積極的に連携を結んでいくことの重要性が，今大きく認識されはじめている。

2　残された課題

　今，社会の変化，子どもたちの変化，新しい教育課題に直面し，小学校の学級は，さまざまな試行錯誤を重ねつつ変化しつつある。こういった新しい探索ははじまったばかりであり，今後のさらなる展開と，実践に基づく経験知のつみ重ねが期待される。また，教師自身のメンタル・ヘルスについても今後の課題となってくるだろう（第14章参照のこと）。

引用・参考文献

(1) 朝日新聞社会部編『なぜ学級は崩壊するのか——子ども・教師・親200人の体験と提言』教育史料出版会，1999年．
(2) 氏岡真弓「報告『学級崩壊』現象を考える——学級担任制の崩壊」芹沢俊介・藤井誠二・氏岡真弓・向井吉人『脱「学級崩壊」宣言』春秋社，1999年．
(3) 尾木直樹『学級崩壊』NHK ブックス，1999年．
(4) 学級経営研究会　研究者代表　吉田茂（国立教育研究所・所長）『学級経営の充実に関する調査研究——中間まとめ』1999年．
(5) 学級経営研究会　研究者代表　吉田茂（国立教育研究所・所長）『学級経営の充実に関する調査——関係者間の連携による回復』2000年．
(6) 近藤邦夫「『教育相談』の場から見た学校と教師」稲垣忠彦・久冨善之編『日本の教師文化』東京大学出版会，1994年．
(7) 志水宏吉編著『のぞいてみよう！今の小学校——変貌する教室のエスノグラフィー』有信堂，1999年．
(8) 久冨善之『教員文化の社会学的研究』多賀出版，1988年．
(9) 前田一男「戦前・戦中の教師文化」稲垣忠彦・久冨善之編『日本の教師文化』東京大学出版会，1994年．
(10) 緑川尚夫「学校教師から望むスクールカウンセラー」村山正治・山本和郎編『スクールカウンセラー——その理論と展望』ミネルヴァ書房，1995年．

推薦図書

(1) 朝日新聞社会部編『なぜ学級は崩壊するのか——子ども・教師・親200人の体験を提言』教育史料出版会，1999年．
(2) 尾木直樹『学級崩壊』NHK ブックス，1999年．
(3) 学級経営委員会　研究者代表　吉田茂（国立教育研究所・所長）『学級経営の充実に関する調査——関係者間の連携による回復』2000年．

（上田裕美）

第8章　反社会的問題行動の理解と対応

　盗みや暴行といった非行を犯す生徒を，教師としてどのように理解し，対応していくかということを中心に検討する。非行問題に対処する際，「社会防衛」と「少年保護」の葛藤に直面せざるをえないが，その葛藤を乗り越えるために，「健全育成」の理念はひとつの重要な支えとなる。非行問題は，個人の感情や価値観に影響されやすいので，行動科学的な理解が不可欠である。とくに，思春期心性，家庭の問題，学業不振，不良集団との関係は重要である。さらに，対応のポイントとして，関係の持ち方，構造論的な視点，社会規範への直面化をあげることができる。

1　「社会防衛」と「少年保護」

　少年による重大な事件が生じるたびに，少年犯罪に対する対応のあり方について議論が巻き起こる（少年法では，20歳に満たない者を「少年」という；少年法第2条1項）。たとえば，悪質な殺人事件をとりあげてみよう。人々の多くは，事件の残忍さや動機の安直さに対して不安や怒りを感じ，少年とはいえ事件は重大で，大人並みの厳しい処分が相当であると考えるだろう。しかし，少年の立場に立って原因を究明していくと，厳しい処分だけでは不十分であり，むしろ事件をきっかけに保護を強め，人の命の大切さや社会との繋がりの大切さを教育することこそ重要ではないかという考えも生じてくる。この議論を整理すると，ひとつは，「少年とはいえ重大な事件については厳重に処罰しなければ秩序が守れない」という「社会防衛」にウエイトを置いた意見であり，それに対する「家庭・学校・地域の責任を強調し，もっと保護的な関与を強めるべきだ」という「少年保護」にウエイトを置いた意見である。
　この「社会防衛」と「少年保護」の対立は，どちらが正しいといい切れるも

のではない。またこれは、社会政策的な対立というよりもむしろ、教師など、非行問題に直接関わる者にとって必ず直面する普遍的な葛藤である。この「社会防衛」と「少年保護」にまつわる葛藤は、教師個人の葛藤に止まらず、学校現場における意見の対立や、保護者や関係機関との意見の対立として表れ、保護環境に亀裂を生じさせる原因となる。したがってこの葛藤をどのように乗り越えるかということが、非常に重要となってくる。

　一つは、こうした葛藤が非行問題にまつわる普遍的な葛藤であることを認識しておくことである。非行問題は、非行を行った個人の問題にかぎらない。他人や集団に被害を与え、社会の法的秩序を乱す行為であり、処罰や損害賠償請求といった社会の反作用がともなう。それゆえに、個人と社会（被害者）の利害が対立し、どちらに身を置くかによって、「社会防衛」か「少年保護」かという対立も生じてくる。たとえば、検察官は訴追する立場にあり社会防衛の立場から意見を述べるのに対し、弁護士は個人の利益を重視した意見を述べる。司法はこの対立を前提とし、さらに利用することによってひとつの結論を導くしくみになっている。学校現場においても、生徒指導、教育相談、担任、そして校長の立場はそれぞれ異なるはずである。こうした意見の違いの多くは、「社会防衛」と「少年保護」をめぐる立場の違いによるものであり、その点を意識して議論する必要がある。また、非行を起こした生徒は、周囲の大人の意見の違いをとりあげ、やり玉にあげることがあるが、立場によって非行に対する評価が異なることを理解させることが必要である。

　二つ目は、「社会防衛」と「少年保護」を柔軟に使い分けることである。当然のことながら、非行の内容によって、「社会防衛」と「少年保護」に対する教師の位置取りは異なってくる。他人や集団に大きな危害を加えるおそれがある場合は、緊急措置として、「社会防衛」に傾いた対応をとらざるをえないし、ときには、それが生徒本人の保護につながることもある。また、警察や家庭裁判所に「社会防衛」的な役割を求め、並行して学校が「少年保護」的な役割を果たし、両方の機能を強化することもありうる。「社会防衛」か「少年保護」のどちらか一辺倒になる必要はない。非行への対応において、「社会防衛」と「少年保護」は両輪のようなものでなければならないだろう。

三つ目は，理念的な支えをもっておくことである。非行は人の生命や安全に関わるだけに社会の側から強い圧力がかかる。そのため，どうしても「社会防衛」の方に傾きやすく，「少年保護」の立場を維持していこうとすると，相当強い意志とエネルギーが求められる。その際，支えとなるのは，社会に認められている「少年保護」の理念である。

　そのなかで，最も広く受け入れられているのは，少年法に記載されている「健全育成」の理念である。少年法第1条1項前段に，「この法律は，少年の健全な育成を期し，非行のある少年に対して性格の矯正及び環境の調整に関する保護処分を行う」と記されている。

　澤登（1999）によると，少年法における「健全育成」とは，個々の少年の特徴に応じた成長発達が順調に行われるように援助を与えること，つまり「成長発達の保障」であり，その方法は，犯罪を犯した少年といえども，その人格を独立したものとして尊重しながら，自分の力で非行性を解消しえることを信頼し援助しようとするものである。簡単にいえば，大人と違って心身とも発達途上で可塑性に富んでいるゆえに，成長可能性を信じて援助的な働きかけを優先しようという考え方である。「健全育成」は，司法関係者だけでなく，教師や保護者など，少年非行に関わる大人の基本的な理念である。もし，「社会防衛」か「少年保護」かという葛藤に陥ったならば，つねに，この「健全育成」の理念に立ち返るべきであろう。

2　行動科学としての非行理解

　道路を私物化し，爆音を立てる暴走族を目の当たりにすると，大抵の人は強い怒りを覚え，「無法者」「暴力団予備軍」のレッテルをはろうとする。逆に，元暴走族であれば，当時の自分と重ね合わせ許容的な態度を示すであろう。このように，それぞれのイメージは，本人に直接会って確かめたものではなく，個人の感情や価値観に色づけられたものなので，排除の原因になったり，逆に非行を助長する原因となる。

　さて，行動科学は，個人の感情や価値観から離れ，行動の動機やメカニズム

を科学的に明らかにしようとするものである。非行や犯罪は，もともと，道徳や法学の対象であったが，今日では，行動科学の対象としてとりあげられている。表題となっている「反社会的問題行動」も行動科学の概念のひとつであり，類似のものとして，社会病理学の「逸脱行動」，心理学の「不適応行動」といった概念がある。とくに，偏見の対象となりやすい非行少年をありのまま受け入れ，援助的な関わりを行うために，行動科学的な知見は欠かすことができない。

　非行理論は行動科学的な研究に基づいてうち立てられたものであり，非行に関する人間観ともいえるが，そのひとつとして，ハーシ（Hirschi, T）の社会的コントロール理論（social control theory）を簡単に紹介したい。ハーシは，「なぜ人々は規範から逸脱するのか」という問いに対して，「なぜ人々は規範に従おうとするのか」という問いを設定し，慣習的社会との絆が弱くなったり失われるときに非行が発生するとした。その社会と個人との絆とは次の4つである。

　一つは，「愛着（attachment）」である。これは，家族，友人，あるいは学校という集団への情緒的なつながりである。こうした情緒的つながりが強ければ強いほど，社会的な期待，すなわち共有されている規範や道徳に従った行動をとろうとするだろう。また，それは，規範や良心の内面化の過程でもある。したがって，学校で疎外感をもっている生徒は，絆が弱いだけに規範から逸脱しやすい。

　二つ目は，「投資（commitment）」である。犯罪者のなかには，「失うものがなければ何も怖くない」と開き直る者がいる。逆に，努力によって築いてきたものがあれば，失いたくないと思い，非行への歯止めとなる。社会的地位や人生の目標もこれに入る。自尊心も非行抑止の重大な要素といわれているが，自尊心は自分の行いによって得た社会的評価であり，この範疇に入れることができる。

　三つ目は，「巻き込み（involvement）」である。日常生活のさまざまな活動に「参加」することによって，時間的にもエネルギー的にも非行へ向かう機会が少なくなる。「小人閑居して不善をなす」のことわざの裏返しである。大人が子どもに「何か打ち込めるものを持ちなさい」というのもこの理由による。

四つ目は、「規範観念（belief）」である。規範に対する素朴な信頼感を意味している。具体的には、法律や警察に対する敬意の念である。この意味で、法の執行を行う警察や裁判所の対応が規範に対する信頼感に大きな影響を与える。
　一般的に非行原因というと、環境や資質の負因といった「非行の促進要因」が頭に浮かびやすいが、ハーシは「非行の抑止要因」に注目した。この考え方は、同じ不遇な境遇にあって、ある人は非行に走り、ある人は何故非行に走らないのかという問いに答えてくれる。すなわち、不遇な環境にあっても、教師や集団との絆、人生の目標、没頭できるスポーツや趣味、規律や規範への信頼がある者は、「非行の抑止要因」によって非行に走らないでも済むのである。
　また、4つの社会の絆のそれぞれについて、検討することによって、自分が置かれた現状を理解することに役立ち、非行防止の糸口にもなるだろう。

③　非行の心理的背景

1　思春期心性と非行

　『犯罪白書』（1999）によると、年齢別の非行者数は、思春期のまっただなかというべき14歳から16歳にかけてピークに達し、その後、大きく減少している。これは、14〜16歳の思春期心性が非行の重要な要因となっていることを裏づけるものである。思春期は、心身両面で子どもから大人に大きく変化する時期である。おとなしい良い子が、親や教師等の大人に対して急に反抗的になった場合、大人の側に何か原因があるのではないかと思いやすいが、子どもの内的な変化と見る方が適切な場合が多い。少年非行を理解するうえでも、思春期のまっただなかにいることを是非とも心に留めておく必要がある。
　そこで、非行と関係しやすい思春期の心理的特徴をあげておきたい。一つは、親や教師から心理的に独立しようとする動きが生じてくることである。そのため、自己主張や大人が決めた規則への反発が強くなる。こうした心理的な自立心は、罪悪感を生じにくくさせる。村瀬（1984）は、一般に、罪悪感は親を悲しませて迷惑をかけてすまなかったという気持ちが基盤になって生まれるが、思春期は親離れの時期で、親との心理的きずなが緩むので、罪悪感が生じにく

くなるという。

　二つ目は，同性同年齢の友人との親密な関係をあげることができる。境遇や生活感情など，内面の類似した相手を選び，その類似性を確かめ合い，一体感をもつようになる。悩みや不安を共有し，孤独を癒す存在として思春期の自己形成にはきわめて重要である。しかし，こうした繋がりが，不良集団との関係を強め非行化への大きな原動力となる場合がある。

　三つ目は，独自の存在として，自分の存在を強く意識するようになることである。そのため，自分のことが否定されたと感じると些細なことでもひどく腹を立てたり粗暴な言動に走ったりする。また，周囲から注目を浴びるために誰もしないようなことを敢えて犯すといったことが見られる。間違っているとわかっていても素直になれず，自分を押し通すのもその現れであろう。

　このように，子供から大人になるために，発達的には好ましい変化が，非行に結びつく要因にもなっており，思春期においては誰でも非行に走る可能性がある。したがって，非行の指導に当たっては，心身の変化に留意しながら，大人になるための成長の芽生えといった意味も考慮に入れて対応する必要がある。

　また，思春期は，不安定要因だけではなく，抽象的な思考能力の発達，自己中心性からの脱却，自分なりの価値や信念の形成など，情緒的な不安定さを克服するための資質も育ってくるので，こうした新たな資質を信頼する姿勢も求められる。

2　家庭の問題と非行

　学校現場では，「保護者が無関心，あるいは非協力的で連携できない」「子どもの言いなりになって学校の方針を理解してくれない」などといった声を聞く。

　一方，学校について保護者から次のような不満が語られることがある。それは，「子どもの問題行動をいちいち連絡してくる」ということである。学校としては，「学校での行動を保護者に伝えるのは義務であり，理解しておいてもらいたい」という意図で行っているが，保護者は，遅刻や欠席を毎日のように連絡されると，すべて保護者のせいにされているような気になり，ときには，追いつめられた気持ちになる。逆に，連絡が無いと見捨てられたと感じるので保

護者の気持ちは複雑である。

　実際のところ，反社会的な問題行動に走る子どもを抱えた保護者は，苦しい立場に置かれている場合が多い。子どもは，暴君のように家庭で振る舞うか，親との接触を回避し，親の注意には耳を貸さなくなっている。また，子どもの非行をきっかけに，夫婦関係をこじらせたり，地域や職場で肩身の狭い思いをしている場合もある。一言でいえば，子どもの非行化によって，保護者自身も自信を失い，非常に傷つきやすくなっているのである。

　したがって，非行化した子どもについて，教師に頼りたいというのは，保護者の一般的な傾向であり，連携をしていくためには，まず保護者の頼りたい気持ちを一旦は受け入れることが必要である。「大変ですね」とねぎらいの言葉をかけ，保護者の努力や工夫について評価し，子どもに少しでも改善のきざしがあれば伝えるといったきめ細かな配慮が必要である。

3　学業不振と非行

　学校生活のなかで，学業不振は非行化の重要な要因となるといわれている。「授業がわからない」「教師や仲間から馬鹿にされていると感じる」「否定的な自己イメージをもつ」「自己回復をはかるため非行グループに加入する」「学校の価値観を否定しますます学業から遠ざかる」「授業がわからない」といったような悪循環が生じて非行化が進んでいく。

　武井（1984）は，非行生徒は学業成績で自分の能力の総てを規定する自己認識の仕方が特徴的であり，学業面での適応の失敗があらゆる面で自己認識に影響を与え非行化を促進する要因となっていると述べている。言い方を変えると，授業についていけない彼らは，授業中，窒息状態にあり，どこかで自分を回復しようとするが休み時間だけでは足りず，自己回復の場や道具が必要となる。それが，暴走族でありバイクであり，ときにはシンナーやライターガスの吸引である。そして，暴走族やシンナーグループといった反社会的な集団に入り込んでしまうと，学校の規律や社会の規範に従う意志を失い，二次的に犯罪を繰り返すようになってしまうのである。とりわけ，家庭に不満を抱えていたり，保護者の統制が弱い場合は，さらにその行動は加速される。

また，学校不適応が外に向かうだけでなく，学校のなかに，自分たちの居場所を得て，学校の秩序に大きな影響を与える場合もある。矢島（1996）によると，最近は「学校文化」と対立的な「青春文化」が有力になり，コツコツ勉強に励むまじめな生徒も一般生徒から否定的に見られ，いわゆる昔の「落ちこぼれ」といわれる生徒には，昔ほどの暗さや自己否定的なイメージは無いとしている。また，この「青春文化」が，さらに「おもしろ文化」に近づくとき，いじめや暴行が快楽を求めて行われるようになるとも述べている。

4 不良集団と非行

家庭や学校に対して疎外感をもった生徒は，同じような疎外感をもった仲間と集団化することによって，所属感や精神的な支えを獲得しようとする。さらに暴走族やチーマーといった不良集団に発展すると，非行を是とする非行文化を学び，価値観や生活感覚が歪んでくる。家庭や学校では，自分たちの流儀で振る舞い，教師に対して見下したような態度を示し，ときには威嚇や暴行に及ぶこともある。先輩や同級生をモデルとして誇大化した自己イメージを抱いたり，集団における責任の分散化によって，日頃は大人しい小心な子どもでも思わぬ大胆な行動に走る場合もある。

不良集団に入ってしまうと，不良集団の規範を行動基準とするようになるため，教師は指導関係がもてなくなる。周囲の大人としては，何とか早く不良集団から離脱させようと試みるが成功することは少ない。彼らはますます不良集団との関係を強める。不良集団は，少年を取り巻く家庭や学校に比べ，彼らが欲しいものの多くを満たしている。それは，興奮や刺激だけでなく，集団への帰属感や連帯感，承認欲求の充足，将来の自己像等，思春期の彼らにとって欠くことのできないものである。したがって，不良集団は悪いと一方的に決めつけるだけでなく，彼らが何を求め，何を得ているのかということを理解しようとする姿勢が必要である。

また，不良集団に所属するメンバーの意識はさまざまである。実際に，最近の不良集団の凝集性は低くもろいために，力で支配するといった場合も多い。そのため，先輩の報復を恐れて嫌々加わっている場合や，先輩の手足にされて

いじめの被害者になっている場合もある。また，集団に自由を拘束されることを嫌い，ごく部分的な関わりに止まっている者もいる。ともすると，集団としての見方に傾きやすいが，外見だけでなく，個々の生徒の心の動きを察知しながら，非行集団からの離脱を働きかける必要がある。

4 反社会的問題行動に対する対応

1 関係のもち方

非行は，生徒個人の問題に止まらない。被害者がおり，生徒と被害者を取り巻く社会がある。被害者は加害少年に対して謝罪と償いを求め，警察や裁判所は法的な責任を問うことで社会的な償いを求める。保護者や教師は，指導の名のもとに厳しい態度をとるかもしれない。生徒に対するこのような周囲の作用を，非行に対する社会の反作用という。

ある生徒は，自ら非を認め，謝罪や償いを行うことによって，傷ついた自己イメージの回復を図ろうとする。しかし，社会の反作用を悪意に基づく攻撃や排除と受けとめる生徒もいる。学校で，指導困難な生徒は，おおむね後者の場合である。彼らは，教師の指導に対して，回避的な態度を示したり，逆に開き直って悪態をついたりする。指導する教師もつねに冷静でいられるわけではなく，怒りが次第に強まり言葉や表情に表れるようになる。そうなると生徒は，「教師は自分を排除しようとしている」と思い込んで反抗を強める。かくして指導は暗礁に乗り上げ，ときとして，警察や家庭裁判所の力に頼らざるをえなくなる。このような関係は，非行生徒の指導において，しばしば見受けられることである。

このような生徒に対する対応として，まず重要なことは，反抗的な態度が教師個人に対するものか，それとも教師が代表する大人や社会的権威に対するものか吟味してみることである。大抵は後者である。彼らは，親をはじめとして過去の大人との経験から，大人は自分たちを勝手に支配する，あるいは邪魔者扱いすると思い込んでいる場合が多く，そうした悪い大人のイメージを教師に投影してしまうのである。

また，一歩しりぞいて，「彼らが求めているものは何か」ということを考えてみることである。学校内で問題を起こす生徒は，「先生に対して相手にして欲しい」「自分の居場所がない」ということを訴えている場合もよくある。まずは，こうした訴えに共感的に耳を傾けることが必要であろう。ただし，それは，生徒の要求を何でも受け入れるということではない。集団の秩序を乱したり，他人を傷つけるおそれがある場合には，毅然とした態度を示す必要がある。ある生徒指導のベテラン教師はこうした対応を「共感するが同意はしない態度」と表現している。

　また，面接しようとすると，生徒は叱責や説教を予想し，どうしても防衛的になりやすい。そのため，面接の目的や質問の意図等，面接者の意図や気持ちをオープンにした方が良い。いわばインフォームド・コンセントである。

　言語表現のつたない生徒には，能力に適したレベルで表現を引き出していくことも重要である。「なぜこんなことをしたのか」という問いは，抽象的で答えにくい質問であり，ともすれば説教と受けとられる。生徒の気持ちを汲み，面接者が生徒の気持ちを言語化して伝えたり，紙と鉛筆を用意し，図面化することによって話を聞くのも一つの方法である。具体的な場面を想像しながら，巻き戻したフイルムを再現するように場面場面を振り返るという方法もある。

　また，反抗とは逆に，教師に対して回避的な生徒もいる。教師の前では上辺を取り繕い，陰で問題を起こすタイプの生徒である。教師としては，反抗的な生徒より，さらに指導が困難なタイプである。こうした生徒に対して，関わりが希薄になりがちであるが，問題が表面化していなくても，ときには教師から積極的に関わっていくことが必要であろう。その際，「10分だけ話そう」などと時間的な制限を示し，逃げ道を作っておくと，生徒は教師に近づきやすくなる。

　また，「どうしたら学校に来れるだろう」「どうしたら話に来てくれるだろう」などといった問い掛けを行い，教師に対する要求を生徒から積極的に引き出していくことも有益である。一般に，生徒からの要求は，教師に対する「苦情」や「文句」といった否定的な意味と受け止められやすいが，関わりを求めるサインとして，肯定的にとらえ直すことによって関わりの手がかりとなる。

2　構造論的な視点

　生徒指導や教育相談の機会は，突然やってくる。タバコを吸っていれば，すぐその場で，タバコを取り上げ，授業中，ガムを噛んでいる生徒がいれば，授業を中断して注意しなければならない。他の生徒もおり，彼らの視線を意識しての指導となる。その場合，個別的に指導したくとも集団のなかの個人として対応することになるので指示的になりやすい。そうすると，生徒も他の生徒の手前もあって，意地になって反抗的な態度をとることもある。多くの場合，人的な要素が人間関係を規定すると思いがちだが，このように，好むと好まざるにかかわらず，教師も生徒も，人的な要素以外に，場の条件に行動が規定されている。

　場，時間，目的，方法など，場の状況的な要素で規定される指導や面接相談関係のあり方を指導構造あるいは面接構造などという。たとえば，カウンセリングが，二人だけの部屋で，一定の時間を定め，情緒の解放を目的とし，会話を中心に行うものであるとすれば，生徒指導や教育相談は，教室や廊下といった学校現場で，時間的な設定なく，生徒の行動の改善や生徒理解を目的とし，主として会話や指示や行動の制限という方法で行われる。

　構造論的な見方を心得ておくと，構造の一部を意識的に変えることによって，生徒の感情を過度に刺激せずにすむ場合がある。たとえば，生徒が興奮している場合，一旦，その場は引いて，面接室に場を変えて話をすることがあってもよいだろう。場を変えることによって，話の深まりがまったく異なってくる。校長室や会議室で生徒や保護者と面接を行うと，広すぎて，話題が拡散したり一方的になって深まりにくい。また，人がいつでも自由に出入りできる場だと，じっくり話をしようという気になれない。保護者と同席かどうか，面接時間をあらかじめ決めるかどうかということも，面接の深まりや話題に大きな影響を与える。

　また，場を変えて多面的に生徒のその子らしさを観察することも重要である。家庭裁判所では，最近，野外活動，社会参加活動，親子合宿など，参加型の保護的措置が取り入れられるようになってきた。野外活動では，専門のインストラクターの指導のもとに，何も設備のない山中で2泊3日のキャンプを行うが，

第8章　反社会的問題行動の理解と対応

そのときの態度や表情から，面接場面ではうかがい知ることがことができない新たな側面を発見できる。また，自然のもとで生活をともにすることによって，人間関係が深まってくる。教師は，授業だけでなく，クラブ活動や体育祭などで生徒と接触する機会が多い。それだけに，さまざまな場面での理解が可能であり関わる機会も多い。こうした多面的な関わりが生徒指導や教育相談の構造的特徴といえるだろう。

3　社会規範への直面化と行動の制限

非行に歯止めがかからず，保護者や教師の注意を受け付けない生徒に対しては，警察や家庭裁判所と連携し，身柄の拘束によって社会的な規範に直面させることが必要な場合もある。少年鑑別所は，少年審判を行うために心身の鑑別を行う施設だが，入所した少年のほとんどは，表情が和らぎ，精神的な安定を取り戻す。また，鑑別所職員や家庭裁判所調査官との面接，日誌の記入などによって，自分の感情に向き合い，家族や教師との関係について振り返ることができるようになる。こうした変化は，社会規範との直面化による危機感のほか，激しい衝動や非行グループなどの内的・外的な圧力から解放され，精神的な安定を回復するためと思われる。少年鑑別所において，「親や先生がもっと厳しく叱ってくれたら良かった」という少年もいる。思春期において，大人の指示や拘束を嫌う反面，衝動統制に自信が無いため，周囲の大人に対して行動規制を期待する気持ちもあるのであろう。

社会規範への直面化は，少年鑑別所への収容だけではない。警察の取り調べ，家庭裁判所の調査や審判等も同じであり，内省の重要な機会となる。少年たちは，社会的経験の浅さや見通しの無さによって，「悪戯（わるさ）」と「非行」の区別をつけずに行動していることが多いが，法の介入によって，はじめて，自分の問題行動が法的に許されないことを自覚し，これまでの生き方に危機感をもつのである。これは保護者も同様であり，初めて親の監督の甘さや子どもの問題性に気づく場合も多い。社会規範への直面化は，司法機関と連携するうえで最も大きな効果であり，積極的に活用していく必要がある。

また，自分の非行に対する謝罪や弁償についても，保護者や教師が代わりに

行うのではなく,できるだけ生徒本人に体験させることが年齢相応の責任感を
涵養(かんよう)するために重要である。

引用・参考文献
(1) 安香宏他『非行少年の心理』有斐閣,1979年。
(2) 石田幸平・武井槇次編『犯罪心理学』東海大学出版社,1984年。
(3) 井上公大『非行臨床』創元社,1980年。
(4) 澤登俊雄『少年法』中公新書,1999年。
(5) 『犯罪白書 平成11年版』法務省総合研究所。
(6) Hirschi, T., *Causes of Delinquency*, University of California Press, 1969.(森田洋司・清水新二監訳『非行の原因——家庭,学校,社会のつながりを求めて』文化書房博文社,1995年)
(7) 村瀬孝雄『中学生の心とからだ』岩波書店,1984年,213-215頁。
(8) 矢島正見『少年非行文化論』学文社,1996年。

推薦図書
(1) 生島浩・村松励編『非行臨床の実践』金剛出版,1998年。
(2) 高橋良彰『新犯罪社会心理学』学文社,1999年。
(3) 藤森和美編『子どものトラウマと心のケア』誠信書房,1999年。
(4) Lawrence, R., *School Crime And Juvenile Justice*, Oxford University Press, 1997.(平野裕二訳『学校犯罪と少年非行』日本評論社,1999年)

(熊谷郁夫)

第9章　神経症的問題の理解と対応

 学校のなかで，教室のなかで，次のような子どもたちに出会うことがある。いつも緊張した様子で，クラスメートとの関わりを避けている子ども，休み時間になると必ずトイレに行き，次の授業の開始まで洗面台で手を洗いつづけている子ども，唐突にまばたきを繰り返したり，身体をピクリとふるわせ続ける子ども，授業中，頻繁に身体の調子が悪くなり，保健室に休みをとりにいく子ども。この章のテーマとなっているのは，このような子どもたちである。
 このような子どもたちは，自分自身の感情や行動に困惑していたり，叱責やからかいといった，周囲の人々の反応にも悩まされていることが多い。いったい彼らの心のなかでは何が起きているのだろうか。そして，彼らを取り巻く周囲の大人たち，とりわけ学校という教育の現場において，教師は彼らにどのように関わり，どのように彼らを援助することができるのだろうか。このようなことに考えを進めていくのが，この章の課題である。

1　神経症的問題とは何か

 この章のテーマは，神経症的問題の理解と対応である。はじめにあげた子どもたちの様子は，いずれも神経症的問題を抱えた状態として理解することができるものである。それでは，神経症的問題とは，いったいどのような問題を，あるいはどのような状態を指しているのであろうか。そこでまず，この章で取り上げられる神経症的問題とはどのようなものであるのかについて，述べていくこととする。

1　神経症的問題
 まず，神経症的問題という言葉に含まれている，神経症とはどのようなもの

であろうか。神経症という言葉は，精神医学の術語である。神経症とは，何らかの心理的な原因で，不安感や気分の落ち込み，身体機能の不調などが持続的に現れ，日常生活が部分的に支障をきたしている状態像を指すものである。神経症には，さまざまな種類があり，代表的なものとして，ヒステリー，恐怖症，強迫神経症などがある。精神的な疲れから，気が滅入ったり体調がすぐれなくなることは，多くの人が日常的に体験することであるが，そのような場合には，適度な休息をとれば，おおむね自然にもとの状態に回復する。しかし，神経症においては，休息をとるだけではなかなか回復せず，心身の不調が固定化され持続する。そのような点で，比較的単純な，精神的疲労から生じる一時的な不調とは異なっている。また他方で，神経症は，性格の偏りや未発達が背景にあると考えられる人格障害や，客観的で現実的な思考などが阻害される精神病とは区別される。

　このように，神経症は何らかの心理的な要因のはたらきによって，感情面や行動面に問題を生じるものである。神経症的問題とは，このような神経症および神経症に類似した状態にともなう問題，そしてそこから派生してくるさまざまな問題を指すものとしてとらえることができる。一般に，神経症的問題には，症状と呼ばれる問題がともなう。症状とは，不安感や恐怖感，強迫観念や強迫行動，明確な生理的原因が特定できないさまざまな心身の不調など，さまざまな形をとって現れる，苦痛な状態である。症状は本人にとっては苦痛の源であり，この苦痛から逃れようと本人は努力するのだが，意志や努力だけで症状を消失させることは，多くの場合きわめて困難である。こうした症状があるために，自然な感情の動きや行動の柔軟さが制限され，他者との間でさまざまな不調和が現れてくる。これが症状から派生して生じてくる二次的な問題であり，対人関係や集団生活への不適応の問題につながりやすい。

2　子どもにみる神経症的問題の現れ方

　それでは，子どもの場合，神経症的問題はどのようなかたちで現れてくるのだろうか。例をあげるなら，対人不安傾向，繰り返されるめまい，頭痛，腹痛，下痢，頻尿といった身体症状，過呼吸発作，洗浄強迫などの種々の強迫症状，

不潔恐怖，接触への不安，人前で食事ができない，チック，抜毛行為，自傷行為といった，さまざまな形で現れてくる。こうした問題を抱えているために，友達との関係がうまくもてなくなったり，教室のなかにじっと座っていることが困難になったりといった問題が派生して生じてくるのである。たとえば，不登校状態にある子どものなかには，こうした神経症的問題のために登校できなくなっている場合も少なくない。また，学校には登校してきていても，たびたび保健室を利用したり，教室に長時間いることができない子どもたちも，このような問題を抱えている場合が多く見られる。神経症的な問題は，単独の問題としてあらわれるばかりではなく，他の問題と複合していたり，その背景に存在していたりする場合も多いのである。

　これまで見てきたように，神経症的問題は，対人関係に消極的になったり，感情的に，また行動面で引きこもっていく，いわゆる非社会的行動として現れることが多い。そのため，本人に対して，家族や教師は，しっかりしなさい，がんばりなさいと励ましたりすることが少なくないが，そのような対応だけではなかなか子どもの状態は改善しない場合が多い。ときにはそのようなはたらきかけが，かえって子どもにとっては負担になって，症状を悪化させてしまうこともある。多くの場合，神経症的問題を抱える子どもは，まず本人自身が，「もっとしっかりしなくては，我慢してがんばらねば」という気持ちを抱いており，そういう気持ちに自分自身がこたえられないことに，失望したり，自信を失ったり，罪悪感を抱いたりしている。したがって，単純に励ますだけではうまくいかない場合が多いのである。

　以上，神経症的問題とはどのようなものであるのか，その概略を見てきた。さて，それでは，神経症的問題が何らかの心理的要因によって生じるとは，いったいどのようなことなのであろうか。神経症的問題を抱える子どもの心のなかでは，いったいどのようなことが起きているのであろうか。次節では，このような点について見ていくこととする。

② 神経症的問題の成り立ち

　神経症的問題への対応を考えるにあたっては，神経症的問題がどのようにして起こってくるのか，その成り立ちについて理解しておくことが大切である。そこで，この節では，神経症的問題の成り立ちについての基本的な理解の仕方について，精神分析の考えを参考にしながら述べていくことにしたい。

1　心理的要因

　前節で見たように，神経症的問題は何らかの心理的要因によって生じてくるものである。それでは，神経症的問題を生じさせる心理的要因とは，いったいどのようなものなのであろうか。一般的に，神経症的問題の背景には，本人自身はっきりとは気づいていない，あるいはまったく気づいていない，葛藤や不安，緊張など，何らかの心理的な苦痛が存在していることが多い。ここで次のような疑問をもつ人もいるだろう。それは，「葛藤や不安や緊張は，誰もが日常的に経験していることではないのか，それがどうして神経症的問題につながるのであろうか」という疑問である。このような疑問に答えるには，私たちがふだんどのようにして，葛藤や不安に向き合っているのかについて，考えてみる必要があるだろう。

　私たちはふだん，「～がしたい」とか，「～はやりたくない」という自分自身の欲求と，「～をしなくてはいけない」とか，「～をしてはならない」という周囲からの期待や要求や圧力との間に折り合いをつけながら，日常生活を送っている。このような種々の自分の欲求と，自分を取り巻いている現実との間に，うまく折り合いをつけることができる間は，問題は生じてこない。しかしながら，実際には，いつもうまく折り合いをつけることができるとはかぎらない。自分の欲求と周囲の期待が対立したり，自分のなかに両立しがたい複数の欲求が生じたりすることは，私たちがしばしば経験していることである。このような折り合いのつかない状態が葛藤である。私たちは，多かれ少なかれ何らかの葛藤を抱えて日常生活を送っており，ときには思い悩んだり，考えを決めかね

て迷ったり，気持ちが揺れたり，不安を感じたりという経験をしている。

このように，葛藤を抱えている状態とは，いくつかの欲求や要求が互いに対立し合い，それらがどれも十分に満たされない状態である。したがってそれは，不安定さを抱え込んだ状態であり，基本的に感情的には不快な状態である。何らかの折り合いをつけることができないまま，このような葛藤状態が長く続けば，しだいに不安や緊張が生じてくる。葛藤状態に耐える力が強い人や，葛藤を処理していく力が高い人の場合には，このような状態に身を置いても，それほど大きな問題が生じることはないだろう。しかし，葛藤に耐える力が弱い状態であったり，葛藤を現実的に処理していく力が十分に身についていない人がこのような状態に身を置いた場合，また，葛藤に耐える力が強い人でもその人の許容量を上回る葛藤に出会う場合には，不安や緊張の高まりが，ついには本人にとって耐えうる範囲を越え出てしまうことがある。このような場合に，神経症的問題が現れてきやすいのである。

ここで，具体的な例を考えてみよう。たとえば，年少の子どもの場合，泥だらけになって，あちこち散らかして遊びたいという欲求が強くあるとき，汚してはいけない，遊んでいる最中にも整理整頓に心がけなければならないというような期待が周囲の大人から繰り返し向けつづけられると，それが葛藤状態を引き起こし，慢性的な緊張状態に導かれるかもしれない。そのような緊張も，遊びなどを通して適度に発散されていれば問題はないが，発散が難しい場合には，かんしゃくを起こしやすい，身体症状，攻撃的な振る舞い，チックといった問題として現れてくるかもしれない。

2　防衛のはたらき

さて，葛藤に由来する不安や緊張が耐えがたいまでに高まった場合，そのような苦痛な状態から逃れ出て，心の安定と調和を取り戻そうとして，さまざまな心のはたらきが，大部分は本人自身にも十分に自覚されないままに用いられることになる。このような心のはたらきは，防衛のはたらきと呼ばれる。防衛のはたらきは，われわれの誰もがもっている基本的な心のはたらきとして理解することができる。しかし，防衛のはたらきは，その用いられ方によって，心

の安定が回復し，日常生活を生産的に送ることができるようになる場合と，心が不安定な状態のままにとどまり，症状や問題というかたちで日常生活に部分的な支障が生じる場合がある。前者のような防衛のはたらきを，適応的な防衛，後者を不適応的な防衛と呼ぶ。このようにして見てみると，神経症的問題は，生じてきた心理的な苦痛に対して用いられている防衛のはたらきが，不適応的になっているときに生じるのだと理解できるだろう。

　ここまで，心の安定を揺るがすものとして葛藤をとりあげてきたが，心を不安定にし，心理的な苦痛を引き起こすのは，葛藤にかぎられるわけではない。欲求不満，挫折体験，失敗体験，叱責を受けた体験，いじめられた体験など，こうした一般に苦痛な体験も，繰り返され度重なればそれだけ，心の安定を脅かすものになる。こうした体験によって心が揺さぶられるとき，そこで感じられる，苦痛，怒り，悲しみ，恐怖などの感情が，本人のなかでしっかりと受けとめられれば，また，そのような体験について誰かに話をし，相手にしっかりと受けとめてもらうことができれば，苦痛を和らげることができ，心の動揺は安定へと向かうだろう。しかし，本人にとってこうした体験やそれにともなう感情を受け止めることが困難なとき，またそのような本人を支える人間関係が十分ではないときには，心理的な苦痛を適応的に処理していくことは困難になりがちである。

　このように見てくると，葛藤があるかないか，不安や緊張などの心理的に苦痛な状態があるかないかが問題なのではなく，それらが本人にとってもちこたえられる範囲のものなのか，あるいは本人がそれらにどのように向き合おうとしているのかということが重要であることが理解できるだろう。

3　発達的観点

　さて，これまで，神経症的問題について，その一般的な成り立ちを見てきた。そのうえで，子どもの神経症的問題の成り立ちについて考えるにあたって忘れてはならないのは，子どもは成長しつつある存在であり，発達過程の途上にあるということである。私たちは，葛藤や不安に耐える力，葛藤や不安に向き合いそれらに対処していく力を，経験を通じて成長の過程において身につけて

いっているのだと考えられる。したがって，発達の過程の途上にある子どもは，そのような力をまだ十分には身につけていないと考えられる。そのような子どもたちにとっては，葛藤や不安にもちこたえ，それらに対処していくことが，ときには，手に負えないほど大きな課題となる場合がある。また，学校生活を送るなかで，子どもは成長し，その心身の様相は大きな変化を遂げていく。児童期から思春期へと発達変化していくなかで，子どもはさまざまな発達課題に直面する。発達課題をうまく乗り越えることができないときには，不安や緊張が生じやすく，神経症的問題が始まるきっかけとなりやすい。このように，子どもの神経症的問題について考えていくうえでは，それらの問題はその子どもが成長していく過程のなかで生じてきているものであるという視点をもっておくことが大切である。

　たとえば，発達過程のなかでも，とくに思春期の前後は，心身の変化が大きい時期であり，さまざまな心の動揺が起きやすい。変化していく身体とそれまでの身体イメージとの間の大きなギャップをどのように受けとめていくか，親からの心理的分離の準備にともなう不安の増大など，この時期に子どもが直面する心理的発達課題は大きい。それらの発達課題に直面するなかで，子どもは葛藤や不安を体験する。例として，親からの心理的自立という発達課題をとりあげてみよう。まだ子どもらしく親に頼っていたい，甘えていたいという依存の欲求と，いつまでも子どもっぽい振る舞いをしたくない，親から自分の行動に干渉を受けたくない，友達との間だけで共有される親に対する秘密をもちたいといった心理的自立の欲求との間に葛藤を生じやすい。このような葛藤を経験し，それを乗り越えていくことで子どもは成長していくのだが，一方でうまく乗り越えられない場合には種々の問題につながっていきやすい，一種の危機的状況でもあるのである。神経症的問題には，このような成長していくうえでの困難さの現れとしての側面があることを忘れてはならない。

３　対応についての基本的な考え方

　神経症的問題を抱えた子どもに出会い，関わりをもつとき，教師はどのよう

な対応を考えていけば良いのだろうか。たとえば，専門の相談機関や医療機関であれば，カウンセリングなどの専門的な対応が行われることになるだろう。それでは，学校のなかで，学校教育相談活動という枠組みのなかにおいては，教師はどのような関わり方や援助に心がけるのが良いのであろうか。もちろん，実際には一人ひとりの子どもに応じて，その子どもの問題に応じて，個別に考えていかねばならないことである。したがって，ここでは，そういった子どもたちへの関わりを考えていくうえで，基本としてもっておくのが望ましく大切だと思われる姿勢と視点を，考える際の足がかりとなるように提示していきたい。

1　問題の理解に努めること

前節において見てきたように，神経症的問題の背景には，本人自身もはっきりとは気づいていない，あるいはまったく気づいていない，心理的葛藤や不安が存在していることが多い。したがって，神経症的問題を抱える子どもに関わるときには，表に現われ出ている問題だけに目を向けるのではなく，その背後に横たわっている心理的要因について思いをめぐらせ，その両者の結びつきについて理解しようと努めることが大切である。また，神経症的問題を発達上の危機の現れとして，成長していくなかで直面している困難さの現れとしてとらえるならば，その問題を乗り越えることができるようになることを目標に，子どもの心理的な成長を促進するような関わり方を考えるという姿勢も大切になるであろう。

神経症的問題を抱えている子どもに出会ったとき，まず必要なのは，子どもが困っている問題の性質，程度を把握することである。そのうえで，その問題が起きてきている背景が何であるかについての見通しをもち，それに基づいて対応を考えていくことになる。たとえば，問題の背景にあるのが，友人関係のうまくいかなさなのか，学業成果の伸び悩みなのか，あるいは家庭の状況の何らかの変化なのか，その背景の違いによって，求められ望まれる対応と援助は異なったものになるだろう。子どもの問題をどのように理解するかという視点がなくては，適切な関わりも援助も考えることができない。

ただ，ここで注意しなければならないのは，子どもが何に困っているのかを理解したいと焦るあまり，問い詰めるように子どもに質問を浴びせかけないことである。先にも触れたように，子ども自身，自分が困っている問題がなぜ起きているのかわからない場合が多いし，そもそも自分が何に困っているのかをうまく説明できない場合も少なくない。このような子どもと関わるうえで必要なのは，子どもの話に共感的に耳を傾け，子どもの様子をしっかりと観察し，子どもが抱えている問題を推測的に理解しようと努める姿勢である。子どもに何らかの問題が起きてきているように見える場合，それは，子どもが自分では対処しきれない大きな困難にぶつかっていて周囲からの援助を求めていることの現れであることが多い。そのような，助けを求める子どもの声にならない声を敏感に受けとめることは，日常的に子どもに接している教師にとって重要な役割であろう。

　神経症的問題を示す子どもに出会うとき，実際には，その問題をどう理解して良いのかわからず，戸惑うことも多いだろう。本当は怠けているだけなのではないのか，ただ我慢が足りないだけなのではないかなどという思いも生じてくるかもしれない。そのようなときに大切なのは，ひとりで考えこむのではなく，同僚の教師，養護教諭，教育相談担当の教員，スクールカウンセラーなどと相談することである。神経症的問題にかぎらないことだが，子どもの問題について理解し対応するうえでは，誰か一人が取り組めば良いというものではなく，チームを組んで互いに協力しながら取り組むことが大切である。その際には，一人ひとりが自分の考えや意見をもつこともももちろん大切だが，ある程度の共通理解を共有したうえで，協力しながら対応を行っていくことが望ましい。そうした意味でも，子どもの問題について話し合い，意見を交換しながら対応を考えていくことは重要なことである。

2　理解に基づいた対応の工夫

　それでは，神経症的問題に対して，学校のなかで，教室のなかで，教師は一般にどのような対応をしていけば良いのであろうか。まず大切なのは，これまでに繰り返し見てきたように，表に現れ出ている症状や問題は，本人の意志や

努力によってコントロールすることが非常に困難なのであるから，それを，本人の意志の弱さ，我慢の足りなさ，努力の不足などとみなさないことである。もう少しがんばってみるように励ますことも，ときには大切であるが，基本的には，本人のつらさや苦しさを共感的に理解するように努め，苦しい状態のなかで本人は精一杯努力しているということを認める姿勢をもつことが大切である。このような対応を受けることで，子どもは初めて安心することができ，自責的な気持ちが和らぎ，自尊心もいくらか回復する場合が多い。次いで大切なのは，一般に症状や問題は，背景にある不安，緊張，葛藤が強くなると出現したり強くなったりしやすいのであるから，工夫できる範囲内で，それらの要因を低減するような環境を作る努力をすることである。例えば，クラスメートの目が気になるという対人不安や対人緊張をもっている子どもは，教室の中の座席の位置を後ろの方にするとか，授業中に調子を崩しやすい子どもは出入りしやすいドア付近に座席を配置するなどの工夫である。また，教室の中で症状が強くなるなどして本人が強い苦痛を感じているときに，どのような対応をするのかをあらかじめある程度考えておき，関係する教員の間で話し合っておくことも役に立つだろう。

　このようにして，子どもが学校のなかで安心して過ごせる体制を作り上げていくとともに，必要に応じて，背景にある問題に取り組むことになる。たとえば，学校内の友人関係や学習上のつまずきが背景となっているのであれば，友人関係の調整や学習の援助というはたらきかけが考えられるだろう。また，家庭内の親子関係や同胞関係が背景となっているようであるなら，保護者と連絡をとり家庭のなかでの子どもの様子について話し合いながら，保護者に対して必要だと思われる助言を行っていくというはたらきかけが考えられる。このようなはたらきかけが効果を発揮すれば良いのだが，学校の対応だけでは問題の解決，改善が困難である場合も少なくない。そのような場合には，専門の相談機関や医療機関と積極的に連携をとる必要が出てくる。

　神経症的問題に対する援助としては，遊戯療法やカウンセリングなどの専門的な援助が有効な場合が多いが，このような援助を受けるためには専門の機関を利用する必要がある。専門機関と連携をもつ場合に大切なのは，問題への対

応を専門機関にすべて委ねてしまうのではなく，あくまで互いに役割の分担をしながら連携を進めていくという姿勢である。専門機関には，投薬や心理療法など，専門機関でなければ行えない援助があるのと同じように，学校には学校でなければできない，あるいは学校だからこそできる援助や関わりがあるはずである。したがって，専門機関との連携にあたっては，連絡を取り合って，専門家の判断や見通しを聞き，それを参考にしながら専門機関に任せる部分と学校で対応する部分とを整理しながら取り組むことが有益であることが多い。

このようにして関係者とも協力しながら取り組みを進めても，なかなか子どもの状態が変化しないことも少なくない。そのような場合にも，焦らずにじっくりと待つ姿勢をもちつづけることが大切である。子ども自身が早く良くなりたいと焦りを感じている場合もあり，そのような焦りを助長しないようにしたい。神経症的問題は短期間では改善に至らない場合も多い。自分が担任をしている子どもに関わる場合，自分が担任をしている間に結果を出したいという気持ちも起きてくるかもしれないが，子どもには一人ひとりのペースがある。早く問題を解決しようと焦るより，子どもの成長を寄り添って歩きながら見守るという姿勢を保つ方が大切である。

以上に示したような姿勢を基本として対応を進めることで，症状や問題を抱えながらも，学校のなかに居場所を得ることができるならば，子どもには大きな支えになる。逆に，背景にある心の問題に目を向けてもらえず，怠けや甘えととらえられて厳しい対応を続けられると，継続した登校ができなくなり，不登校状態に追い込まれてしまうかもしれない。そういう意味では，必要に応じて他機関との連携をもちながら，学校のなかで子どもの心の揺れを抱えていくことが，教師にとって最も重要な課題であるといえる。

3　事例モデルの提示

それでは本節の最後に，典型的な神経症的問題の事例のモデルを示し，教師として考えることのできる対応について見てみることとしたい。なお，ここに示す事例のモデルは架空のものである。神経症的問題への対応について考えるうえで手がかりとなる基本的な要素を盛り込んであるが，理解しやすいように

かなり簡略化しており，実際の事例ではさまざまな場面で困難に出会うことが多いということを書き添えておきたい。

【事例】　チック

太郎は小学4年生の男子児童である。もともとどちらかというと活発で身体を動かすことが好きな子どもであった。あるとき担任教師は，授業時間中に，太郎が頻繁にまばたきを繰り返したり，肩をすくめるような動作を繰り返していることに気がついた。気になった担任教師は，太郎に声をかけたが，何でもないという返事が返ってくるだけだった。その後しばらくは，変わった様子は見られなかったが，数日後に，再び似たような出来事があり，太郎の様子は徐々に周りの子どもたちの注意をもひくようになっていった。担任は何度か太郎と話をしてみたが，太郎は自分でも気づかないうちに身体が動いていて，自分ではその動きを止めることができないということだった。

担任は太郎の家庭と連絡をとったほうが良いだろうと考え，母親と電話で連絡をとった。担任からの連絡に母親は驚いた様子で，家のなかでは太郎の様子に変化があるとは気づいていなかった，しかしいわれてみれば，最近ときどき，急に肩をすくめて見せたり，何度も顔をしかめたりすることがあったことを思い出したとのことだった。担任は，家のなかでの太郎の様子について，少し気をつけて見てあげて下さいと母親に頼んで，しばらく様子を見てみることにした。

その後も学校のなかでの様子は相変わらずであった。担任は養護教諭と相談して，かえって本人が気にするようなので動作については注意しないようにした。太郎の様子を見ていると，休み時間などに遊びに熱中しているときには，動作はおさまっている様子だった。

一週間後，母親から連絡があった。あれから気をつけて見ていたら，確かに家でも気になる動作を繰り返していることに気がついたとのことだった。父親とこのことについて話をしたところ，父親は，癖になるからやめなさいと太郎を注意したのだが，それからむしろ動作が頻繁になった気がするとのことだった。母親は困ったことになったと心配そうな様子であった。

担任は，家庭のなかで何か最近変わったことはないか尋ねてみた。母親の話では，いつも仲良く遊んでいた小学6年生の兄が，中学受験のために熱心に勉強を始めたこと，そのため，太郎は兄と遊びたくて兄にちょっかいを出しにいっては，兄や母親から勉強の邪魔をしないようにと強く叱られることが度重なっているとのことだった。

このような家庭のなかの様子がわかったことで，担任は養護教諭とも相談したう

> えで，母親に次のようなアドバイスを伝えた。気になる動作の反復は，これまでどおりに遊べず，兄の邪魔にならないように静かにしていることを求められることからくる，欲求不満や緊張から起こってきているように思えること，そのような緊張の解消のために，父親にも協力してもらって，休みの日にはできるだけしっかりといっしょに遊んであげてほしいこと，気になる動作をあまり注意したりすると，かえって何とかしようと太郎の緊張が高まるので，できるだけ注意を向けないようにすること，というのがその内容であった。
> 　それからしばらくするうちに，学校のなかでの太郎の動作は目立たなくなり，1カ月後には，家のなかでも気になる動作はほとんど出なくなったとのことだった。

　この例のように，症状や問題が起きてきたときに，その問題がどういう状況において，どのような背景のもとに起きてきているのかを考慮しながら，関係者の間で協力関係をもちつつ対応を探っていくことが大切なことである。もちろん，問題の性質によっては，短期間のうちには改善が見られないこともあるし，対応に行き詰まることもある。そのようなときには，先にも述べたように，適切な専門機関を利用することを考慮に入れて対応を進める必要があるだろう。

4　子どもの成長に寄り添うために

　神経症的問題への対応で基本的に重要なことは，子どもが内面に抱えているさまざまな悩みや葛藤や不安にしっかりと耳を傾けようと努め，それらの問題に本人が落ち着いて取り組み，成長していけるように，周囲の人々が環境を整えていくことである。

　葛藤や不安は，成長の過程のなかでどうしようもなく生じてくるものである。子どもにとって成長するとは，そのような葛藤や不安を，症状や，結果的に周囲との不調和を増幅させる不適応的な行動としてではなく，自分なりのやり方で向き合い，受けとめ，人間関係のなかで，それを表現し解決していくことができるようになることである。神経症的問題をそのような視点からとらえ，学校のなかで，教師として，そのような子どもの成長を支え助ける対応を探っていくことが，最も大切なことである。

引用・参考文献
(1) 鑪幹八郎・一丸藤太郎・鈴木康之編『教育相談　重要用語300の基礎知識』1999年。
(2) 弘中正美・濱口佳和・宮下一博編『子どもの心理臨床』北樹出版，1999年。

推薦図書
(1) 桑原知子『教室で生かすカウンセリング・マインド』日本評論社，1999年。
(2) 清水将之『思春期のこころ』日本放送出版協会，1996年。
(3) 中沢たえ子『子どもの心の臨床』岩崎学術出版，1992年。
(4) 山中康裕『少年期の心』中公新書，1978年。

（小松貴弘）

第10章　開発的カウンセリング
──学級経営に生かすカウンセリング的手法

　開発的カウンセリングは，不適応や問題が生じる前に，子どもたちの対人関係や自己意識の発達を促し，感情統制力や表現力を育成するよう働きかけることで，不適応や問題が生じる可能性そのものを小さくしようという目的で導入されるカウンセリングである。近年，わが国の教育界でも，ますます教師や研究者の注目を集める手法になってきている。開発的カウンセリング隆盛の背景には，子どもたちの生活環境の変化と，それにともなって進むと危惧される彼らの対人関係の希薄化，学級崩壊，いじめ，不登校，突発的暴力などの多発といった現象がある。そこに働きかけてゆくための方略として，また，教師と生徒がともに学び合う関係を築く手段として，さらにスクールカウンセラー，担任教師，養護教諭，教科指導の教師など立場の異なるスタッフが協働を展開する土俵として，今後さらに発展する可能性に満ちた領域といえよう。

① 開発的カウンセリングとは何か

1　育てるカウンセリング

　「開発的カウンセリング（developmental counseling）」という言葉が学校のなかで，あるいは教育相談の場で頻用されるようになったのは比較的最近のことである。従来，カウンセリングといえば，チックや緘黙などの症状，あるいは不登校症状，対人関係上のトラブルや問題を示す子どもとその親に対してなされる臨床心理学的な援助活動を意味するのが常だった。何らかの不適応や問題に対する手立てや手当てとして導入されるカウンセリングが「治す（あるいは癒す）カウンセリング」であるのに比し，本章がテーマとする開発的カウンセリングは，現在の生活様式や生活空間がもつ教育力をいっそう高めたりその不足分を補うことで，発達を側面援助する「育てるカウンセリング」（國分，1999）

である。

　この言葉を誕生させたのは，中西・神保であるといわれる。カウンセリングを治療的行為から教育の世界へと結びつけたブラッカー（Blocher, D. H.）の書の翻訳語として導入したのが最初であったらしい。問題が起こった後でなく，生じる前に導入してその発生を抑えるという第一次予防としての側面を強調し「予防的カウンセリング（preventive counseling）」と呼ばれることもある。また，心理臨床の領域で得られた知見や技法をより積極的に他分野へ，主として教育活動のなかへ投入し活かしてゆくことと解して，「心理教育（psychoeducation）」という名称をいだくこともある。これら3者は強調点に多少の違いはあるが，いずれも近接の概念である。

2　開発的カウンセリングのねらい

　それでは開発的カウンセリングが「育てる」ものは何であろうか。何をどんな方向に育てようとしているのだろうか。さまざまなプログラムのねらいは，大きく次の3つに分かれる。ひとつは，自分を知り他者を知る，そして人間関係についてよりよく理解することである。それらの理解を深める機会を意図的に提供することといってもよい。自己理解や他者理解を深めるといっても一人静かに内省するのでなく，実際に人と関わり，他者との関わりのなかに現れる自分らしさに気づき，友達のその人らしさを味わうという方法が採用される。過大視でも過小評価でもなくそのままの自分を知ることが自己受容の基盤であることを考えれば，この方向は，子どもが自分自身と相手のあるがままの姿を受け入れ，ひいては自尊感情を高めてゆくための働きかけとまとめられよう。

　もうひとつは，より具体的に何らかのスキルの向上をねらったものであり，主として対人場面で必要とされるスキル，たとえば，人と関わる能力やアサーション（自己表現）能力の開発，もめごとなど葛藤場面を解決するコミュニケーション力の育成を目的にしたプログラムが各種作成されている。海外では，さらに目的を絞り込んで「いじめや虐待から自分を守るため」のプログラム，「差別を許さないために」，「薬物乱用防止のために」といったプログラムが活発に用いられている。もちろんこういった対人関係上のスキルは，ハウツー式

の学びだけで簡単に習得されるものではない。たとえば，自己表現や自己決定を可能にする要因について考えてみれば，まず人として自分に価値があることに気づいている状態を基盤とし，自尊感情や自己受容に支えられて何かを表現してみようという意志が生まれ，そのうえで初めて，知識や経験やスキル的な要素が力を発揮する余地が生まれる。これらの2つのねらいは互いに相俟って進むもので，スキルの向上をねらったプログラムはこの点をわかったうえで構成されることが欠かせない。

多くのプログラムは，「エクササイズ」や「実習」と呼ぶ体験学習をプログラムの中心に据えている。人間関係の実験ととらえ，ラボラトリー（実験室）方式の学習と呼ぶこともある。定められた手続きに従ってやってみると，ねらいがそこそこ達成されるようにエクササイズや実習が構成されている。したがって，ある学級に適切な方法で開発的カウンセリングが導入されれば，自分や他者の心の動きに敏感で相互理解を示すことのできる学級集団づくりが進むと期待されよう。学級経営や受容的なクラス風土づくりの一環として開発的カウンセリングを導入するという第三のねらいがここに生まれるわけで，このような視点からの実践も少しずつ積み上げられ効果を発揮してきている（高橋, 1996, 國分・岡田, 1996, 國分・片野, 1996, 園田・中釜, 2000）。

開発的カウンセリングの担い手としては，委託を受けてやってくる心理職スタッフ，連携機関から派遣されるカウンセラー，学内のスクールカウンセラーなどいろいろな立場の専門家が考えられるが，本章では，学級づくりに活かすという視点から，教師が実践者になって，あるいはスクールカウンセラーらの協働実践者となって学級単位で行うものを基本形として想定し，以下の論を展開したい。というのは，カウンセラーではなく心理療法家でもない一人の教師が，特別な問題をもたないごく一般の生徒を対象に行うことができ，それによって日々の教育活動をさらに活性化するものだという手応えが「育てる」カウンセリングの最大の可能性であると同時に留意すべきポイントだというのが筆者の見解だからである。

3　いまなぜ開発的カウンセリングなのか

　本節の最後に，いま開発的カウンセリングが求められる理由，つまりその浸透を支えている社会的・時代的背景について3点ほど言及しておきたい。

　いっこうに減少の兆しを見せない不登校・いじめなど，学校教育が抱える問題に対処するために，文部省がスクールカウンセラーの活用調査研究委託事業を導入したのが1995年のことである。なぜかその動きとほとんど重なるようにして，中学生による犯罪事件がいくつも発生した。一見ごく「普通」とされながら些細なきっかけで「キレる中学生」の問題，授業中座っていられない子ども，いらいら感を抱えて授業妨害や学級崩壊に加わってゆく児童の増加など，続々と寄せられた教育現場からの報告は，整然とした集団一斉授業の成立を誇ってきたわが国の学校教育のあり方に根本的な問いを投げかけるものであった。教師の言葉かけが思いがけず生徒の怒りや反感を引き起こしたり，子どもや家庭と話し合う共通基盤が容易に成立しない状況があること，主観的な偏った解釈をしがちな子ども，あるいは対人関係に臆して自分を開くことのできない子どもの姿に触れ，これまで以上に積極的にごく普通の生徒たちに働きかけ，対人関係について学びあう必要性を感じている教師が少なくないことが明らかになった。全生徒を対象にした心理教育的援助活動が教師たちの間で熱心に模索され始めたことが開発的カウンセリングが発展する第一の理由である。

　第二点としては，今日の子どもたちの育ちに目を向けた時，見えてくる社会環境の変化があげられるだろう。核家族化や少子化，母親の就労率の高まりを受けて良くも悪くも家庭が変わった。家庭における対人関係が疎になり，放課後遊びも少数の仲間と習い事や塾の合間を縫ったゲーム・パソコン遊びに傾きがちである。思春期以降の携帯電話やメイル，ネット通信は独白調の一方的な自己表現を促しやすく，いまや他者と言葉を交えずに遊び，言葉を使わずにコンビニの列に並んで物を買い，主観的世界に籠もって暮らすことが可能かのような生活環境が用意されている。人間関係の技能がもろもろの生活体験を通して子どもたちがごく自然に身に付けてゆくものから，意識的・意図的に学習し獲得する必要があるものへととらえ直されるようになった。家庭や地域社会での生活体験を補い，人間関係について学習する機会を提供することが学校教育

に期待されるようになった。

　三点目は，体験学習の発想や学びのスタイルが学校教育に取り入れられやすいうえ，現代人，現代っ子にマッチする柔軟性を備えた参加型の学習だったというきわめて実質的な理由があげられる。これまで，実施に当たって道徳や学級活動，学年会の時間を割り当てることが多かったが，2000年からあらたに総合学習の時間が導入されたことは時間が確保されるという意味で開発的カウンセリング推進の一要因になるようである。

2　開発的カウンセリングの実際

　つぎに，教師が取り組むことの多い開発的カウンセリングとして，構成的エンカウンター・グループとアサーション・グループワークの2つを選び，それぞれについて簡単に解説する。各種プログラムの詳細については章末にあげた文献を参考にされたい。

1　構成的エンカウンター・グループ

　エンカウンターとは，二人の出会いまたは対峙を意味する。人間性心理学の中心人物であり，臨床実践のなかから「人間中心療法（P. C. A.）」というカウンセリング理念を確立したロジャーズは，後半生になるとグループ活動に多くのエネルギーを注ぐようになった。治療や問題解決より，健康者である一般の人々が対人関係をより深く味わい，これまで以上に満足ゆく日々を送るために「ベーシック・エンカウンター」と呼ばれるグループを盛んに実施した。1960年代後半には一時期，人間中心の精神に則った教育改革を行い国際紛争の解決をめざそうという社会運動にまで高まった。そして，時間枠とメンバー以外は前もって何のプログラムも決めないという非構成的な「ベーシック・エンカウンター」は70年代以降次第に敬遠され，代わって「構成的エンカウンター・グループ」が行われるようになった。「構成的エンカウンター・グループ」では，リーダーがグループの目的に即したエクササイズを選択し，参加者はそれに取り組むなかで自分について知ったり人間関係を体験することが期待される。

日本ではまず大学キャンパスで採用され、グループ活動が学生の対人関係の質の向上と活性化に役立つようだという手応えを得て小・中・高の学校教育に導入する試みが始められた。『エンカウンターで学級が変わる（小学校編・中学校編）』(1996) の 2 冊には、国分を中心とするグループの実践と研究がまとめられているが、編者の一人である片野は両書の目的を「いじめや不登校を予防する学級風土づくりのノウハウを提供すること」と述べている。現在の学校が抱える諸問題の背景にある人間関係のひずみに何らかのはたらきかけをしようという執筆者たち（いずれも教鞭を執る現場教師である）の姿勢が全編を通して感じられる。学級で行うエクササイズを中心に、宿泊行事、保護者会、教員研修など、実践の場が多岐にわたること、学級開き、夏休み後の再会時、学年の終わりなど、時宜を得たプログラム構成が可能であるなど、多様な方向への拡がりが示唆されている。各エクササイズの目的も「自己受容・自己理解・他者理解・信頼体験・感受性」の項に分類され、教師が改めて大きな準備をすることも特別な知識を手に入れることも必要とせず、誰でもどこからでも試すことができる実践集に仕上げられている。ただしシェアリング（ふりかえり）とは何か、何を手がかりにエクササイズを選ぶかなど、実践の勘所が前半部に短文でまとめられているので、そのあたりについてはしっかりと目を通したうえで、実践に臨むようにしたい。

2 アサーション・グループワーク

「アサーション (assertion)」とは、自分の考えや気持ち、意見などを「正直に」「率直に」そして「適切な方法で」表現することである。「適切な方法」とは自分らしさを卑下するのでなく、相手を押しつぶすのでもない、相異なる両者をどちらも認め合うような折り合いの地点を探そうとする姿勢を意味する。相互尊重の精神で行うコミュニケーションということもできる。

「アサーション・トレーニング」は、もともとは対人関係が苦手な人を援助するためのプログラムとして1950年代にアメリカでつくられた。1960, 70年代には、当時吹き荒れた基本的人権運動、差別撤廃運動の影響を受け「誰にでも自分らしさを表現する自由と権利がある」という人間観と結びついて発展し、

自己信頼を高める手だてとして、また人間関係を回復するためのプログラムとして広まった。日本には平木が「アサーション」を「自己表現」と訳して紹介し、日本文化の特徴を反映したトレーニングとして集大成した（平木, 1993）。社会教育や女性センター、学生相談所などで盛んに行われている。

　筆者らは、自己表現や自他相互尊重の対人関係について、いままさに自分を作りつつある子どもたちに伝えたいという思いから、『アサーション（自己表現）グループワーク』を作成した（園田・中釜, 2000）。小・中学校における実践と検討を繰り返したうえで、学級の子どもと教師が一緒になって行う学習プログラムの形態に仕上げたものである。参加者が目的意識をもって自発的に参加する大人のための「トレーニング」との違いを明確にし、集団でやってみることを強調するため「グループワーク」という名前を採用した。子どもたちの興味を惹きつけるような楽しい内容であり、誰も傷つくことのない安全な学びであること、価値観の押しつけにならないよう伝えることを指針に、体験型の授業案として構成したものである。アサーションとそれ以外のコミュニケーションの違いについて知る、自分のコミュニケーションの特徴を理解する、自分のよさ、友人のよさに気づく、自分について伝える、相手の話に耳を傾けるなどのワークからなり立っている。学習全体を通して、自己表現について考え深めること、自己表現を阻む要因が取り除かれ、表現できるようになることをねらいとしている。

3　開発的カウンセリングの学びのプロセスと構造

1　体験学習の循環過程

　開発的カウンセリングの多くは、「教師と生徒がともに行う」「体験学習」として構成されている。学級集団に効果的に導入するために、教師と生徒がともに行うとはどのようなことなのか、そして体験学習による学びが他のスタイルによる学習とどのように異なるかを理解しておくことが有益である。

　図10-1に、体験学習の循環過程を示す。体験学習による学びは、まずは循環過程の中央上に位置づけられた「実習またはエクササイズ」からスタートす

```
                    実習またはエクササイズの実践
現                 ┌─────────────────────────┐
実 ま                                              フ
へ た                  Do（体験する）              ィ ま
の は            Grow                              ー た
適 新           （身につける              Look      ド は
用 し            成長する）          （データを見る）バ シ
   い                                              ッ ェ
テ                                                 ク ア
ー                     Think（考え概念化する）     ふ リ
マ                                                 り ン
の                  教師やリーダーによる           か グ
設                    講義やまとめ                 え
定                                                 り
```

（出所）　平木・袰岩（1998）より一部修正。

図 10‐1　体験学習の循環過程

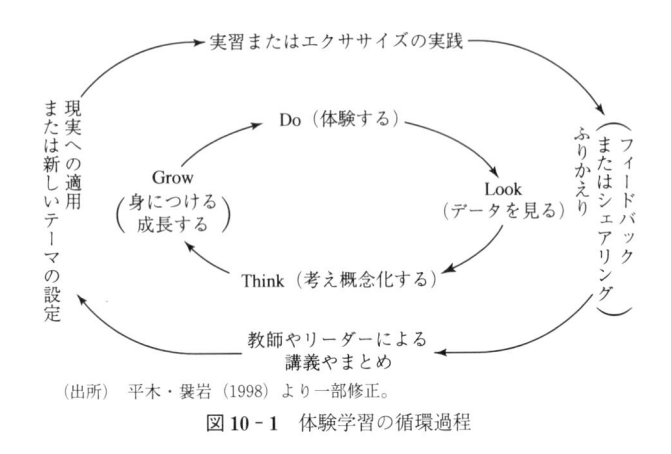

る（①）。目的に即して構成され手順化されたエクササイズをとにかく一度経験すること，やってみてどうだったかという手応えを得ることがすべての学習に先行する。頼るのはそれぞれの子どもの内にある自分自身であり，自分がどう感じるか，自分のなかに何が起きるかという経験である。知的能力や学業成績に関わりなく，クラス全員が対等に参加できることも学級で行う活動としての魅力だろう。

　経験が済んだら，あまり時間をおかずにすぐその場で経験を「ふりかえる」プロセスに入る（②）。実習中に生じたすべてがふりかえりのデータになるため，子どもたちはそれぞれの体験を能動的にできるだけ詳細に観ること，そして観たことを伝え返してみようと促される。「フィードバック」とか「シェアリング」と呼ぶプロセスである。こんな意見が望ましいという模範回答があるわけではないが，なるべく正直に感じたまま，抽象的よりは具体的に伝えられたフィードバックが大いに力を発揮するようである。

　三番目は，観たことをあれこれ考えて一般化したりより高次の概念にまとめ上げてゆく過程である（③）。個々の気づきを体系化するために，教師による講義やまとめが役立つ。「教える」という教師の本業が活きるときだが，まとめることに躍起になり，素朴な疑問を排したり無理に説得しようとしない姿勢が重要である。あくまで子どもの自発性に導かれた子ども自身の学びであると知っておくのがよい。

最後に，学んだことを現実に適用して日常に役立てる段階に進む（④）。もっと別のエクササイズを行う予定なら，続いて経験したり考えたいテーマを明確にして第二の実習内容を決める。子どもがこの時間の学びを自分自身に取り入れることができそうか否か，できないとすればどんな実習を重ねればもう少し考え続けようという可能性が拡がるかなど，生徒の意見や反応，日常の姿を手がかりにしながら，教師の考えや期待を加味して次の課題へと発展させてゆく。

以上，4つのプロセスを一巡し終えたら，二巡目のエクササイズや実習，あるいは現実に活かす方向へと進んでゆくのが体験学習の理想的な流れである。

2　学習の重層構造

図10-2は，開発的カウンセリングによる学習の重層構造である。開発的カウンセリングが人間関係の学びを促すものなら，学習集団である学級のなかで実際に進行する子ども同士の人間関係，教師と子どもの関係は，学びを促進する環境として，あるいは阻害因子として無視することができない重要な役割を担う。子どもが親の言葉より行動を見て育つとはよくいわれることだが，同じように生徒たちは，身近な大人である教師の立ち居振る舞いから人と関わることの意味，対等性やパワー（権力）とは何か，他者に接する仕方や他者を大切にする方法について多くを学びとるのはいうまでもない。

簡単な例をあげよう。たとえば，「人との違いを感じとろう，ユニークな個性を尊重しよう」というテーマに取り組んだ直後に，自分の考えを放棄して長いものに巻かれなさい，どんな場合も集団からはみ出すべきでないと教えられれば，教師の言葉に疑いの目が向かうのは免れないことだろう。また自己表現を促したからには，なるべく発言の機会を保障したいし，言葉が出てくるのを待ちたいと思うのが自然だろう。体験学習を押し進めるとは，児童・生徒自身の目でいま起きている現実をとらえ，考えるよう励ますことに他ならず，批判する力の育成でもあると理解することが重要だ。批判力は当然，自分や周囲の大人たちに向かい，実施者である教師その人も子どもの目によって自分がとらえ直されることにわが身を開かざるをえないだろう。

このようにいうと，開発的カウンセリングの導入にはかなりの覚悟や教師の

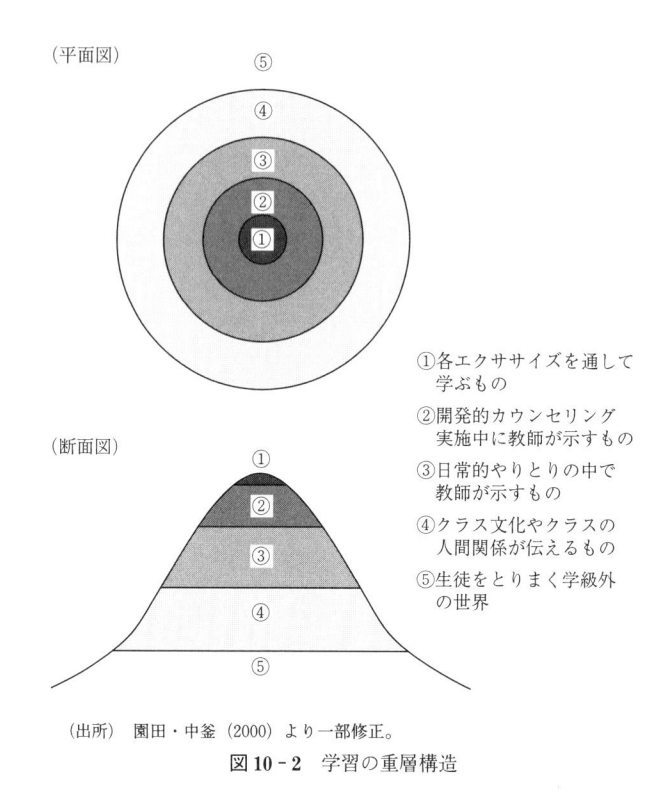

(平面図)

①各エクササイズを通して学ぶもの
②開発的カウンセリング実施中に教師が示すもの
③日常的やりとりの中で教師が示すもの
④クラス文化やクラスの人間関係が伝えるもの
⑤生徒をとりまく学級外の世界

(断面図)

(出所) 園田・中釜 (2000) より一部修正。
図10-2 学習の重層構造

一貫性が求められるという誤解を生んでしまうかも知れない。筆者が薦めたいのはむしろそれと反対の方向であり、生徒の力に期待し、ともに考え学んでゆこうとする姿勢である。生徒のなかに育つ考える力、批判する力が教師のアシスタントとして機能し始めれば、学習がいっそう自発的でいきいきと楽しく誇らしいものになる。開発的カウンセリングを重ねてゆくと、生徒が「先生の今の意見はちょっと違うと思う」「僕はそう思わないけれど」など、教師に対して自分の意見を伝えてくるようになったと報告されることがよくある。自分に対する批判や意見を正面から受け取るのはけっして容易なことではないが、体験学習のなかでは、教師も子どもも受容的な暖かい雰囲気のなかでそれをすることができるし、自分の考えを尊重してくれる大人に巡り会うことで、子どもたちは価値ある自分について知り、自分や他者をさらに信頼できるようになる

だろう。

　図10-2の重層構造をもっと拡大してとらえると，開発的カウンセリングを導入する児童・生徒の家庭も含めた生活環境が，カウンセリング的発想とどのように噛み合いどんな齟齬を来すかという問題がより明確に見えてくるだろう。

　筆者が米国滞在中のあるとき，ひとつのプログラムを学校として採用するか否かをめぐってPTAの会合が開かれ，教師・親たちの間で賛否両論が飛びかう場に参加する機会があった。それは，大人による心身の虐待に子どもがいち早く気づき，それに対処できるよう子どもたちを援助するためのプログラムであり，学校への導入をめぐって真剣に意見をぶつけ合う父母たちの姿も筆者には新鮮だった。ひとたび導入の方向が決まるとある専門家集団に実施が依頼され，当日は教師も親も教室に立ち入らないようにして，自分の環境について，親や教師も含めてとらえ直す自由を子どもたちに与えるという徹底ぶりだった。わが国における実践も，学級通信や連絡ノートを通して学びの状況が保護者に伝えられたり，保護者の意見や感想を積極的に吸い上げたりなど，家庭との連携があれこれ工夫されているようだ。ただし筆者の知る限り，現時点では教師個人の良心的な努力が支えている家庭への働きかけであり，ゆくゆくは学校と家庭の両方向からの歩み寄りが可能になると期待したい。親を対象にしたり，親とともに行うプログラム（亀口・堀田，1999）を折々に工夫しながら家庭の関心と協力を得，長期的に学校と家庭の連携を視野に入れた活動に発展させることが必要だろう。

3　ともにいる存在としての教師

　これまで述べてきたことから，生徒とともにいる存在としての教師というあり方が見えてくるだろう。必要以上に先頭を切る必要はなく，後ろから子どもたちを追い立てることもなく，その場に居続けることと表現しよう。

　クラスに自分を好きになれないでいる子どもがいるとする。自分に自信がもてるといいのになあ，自己否定的な態度をとるのをやめられるといいのになあ，と何とか働きかけたいと，良心的な教師は思うかも知れない。そんな思いを抱きつつ，さらによく目を凝らしていると，その子どもが適度な自尊心を育み損

ねた背景が教師の目に見えてくることがあるだろう。周囲の大人から否定的な言葉をかけられることが多かったらしいとか，親の要求が高すぎていつでも挫折感を味わっていたらしいとか，親自身が自分をよしとしていないし，自分たち家族を嫌い続けてきたらしいといったことがうっすら感じられ始めたりする。子どもらの多様な背景が見えてくればくるほど，その子が示す状態の必然性が感じられて，人間関係の問題は単純な善し悪しとして教えることができなくなる。また，自己表現を促すのに自分を表現しなさいといって放っておくわけにはゆかない。表現できないでいる生徒の苦しさに照準を合わせ，言葉が出るまでのプロセスにつきあう人が必要だろう。いじめや仲間はずれなど，子どもらを取り巻く大きな問題を扱おうとすればするほど，また，身体が何を感じているか身体感覚に耳をすませてみよう，身体ごと他者に委ねて身を任せてみようといった微妙で深い感情を扱うワークに挑戦するのであればあるほど，子どもらが受ける揺さぶりは大きなものになる。焦らずに生徒とともにいる教師の姿が場に対する何よりの守りとなるだろうし，教師一人が負うには重すぎる役なら，複数の者が関わるよう，教師自身が他教師との連携に学級を開くことができるとよいだろう。プログラムを実施する者とその場に同席して気になる子どもを見守る者に分かれるなど，同僚の教師やスクールカウンセラー，学校外の専門家と協働したり，学級外の支援を求めるなどの方向が今後ますます考慮されるだろう。

4 開発的カウンセリングを実践するにあたっての留意点

1 無理のない導入を心がけること

　最大の留意点は，導入と実施に当たり大きな無理が存在しないことだろう。とくに学級で実施する場合，参加者が自由な意志で集まるプログラムとは根本的に異なり，参加への強制力が大なり小なり存在することを意識すべきである。導入や実施に生徒たちの同意が得られているかどうか，参加したくない生徒に参加しようと一度は働きかけつつも，強制力がどのように配慮され，ノーという余地をどの程度保障しているかなど，確認する必要がある。

確認のポイントを5つほどあげておきたい。
① 導入の場である学校の状態に無理がないかどうか。
- 他の教師や管理者の集団が開発的カウンセリングを好意的に受け止めているかどうか。好意的でないまでも，批判的，冷淡すぎることはないか。
② 子どもにとって無理のない導入かどうか。
- 個々の生徒があまり不安なくプログラムに参加できているかどうか。
- 学級のなかでいじめや仲間割れなど，プログラムの実施に大きな影響を与えそうな対人関係上の問題が進行していないこと（その場合にはまず，進行中の問題に直接取り組む必要があるだろう）。
③ 導入するプログラムに無理がないかどうか。
- とくに最初は危険が少なく，やって楽しいプログラムを実施したい。いい経験を積むことが次のモチベーションにつながる。
④ 家庭との連携に無理がないかどうか。
- 保護者の反応はどうか。好意的でないまでも，懐疑的，批判的すぎることはないかどうか。
- 子どもの生活環境とカウンセリング的発想と違いが大きすぎないこと（違いが大きい場合，間に立つ子どもが感じる矛盾に敏感でありたい）。

2 参加者体験をしておくこと

上述のポイントのチェックと並んで，教師が何らかの参加者体験をしておくように薦めたい。ただでさえ多忙な教師に酷な注文だという意見が寄せられることもあるが，参加者の内心の心許なさ，不安や傷つきやすさなど，参加者体験によって初めて理解できるようになるものも多い。強制参加と自主参加の違いについても，自身の参加者としての体験がより多くを教えてくれるだろう。

5 実践からのヒント——まとめにかえて

最後に，筆者が見聞きした実践からのヒントを素データとしていくつか紹介し，本章のまとめにかえたい。実践の知がますます蓄積される，それらを手が

かりに各々の教師が自分流の実践を展開することを心から願う次第である。

【実践例1】 無理のない導入(1)
　スクールカウンセラーのAは，開発的カウンセリングを導入しようと学校に働きかけたところ，教師集団の反応が今ひとつ芳しくなかった。急遽計画を変更し，初年度は希望者を募って放課後に数回行ったところ，参加した生徒から「面白かった，もっとやりたい」等，好意的な意見が寄せられた。生徒の反応に後押しされるように，2，3名の担任が，次年度は自分のクラスでやってみてもいい旨，申し出てくれた。

【実践例2】 無理のない導入(2)
　B教師は，6年生担任時に初めて2時間を当ててアサーションを紹介する授業を実践した。児童の反応を慎重に確かめながら，低学年を受けもった年度は実施を見合わせるなどして，5年をかけて今年は学年3クラスが共同で行う年間の取り組みに発展させた（豊田，2000）。

【実践例3】 生活環境との連続性を意識させられた例(1)
　中1のC男はある日のグループ・エンカウンターで，グループのみんなからほめ言葉をもらった。ほめ言葉のエクササイズはもらう人誰にとっても強力だが，口数も親しい友人も少ないC男にとっては特別な経験だったようだ。いつもは猫背気味に歩くC男が，次第に顔をほころばせ陽気な様子で帰途についた。級友の話によると，少々勢いよく腕を振って歩いていたらしい。決して悪気はなかったのだが，狭い路地にさしかかったとき，振った腕に持っていた傘の先が駐車中の車の側面をかすった。中から強面の運転手が飛び出してきていきなりC男を怒鳴りつけたので，驚いてその場を離れようとした彼は，追いかけられて，首根っこを捕まえられた惨めな姿で学校に引きずり戻された。報告を受けた担任が間に入り事態は事なきをえたが，運転手の憤怒がおさまるまで教師とC男は幾度も頭を下げ，故意にやったのでないこと，逃げるつもりでもなかったのだと説明を繰り返さなければならなかった。この苦い経験によって，教師は開発的カウンセリングと子どもの生活環境の連続性をこれまで以上に意識するようになった。開発的カウンセリングの時間の始まりと終わりの区切りをこれまで以上に明確につけること，とりわけ一日が終わって学校を出るときには良くも悪くも高揚した気分をいったん冷まし，落ち着いた状態で生徒が家に戻れるようにこれまで以上に心を砕くようになった。

【実践例4】 生活環境との連続性を意識させられた例(2)
　新中学1年生を迎えた担任のDは「これから一年を一緒に過ごす仲間だからお互いを大切にしよう，そのためにしっかりと自分の名札を見せあいながらグループの仲間に自己紹介しよう」といってクラス開き・自分開きのエクササイズを導入した。生徒たちは照れながらも楽しそうに自己紹介ゲームをこなし，まずまずの展開とクラスの様子をうれしくとらえていた。翌日，生徒Eが寄ってきて「自分の家には父親がいるのだけれど家族以外の者には父はいないことになっている，借金の取り立てから身を守るため，引っ越してきて以来，家には表札も出さず友人を入れることもできないのだ」と語ってくれた。Eの話に耳を傾けながら，教師Dはさまざまな事情のあること，自分を開くことができない苦しさを生徒Eほどに自分はよく知らなかったのかもしれないなどと感じていた。

　実践例3，4いずれも，通常は楽しさのなか，肯定的な気持ちでエクササイズを終えることができるはずの実践だったろう。3，40人いるクラスの子どものうちの誰かがかなり個人的な反応をすることがありうる点に留意を促したく，このような例をあげたが，実践例3，4も含めて，開発的カウンセリングの導入によって教師と生徒がそれぞれの体験を交流し合う機会がこれまで以上に拡がる可能性は高い。生じたことをうやむやにせず，その場に居続ける教師の姿がここでも何より大きな力を発揮するだろう。

引用・参考文献
(1) 亀口憲治・堀田香織「学校と家庭の連携を促進するスクール・カウンセリングの開発Ⅱ　技法の選択とその実践」東京大学大学院教育学研究科紀要第39巻，1999年，535-549頁。
(2) 國分康孝監修，片野智治編『エンカウンターで学級が変わる——グループ体験を生かしたふれあいの学級づくり　中学校編』図書文化，1996年。
(3) 國分康孝監修，岡田弘編『エンカウンターで学級が変わる——グループ体験を生かしたふれあいの学級づくり　小学校編』図書文化，1996年。
(4) 國分康孝『学級担任のための育てるカウンセリング入門』図書文化，1999年。
(5) 近藤邦夫「20　子どもの成長・変容をうながす心理教育」近藤・西林他編『教員養成のためのテキストシリーズ　4　児童期の課題と支援』新曜社，2000年，136-142頁。
(6) 沢崎俊之「自分の相手も尊重するコミュニケーション——アサーショントレーニングの活用」『児童心理』1999年，9月号。

(7) 園田雅代・中釜洋子『子どものためのアサーション（自己表現）グループワーク：自分も相手も大切にする学級づくり』日本・精神技術研究所，2000年。
(8) 髙橋あつ子「学級経営をカウンセリング的発想で活性化する」『児童心理臨時増刊　特集：スクールカウンセリング入門』金子書房，1998年，24-29頁。
(9) 豊田英昭「教育現場におけるアサーション——その実践と展望を探る：小学校編」（園田・沢崎・髙橋・豊田・中釜企画　日本教育心理学会第42回大会自主シンポジウムでの発表から），2000年。
(10) 中釜洋子「アサーション・グループワーク——自分も相手も大切にするやりとり」『児童心理臨時増刊　特集：友だちをつくれる子つくれない子』金子書房，2000年，82-88頁。
(11) 平木典子『アサーション・トレーニング』日本・精神技術研究所，1993年。
(12) 平木典子・袰岩秀章編『カウンセリングの実習——自分を知る，現場を知る』北樹出版，1998年。
(13) ベネッセ教育研究所編『「コミュニケーション学習」の実践とその効果：アサーションを中心にした小学校（3年）での1年間の実践より』研究所報 Vol. 26, 2001年。
(14) 諸富祥彦『学級で生かすカウンセリングテクニック上・下』誠信書房，1999年。

推薦図書
(1) 國分康孝監修，片野智治編『エンカウンターで学級が変わる——グループ体験を生かしたふれあいの学級づくり　中学校編』図書文化，1996年。
(2) 國分康孝監修，岡田弘編『エンカウンターで学級が変わる——グループ体験を生かしたふれあいの学級づくり　小学校編』図書文化，1996年。
(3) 近藤邦夫『教師と子どもの関係づくり　学校の臨床心理学』東京大学出版会，1994年。
(4) 近藤邦夫・西林克彦・村瀬嘉代子・三浦香苗編『教員養成のためのテキストシリーズ　4　児童期の課題と支援』新曜社，2000年。
(5) 園田雅代・中釜洋子『子どものためのアサーション（自己表現）グループワーク：自分も相手も大切にする学級づくり』日本・精神技術研究所，2000年。

（中釜洋子）

第11章　保護者に対する援助

　本章では保護者に対する援助を親子関係に対する援助という観点からとらえ，実践の基本的姿勢と工夫を学ぶ。1では家族というものを動物の親子関係の知見から見直した。2では親と子という個人の発達段階と家族ライフサイクルを重ね合わせて親世代のもつ課題という観点からまとめ，さらに子どもが求める親の姿について指摘した。3では保護者に対する援助の課題として援助の基本姿勢と保護者との信頼関係を築くポイント，4では，親子関係の援助の工夫という観点から親子関係の調整の視点と調整のためのポイントを実践例とともに示した。

1　家族というもの

　子育ての目標は，成長してから独立して生活する能力を身につけることにある。子どもが赤ん坊のときは，親は子どもの欲求を満たすことに専念していれば良いが，子どもの成長に応じて親は徐々に身を引き，子どもの自律性を育成しなければならない。これは子どもにとっては自立への，親にとっては子別れの準備のプロセスでもある。

　動物の親子の自然な関わりをみていると，われわれ人間の子育てがあまりにも人工的に加工されすぎているのではと思い至ることも多い。河合（1990）によれば，群れで社会生活を送る類人猿の母子関係はかなり人間に近いということである。母親はまず子どもとの間にしっかりとした絆を作り，そのうえで子どもの依存欲求をある程度制限しながら自律性を育成している。たとえば，ニホンザルの母親は，子ザルの運動能力が発達してくると，まとわりつく子ザルを攻撃して仲間遊びにいかせ，しかも声の届く範囲で細心の注意を払っており，わが子の悲鳴を聞くとすぐにかけつける。他方，チンパンジーの母親は，離乳

の時期になると，乳をねだる子どもの欲求不満を毛づくろいや遊びで上手にそらしている。また山極（1993）によれば，ゴリラのオスは，群れの2歳以上の子どもたちに対して，母親代わりに子守をして離乳を助けたり，子ども同士のケンカの仲裁をするなど父性的な行動を示すという。このオスによる育児行動が母子分離と子どもの集団への参加及び社会化を促進するとのことである。

このように類人猿の親たちは，子どもの愛着と自立という一見相反するものを適切に混合して育てるこつを知っている。本来ならばわれわれ人間にも，子どもの成長と共に親子関係を適切に変化させる感覚が備わっているのだろう。現代の親子関係は，動物の子育てにあるような「内なる自然」を取り戻すべきときに来ているように思われる。

動物のなかで父—母—子という家族をもつのは人間だけである。子どもは，家族のなかで生まれ，その背景にある人間社会の文化のなかで育てられる。喜びや怒り，悲しみや痛みという感情を分かち合い，共有し合う人間同士のつながりが最初に培われるのが家族である。子どもはこの家族との関係を基盤として，家族から離れて他の人とも交流するようになる。

親子関係は，親と子の相互交流によって徐々にできあがるものである。たとえば，赤ん坊への授乳によって母親の乳房は張り，赤ん坊が乳を吸うことによって，母親の心身も楽になり，授乳後の母子の表情にはおのずと微笑が浮かぶ。父親は母子の安定した交流を精神的にも経済的にも支えている。このような心の交流の積み重ねが，親子の信頼関係の基礎を作っているのであろう。

また，人間は他の動物に比べて少年期が長く，それゆえに，高度な教育や文化が継承される。親は，長期間子どもの生活を支え，子どもに情愛的関わりをしながら，かつ社会規範や対人的ルールを身につけることができるようにしつけをし，家庭という場を作りあげていく努力をしなければならない。物質文明が高度に発達した現代社会のなかで，少年期・青年期の子どもたちが示しているさまざまな問題は，子ども一人の問題にとどまらない。子どもたちは，人類が発明したともいえる「家族」が，物質的な豊かさのなかで「自然」とかけ離れ，単一化してやせ細ることに警鐘を鳴らしているのではないだろうか。

2　家族の発達課題

1　個人の発達段階と家族サイクル

　エリクソン（Erikson, E. H., 1982）は，人間の一生を，図11−1のように8つの発達段階に分け，各発達段階における課題と危機を明らかにしている。人生にはどの時点でも心の健康をそこなう危機が内在し，生活のありようが変わらざるをえない転機や発達段階の移行期には，内在する危機がいっそう際だつ。たとえば，子どもから大人への移行期，親になるとき，あるいは壮年から老年への経過には，ほかのどの年齢層よりも，心身の不安定やひずみ，いわばストレスが経験される。エリクソンによれば，親世代の課題は，「生殖性（世代性）」である。これは「生み出すこと，育てること，世話をすること」，すなわち次の世代に自分が何を伝えるか，また何を残すかが課題であることを示している。

　鑪（1990）は，家族の中心である親のライフサイクルの危機がどのような様態を示しているかによって，子どもが決定的な影響を受けると指摘し，青少年の問題を家族のライフサイクルとしてとらえて対処することが必要であると指摘している。親・子どものそれぞれの発達段階とひとつの家族としてのライフサイクルとの対応関係は，親の結婚年齢や子どもをもつ年齢，子どもの数によって，実際には変動が大きく大変複雑なのであるが，親の年齢をおよその目安として整理してみると表11−1のようになる。親（成人期）の発達段階（表11−1−Ⅰ）は，生活構造の発展という観点から中年期をより詳細に記述したレビンソン（Levinson, D., 1987）による図式，家族のライフサイクル（表11−1−Ⅱ）は，家族をひとつの有機体と見て子どもの成長にともなう変遷としてとらえたロッジャーズ（Rodgers, S. L., 1977）による図式，子どもの精神発達段階（表11−1−Ⅲ）は，エリクソン（Erikson, 1982）によるものである。

　家族のライフサイクルで（表11−1−Ⅱ）は，結婚による家族の誕生，子どもの誕生・自立・結婚・独立，そして夫の退職，老後の問題などの経過が節目になる。このうち，子どもが小学校に通う家族（第3段階）と十代の子をもつ家

段階	時期	課題（達成）		心理的危機	年齢目安
Ⅷ	老年期	完全性（統合性）	対	絶望感	
Ⅶ	壮年期	生殖性（世代性）	対	停滞（自己陶酔）	（30〜60歳頃）
Ⅵ	成人期	親密さと連帯	対	孤立	（20〜30歳頃）
Ⅴ	青年期・思春期	同一性の確立	対	同一性混乱・拡散	（13〜20歳頃）
Ⅳ	学童期	勤勉性（生産性）	対	劣等感	（6〜12歳頃）
Ⅲ	幼児期後期	自主性（積極性）	対	罪悪感	（3〜6歳頃）
Ⅱ	幼児期前期	自律性（意志力）	対	恥・疑惑	（1〜3歳頃）
Ⅰ	乳児期	基本的信頼感	対	基本的不信感	（出生〜1歳頃）

鑪（1990）を参考に，各発達段階に応じた課題の達成（左側）とそれにともなう心理的危機（右側）を示し，発達課題を成長に応じて下から順に積み上げていくイメージとして示し，年齢をおよその目安として示した。

図11-1　エリクソンによる精神発達段階

族（第4段階）を親世代の成人発達研究（表11-1-Ⅰ）と重ねてみよう。家族の第3段階である子が小学校に通う家族の課題は，「家族成員の個性化」である。これは親が自分自身の親との関係や自分の社会性および価値観に基づく「親としての自己」をいかに確立するかの問題でもある。親になることは，夫婦としての連合とともに，父母としての連合が重複し，子どもたちとの間に世代境界を作り上げることが課題である。親世代の一家を構える時期（33〜40歳）は親の活力・生産性が大きく，自分にとって最も重要な仕事や家族などに全力を注ぎ，仕事における自己拡大の時期でもある。しかし，親自身がそれ以前の段階，たとえば30歳の過渡期の課題である「現実に即した生活構造の修正および設計など」にうまく対処できていない場合は，現実的ストレスも大きく不安定になりやすい。また，親と子の世代境界が確立しないとき，たとえば，親が配偶者に対する不満や怒りを配偶者の代わりに子どもに表現したり，親が自分自身の一部のように子どもを取り扱ってしまうと子どもにさまざまな問題を与えてしまう。

家族の第4段階の「十代の子をもつ家族」の課題は，「友愛的であること」である。親の40代は，「人生半ばの過渡期」であり，人生の目標や夢の再吟味，体力の衰えへの直面，対人関係の変化などいくつもの転換点を迎え中年期に入る。ユングは，中年期に起こるパーソナリティの根本的変化を，外的世界への適応から自己の内的存在への適応の転換であり，個人に内在する可能性を実現

し，その自我を高次の全体性へと統合していく個性化，あるいは自己実現の過程であるととらえた（氏原・岡本，1990）。他方，思春期・青年期の子どもは，「自己同一性の確立」を発達課題として，親に対する依存と自立の間で揺れ動く。神谷（1974）によれば，子どもは「自分とはなにものか」を探求する過程のなかで，それまで万能視していた親の限界が鮮やかに見え，親の長所も短所も（おそらく短所の方をより良く）知り抜いている。それゆえ親の態度に不満をもち，親から見ると理不尽な要求や反抗的態度が増えてくる。親は子どもたちの反抗，拒絶，無視，閉じこもり，理想化，価値切り下げなどの行動に耐えながら，しかも安定した保護と避難の場所を与え続けなければならない（鑪，1990）。子どもにとって自分自身を確立するために「親離れ」が必要であるのと同様に，親もまた，親としての自分を確立し，やがて子どもが家族から離脱していくときに備えた心理的な自立，「子離れ」が必要なのである。

　以上の過程のなかで，親は子どもに自らの生きる姿勢を問われるという，いわば弱みをもつ存在でありながら，同時に「次の世代に伝えていくべきこと」を確かにもつ揺るぎない存在であることが求められる。子どもの同一性の確立の過程は，親の個性化の過程と重なり合って，家族全体を巻き込み，家族の新しい再編成を図っていくのである。

2　子どもが求める親の姿

　現代の日本では，家父長制度の崩壊，女性の社会進出，結婚年齢の高年齢化，少子化，核家族化，離婚・再婚による新しい家族形態の形成など，家族のライフサイクルも急激に変化している。家族の危機は一昔前よりも急激に始まり，家族成員がうまく受け止められないまま，急速に収束せざるをえない状況に陥ってしまう。親が偽りの解決や責任転嫁をするなど，問題を自分のものとして引き受けられないとき，家族の課題を背負わされるのは子どもたちである。親自らの生きる姿勢は，無意識的に受け継がれて子どもの基本的な行動規範を形づくることになる。

　幼稚園児から大学生までを対象とした村瀬（1991）の調査研究によれば，子どもの父親・母親役割に対する期待は伝統的「厳父慈母」像で，父親には良き

表 11-1　親と子のそれぞれの

	成　人　初　期		
Ⅰ 成人発達段階	大人の世界へ入る時期 （22〜28歳） ○自己と大人の社会をつなぐ仮の生活構造を作る ○職業・異性・仲間関係・価値観・生活様式など，初めて選択したものへの試験的関与 ○人生の「夢」への展望	30歳の過渡期 （28〜33歳） ○現実に即した生活構造の修正 ○新しい生活構造の設計 ○重要な転換点（30歳の危機） ○ストレス大	一家を構える時期 （33〜40歳） ○安定期 ○仕事における自己拡大・昇進 ○活力大，生産性 ○自分にとって最も重要なもの（仕事・家族, etc.）に全力を注ぐ ○指導者との関係の限界

	第　1　段　階	第　2　段　階	第　3　段　階
Ⅱ 家族のライフサイクル	〈結婚から子の出生まで〉 親密性をうる 　←→それに失敗し理想化ないし幻滅 ・夫婦として，社会的な単位としての心理的再構成を行う基盤	〈子の出生から 　　末子の入学まで〉 養育すること 　←→内的な屈折 ・子をもつ決意・育てる心の育成 ・親としての同一性の再構成「世話をする」「はぐくむ」 ・子どもたちとの間に世代境界を作りあげる	〈子が小学校に通う家族〉 家族成員の個性化 　←→偽りの相互性による組織化 ・親の社会性と価値観の再編成 ・子どもへの個性化の働きかけ

	（胎児期）	乳児期	幼児前期	幼児後期	学童期
Ⅲ 子どもの精神発達段階		基本的信頼感 ←→不信 《希望》	自立性 ←→恥・疑惑 《意志》	自主性 ←→罪悪感 《目的》	勤勉性 ←→劣等感 《適格》

（出所）　表 11-1-Ⅰ 成人の発達段階は氏原・岡本（1990），表 11-1-Ⅱ 家族のライフサイクル，および

発達段階と家族のライフサイクル

成　人　中　期				成人後期
人生半ばの過渡期 （40～45歳） ○重要な転換点 ○人生の目標や夢の再吟味 ○対人関係の再評価 ○体力の衰えへの直面 ○これまで潜在していた面を発揮する形で生活構造の修正	中年に入る時期 （45～50歳） ○安定感の増大 ○成熟と生産性 ○生活への満足感	50歳の過渡期 （50～55歳） ○現実の生活構造の修正 ○転換期	中年の最盛期 （55～60歳） ○中年期第2の生活構造を築き上げる ○中年期の完結，目標の成就 ○安定性	老年への過渡期 （60～65歳） ○老年期へ向けての生活設計

第　4　段　階	第　5　段　階	第　6　段　階	第　7　段　階
〈十代の子をもつ家族〉 友愛的であること ←→孤立化 ・子どもの親離れと心理的自立にともなう葛藤 ・新しい異質の考え，親としての自分を超えた理想像や権威像の受け入れ	〈子どもたちが家族から離脱するとき〉 家族内の再構成 ←→束縛するか突き放す ・子どもの社会的自立にともなう子離れの葛藤	〈親のつとめを終わる①〉 夫婦関係の再発見 ←→落胆 ・老化からくる心身の障害に耐えること ・自分が必要とされることによって相互依存関係ができ上がる	〈親のつとめを終わる②〉 相互の扶助 ←→無用者意識

思春期・青年期	成　人　期	壮　年　期
自我同一性の確立←→拡散 《忠誠》	親密性←→孤立 《愛》	世代性←→自己陶酔 《世話》

表11-1-Ⅲ 子どものライフサイクルは鑪（1990）を参考にした。

権威と保護・責任を担う存在、母親には細やかな気遣いで安らぎをもたらし、家族をまとめていく存在のイメージをもつということである。そして自立傾向が強まる思春期・青年期においても、心のよりどころとしての家族の比重は大きい。他方、佐々木（1983）は、現在の家出の問題として、①幼児期から親の自然な安定した情愛がなく、荒廃した家から漂い出るように家出をする子どもたち、②親の無理な関与や虚構によって人工的に歪んだ家で、本来外の世界に出かけなければならないときに出立できず、逆に閉じこもるすべしか知らない子どもたちの問題を取り上げ、どちらの子どもたちも、ともに、ものまねや借りものの親ではない、個性的に生きている親とその親がつくりあげる個性的な家を求めていると指摘している。

　以上の研究は、時代の変化にともない家族の形態が変貌しても、子どもは親に対しては自分を支えるよりどころとしての愛情と保護を求めるとともに、家庭に対しては、家族の個性が生み出す創造的な空間となることを望んでいることを示したものである。価値観の多様化によって親としての明確なモデルのない現代は「親が親であること」の難しい時代である。親としてできることは、せいぜい①子どもの問題を自らの問題として引き受け、逃げないこと　②過保護過干渉になりすぎて子どもの自主性を奪ったり、放任しすぎて社会性の訓練の機会を損ねたりすることのないよう自らの姿勢を省みながら誠実に接すること、③これまでの人生で培ってきた親自身の個性的な価値を子どもに伝えること、なのではなかろうか。

③　保護者に対する援助の課題

1　援助の基本的姿勢

　保護者（多くは親）は、子どもをこれまで悪戦苦闘しながら育ててきたし、これからも子どもとの関わりを引き受けていく存在である。教師や援助者がこの事実の重さに配慮しつつ関わることは、保護者との信頼関係を築き、協力関係を保つ基本である。橋本（2000）は「母親面接は悪い母親を良い母親に改心させるものではなく、母親が子どもとの関係をその良いものも悪いものも含め

て生きることをサポートするためのもの」と述べている。また，河合（1986）は，子どもの成長にともなう親の心情に対する共感の大切さを強調している。たとえば，子どもの父親が学校や相談室のやり方を批判してどなりこむといったできごとは，一見マイナスの事件と捉えられやすい。しかし，教師や援助者が，家族全体のダイナミズムをよく読みとり，親自身の悲しさや怒りの感情について共感しうるならば，子どもの成長にとってもプラスの方向への転回点になることが多いとのことである。

　以上をまとめると，保護者の援助においては，親の子どもに対する関わりの肯定面・否定面をともに親自身の生き方の必然性としてとらえ，一見否定的に見える相手の態度のなかにも肯定的なものを見出す柔軟性が必要である。さらに，前節で述べたように，子どもの自立への過程を，親と子のおのおのの自己確立の過程としてとらえ，「親を援助することが子どもの成長につながる」と考えて援助のポイントを探す姿勢が求められる。

2　保護者との信頼関係を築くポイント

　教師が保護者とともに子どもの成長を促進するような関わりをもつためには，まず保護者との間に信頼関係を築くことが必要である。具体的には，親が子育ての迷いや悩み・当惑を教師に安心して話せることを目標におきたい。

(1)　保護者を責めない・悪者にしない

　子どもの成長を援助する立場の教師にとっては，子どもの問題行動の原因は保護者の養育態度にあると感じて非難したい気持ちも起こってくる。しかし，教師が批判的態度で接すると，保護者は子どものせいで自分が責められたと子どもに当たってしまうことも多い。保護者への非難は子どもに対する間接的なダメージとなる。

【事例1】　保護者を責めない担任の工夫
　小学低学年担任のA先生は，忘れ物の多い子どもたちの保護者に，電話をかけて注意を促していたが，電話の回数が増えるにつれて，子どもたちの表情に緊張感が増してくることに気づいた。そこで，下校前に子どもをほめる文章と必要事項を書いた連絡帳を子どもに読み聞かせ，「お母さんにも読んであげて」と託したところ

> 保護者が協力的になったという。

　A担任の工夫が優れているのは，教師が親を責めているつもりはなくても，親が自分の落ち度を見透かされ，責められたと感じるような事態を避け，逆に子どもをほめることによって間接的に親としての注意を促している点にある。子どもが教師にほめられると親はうれしい。親がうれしいと子どもに笑顔で接するゆとりもでき，子育ての自信を回復すると同時に，学校に協力しようとする姿勢ももてるものである。

(2) 家族の置かれている状況を理解する

　保護者との個別面談や家庭訪問では，調査票に記載されている家族状況のほか，保護者がいざというとき頼れる人や子育ての悩みを話し合える人をもてているかなどが把握できる。プライベートな質問は控えめで慎重にすることが必要であるが，家族の置かれている状況が見えてくれば，想像力を働かせることによって保護者の大変さも理解できる。「お母さん（お父さん）も大変ですね」というところから，共に考えることが始まる。

> 【事例2】　母親の状況を察した担任の配慮
>
> 　小学1年のB君は些細なことにかんしゃくを起こし，授業中も落ち着かなかった。母子家庭の母親は，夜遅くまで働き朝起きられないようだった。遠足の日，B君がお弁当を持参していないことに気づいた担任は自分のお弁当をそっと渡した。その後校区探検のとき，B君は水筒を持ってきていたが，多少遅れて母親が別の水筒を持参した。B君の持参した水筒の中身は水で，母親はB君が自分を起こさないように水を汲んできたのだろうと涙を流し，担任にも遠足のお弁当の礼を述べた。その後B君は徐々に落ち着いてきたという。

　この担任は，一人で子どもを育てている母親の状況を察しながら，母子に対してさりげなく日常的な配慮をしている。こうした配慮は母親に親としての自覚と責任感を促し，間接的に子どもの成長を促している。

(3) 保護者の学校イメージを和らげる

　保護者自身の経験や子育てのなかで「学校」経験のイメージが固定化してしまい，そのために教師のちょっとした言動が過去の経験と混合され，拡大され

て批判の対象となることも多い。たとえば保護者が教師に対して不満を漏らすとき、教師は自分が非難されたと思っていたずらに落ち込まないことである。学校への非難が過去に根ざすものであれば、これからひとつでも良い経験をもってもらいたいという気持ちで関わり方を模索するのがよい。

> 【事例3】 学校イメージを和らげる工夫
> 中学生のC子は体調不良で欠席しがちだったが、ある日母親にともなわれ養護教員に保健室登校の希望を申し出た。C子が教室に入れない理由の一つとしてクラスの雰囲気と担任の態度をあげたので、担任は、自分が非難されたと傷ついたが、養護教員の協力を得て保健室での学習指導を側面支援することにした。しばらく後に担任は、C子の兄を受けもった教師より「学校批判を繰り返す家で、家族もお互いに批判しあっている。家の問題の大きさに対して、教師にできることといえば、親には『ご苦労様です』とねぎらい、子どもが登校したときには、『よく来たね』と声をかけることぐらいです」とアドバイスを受けて気が楽になった。C子は徐々に元気を取り戻し、卒業後は高校に進学した。

この例では教師たちがチームとして関わることによって、親子の固定した学校イメージを和らげ、学校経験の良い面を少しずつ加算することによって子どもの成長を促進し、最後まで見捨てない関わりをもっている。C子の担任が兄の担任のアドバイスによって気が楽になったのは、自分とC子の関係だけではなく、C子と家族の関係および家全体と学校との関係へと視野が広がり、C子との関わりにゆとりを感じることができたからだろう。

４ 親子関係の援助

1 親子関係の調整の視点

保護者の協力が得られるようになると、親子関係を見立てながら調整することが可能になってくる。一般的な医療モデルにおいては、診断（見立て）→治療（処置）のプロセスをたどるが、援助モデルにおいては、関わりながら見立て、見立てながらさらに関わるというプロセスが普通である。さらに、不登校や非行などの問題行動に焦点をあて、現実的変化をめざすためには、以下のよ

うなシステム論的視点（生島, 1992）の導入が有効である。

① 問題行動は，個人システムにおける心身，家族システムにおける親子関係，社会システムにおける本人と学校などとの「折り合い」が不良になり，そのきしみが顕在化したものと仮定する。個人・家族・社会のいずれのシステムに介入しても，他の2つのシステムにその効果は波及する。つまり，家庭内でおちつけば，子ども自身も心情が安定するし，学校内でも適応ができる。

② 子どもの問題行動を，個人の特性や社会のファクターではなく，仮に家族関係や家族状況の側面で考え，原因を追求するより援助的な変化を追求することを優先する。たとえば，万引きの原因を「規範意識の欠如」「不良交友から生じたたわむれ」ととらえると働きかけが困難だが，「親の関心をひこうとする行動」ととらえると，家族システムに介入する方法が見えてくる。

③ 原因と結果が直線的でなく円環的に連鎖していると認識する方法をとる。たとえば，原因（両親の離婚）→結果（子どもの非行化）といった一方向の認識ではなく，結果（非行への対処）→原因（別れた両親の交流復活）といったポジティブなフィードバックを得られるような介入をめざす。実際，問題行動の原因と結果とが円環連鎖し，いわゆる悪循環に陥っている例も多い。

以上のようなシステム論的アプローチを実際の援助活動に活かすためには，さらに，子どもが家族のなかでどのような位置にいるかを読みとることが必要である。問題行動を起こす子どもが，以前は緊張した家族の調整・仲介役であったという場合，たとえば，保護者に「家族の仲立ちをして，自己主張をがまんしていた子」といった見方もあると伝えると，保護者の子どもに対する関わり方に変化が起こる場合も少なくない。

2 親子関係調整のための工夫

多くの場合，悪いのは親でも子どもでもなく，どちらも一生懸命に生きているのに，親子の関係がどこかでズレて問題が生じている。教師は「親と子をつなぐ」気持ちで関わり，保護者自身にもゆとりをプレゼントしたい。保護者がゆとりをもつことができれば，子どもと自分自身の関係を多少とも客観的に見ることができ，これからの展望ももてるものである。保護者が「先生に文句を

言われるかと思ったら，ていねいに話を聞いてくれて自分の気持ちを分かってくれた」と感じるような面接を目標としたい。

　①　学校での子どもの様子を説明するとき，最初から「（学校が）困っております」というと親は非難されたと感じてしまう。逆に「（子どもとの関係で）困っているのはどのようなことですか？」と親に寄り添い，その気持ちをくみ取ろうとする態度で聞く。

　②　親子関係の状態をつかむために，親子のズレの問題を具体的に聞く。「問題に感じるのはどのような場面ですか？」「それはいつ頃からですか？」「前はどんなお子さんでしたか？」

　③　子どもの長所や得意なことを見出し，それを伸ばしていく方向を一緒に考える。子どもの長所に気づかない保護者には「こんな良いところがありますね」「こんな点がのびていくと良いですね」と積極的に評価する。

　④　保護者自身のこれまでのやり方を振り返って，成功した関わり方をみつけてもらう。「人は同じことでも相手の言い方によってずいぶん違った受け取り方をするものですが，子どもにこんな言い方をしたらうまくいったと思われたことは？」「この子だとどんな風に声をかけたら良いのでしょうね」

　⑤　保護者自身の関わり方の成功例には「いいですね。その線でいってみましょう」と積極的に評価する。ただし，保護者が失敗を正直に吐露できるような柔軟な姿勢をもち続ける。

　⑥　学校での子どもに対する働きかけの姿勢を明らかにしたうえで，保護者に協力を求める。「学校では当面こんな風にやっていこうと思っていますが，気づいたことがあったらぜひ知らせて下さい。やり方を一緒に考えていきましょう」

　⑦　不登校や非行など困難な問題を抱えた例の場合，母親だけではなく，父親にも関わってもらうと，硬直した親子関係に変化が起きることが少なくない。「父親の出番」をいかに作るかを母親とともに考えることができるとよい。

【事例4】　家庭内暴力の中学生
　　D君は担任に「（対人関係の悩みで）勉強が手につかない」と訴え，試験日より

> 欠席した。担任とスクールカウンセラーが両親と面接をすると，祖父母の過剰な期待のなかで育ったD君はプライドが高く完璧主義で，両親は扱いにくい子と感じている様子だった。父親は母親の養育態度の甘さを非難し，母親は父子の関わりの希薄さが不満のようであった。その後，D君は次第に母親に対して添い寝や理不尽な要求をし，暴力を振るうようになった。学校は，D君自身が自分の衝動をコントロールできるようになることを目標として，学校教育の枠組みのなかで学習指導や進路指導および部活動への参加などさまざまな援助を試みた。その後，暴力は収まり彼は高校に進学した。

　この例では，「父親が母親の養育態度を非難→母親と子どもが密着→子どもの理不尽な要求を増長→振り回された母親の疲労→子どもの焦りと暴力→母の脅え→父の非難」という悪循環が顕著であった。しかも母親は，当初父親に遠慮して自らの苦境を強く訴えることができなかった。この悪循環を断つことができたのは，父親が母親の労をくみ取って，長期休みにD君を自分の職場でアルバイトをさせてD君の自信を回復させ，母親やD君の兄弟がゆとりを取り戻せたこと，家族が心の結びつきを再確認できたことなどによる。最初閉鎖的で孤立しがちだった家族は，学校とのつながりを保つことによって，子どもの心理的ネットワークを拡げることもできたのである。

5　子どもの問題は家族の問題

　子どもの問題は，家族の問題でもある。エリクソンは子どもの青年期の発達課題は「自己同一性の確立」であると述べているが，その親である保護者の発達課題は「生殖性（世代性）」といわれている。これは次の世代に自分が何を伝えるか，また何を残すかが課題であるということを示している。子どもが自分自身を確立するために自立（親離れ）をめざすとともに，親もまた，親としての自分自身を確立するために自立（子離れ）の必要がある。思春期・青年期におこるさまざまな問題は，子どもと保護者の各々の自己確立の問題である。援助者としては，保護者に対する依存から自立へとむかう子どもの心の葛藤だけではなく，保護者の心の葛藤にも目を向け，保護者が子どもに何をどう伝え

れば子どもの成長に役に立てるかを保護者とともに考えるという姿勢が必要である。

引用・参考文献

(1) 生島浩「中学生非行の臨床」『精神療法』第18巻第4号, 金剛出版, 1992年, 320-326頁。
(2) 氏原寛・岡本祐子「中年期」臨床心理学大系第3巻『ライフサイクル』金子書房, 1990年。
(3) Erikson, E. H., The Life Cycle Completed: A REVIEW, W. W. Norton & Company Inc., New York. 1982.（村瀬孝雄・近藤邦夫訳『ライフサイクル, その完結』みすず書房, 1989年)
(4) 神谷美恵子『こころの旅』日本評論社, 1974年。
(5) 河合隼雄「児童の治療における親子並行面接の実際」『心理療法論考』新曜社, 1986年。
(6) 河合雅雄『子どもと自然』岩波書店, 1990年。
(7) 佐々木譲「現在の家出」飯田真・笠原嘉・河合隼雄・佐治守夫・中井久夫編『講座 精神の科学 第7巻 家族』岩波書店, 1983年。
(8) 鑪幹八郎「総論：ライフサイクルと家族」臨床心理学大系第3巻『ライフサイクル』金子書房, 1990年。
(9) 橋本やよい『母親の心理療法』日本評論社, 2000年。
(10) 村瀬嘉代子「家族のライフサイクル――変わるもの, 変わらざるもの」『シリーズ変貌する家族 第5巻 家族の解体と再生』岩波書店, 1991年。
(11) 山極寿一『ゴリラとヒトの間』講談社, 1993年。
(12) Levinson, D., The Season of a Man's Life, A. Knopf, N. Y., 1987.（南博訳『人生の四季』講談社, 1980年)
(13) Rodgers, S. L., A Developmental Approach to the Life Cycle of the Family, Social Work, 301-310, 1977.

推薦図書

(1) 生島浩『悩みを抱えられない少年達』日本評論社, 1999年。
(2) 河合隼雄『家族関係を考える』講談社, 1980年。
(3) 中井久夫『家族の深淵』みすず書房, 1995年。
(4) 村瀬嘉代子『子どもと家族への援助』金剛出版, 1997年。

（徳田仁子）

─児童虐待─────────────────────────────コラム4─

定義と歴史

　国民の認識の高まりを受けて，児童虐待の防止に関する法律（以下児虐防法という）が2000（平成12）年11月20日に施行された。その第2条で，「児童虐待」とは，保護者（親権を行う者，未成年後見人その他の者で，児童を現に監護するものをいう）がその監護する児童（18歳に満たない者をいう）に対し，次に掲げる行為をすることをいう，と定義している。

① 身体に外傷が生じる又は生じる虞のある暴力を加えること（身体的虐待 physical abuse）
② わいせつな行為をすること又はさせること（性的虐待 sexual abuse）
③ 児童の心身の正常な発達を妨げるような著しい減食又は長時間の放置など，保護者としての監護を著しく怠ること（養育の拒否又は保護の怠慢 neglect）
④ 児童に著しい心理的外傷を与える言動を行うこと（心理的虐待 psychological abuse）

　1874年米国で，継親から酷い虐待を受けたメアリー・エレンを市民が動物虐待防止協会に訴えたことが報道され，児童虐待防止協会を各地に設立する契機になったことは有名である。その後，X線による古い骨折の発見例の発表等を経て，1962年に小児科医ヘンリー・ケンペ（Kempe, C. Henry）は「被虐待児症候群」（the battered child syndrome）の論文を発表をした。当時の「殴打された子ども」という記述は，児童虐待（child abuse, child maltreatment）」へと変化していったが，このことは，そのまま身体的虐待から性的虐待，さらに養育の放棄・保護の怠慢，そして心理的虐待へと概念が拡大した経緯を物語っている。

危機介入の手段

　全国児童相談所が1999（平成11）年度に処理した件数は1万1631件であり，5年間で約6倍に達している。内容は，身体的虐待が51.3％，養育の放棄・怠慢が29.6％と続き，いずれも，他者が発見しやすい共通点がある。反面，性的虐待は5.1％，心理的虐待は14.0％で顕在化しにくいことも示唆している。また，75％は，近隣や関係機関からの通報で対応を開始しており，家族には解決への余裕が見られない。さらに，虐待（加害）

コラム4　児童虐待

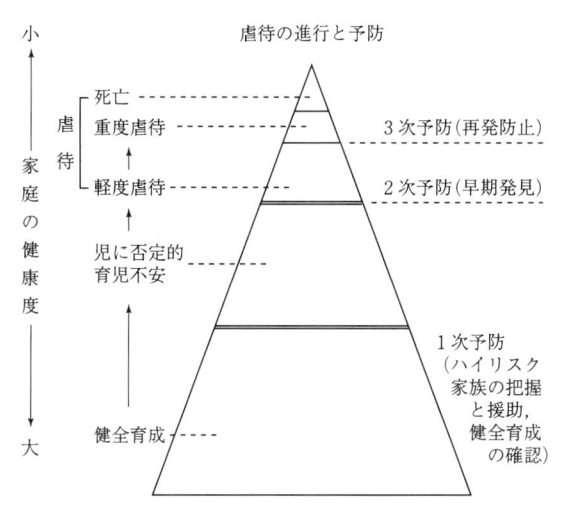

```
                    虐待の進行と予防
  小
  ↑       ┌死亡 ---------
         虐│重度虐待 -------------- 3次予防(再発防止)
  家     待│  ↑
  庭      │軽度虐待 -------------- 2次予防(早期発見)
  の
  健       児に否定的
  康       育児不安 -----
  度
                              1次予防
                             (ハイリスク
                              家族の把握
                              と援助,
                              健全育成
                              の確認)
  ↓       健全育成 ----
  大
```

平成11年度厚生科学研究「虐待の予防,早期発見及び再発防止に向けた地域における連携体制の構築に関する研究」(主任研究者　松井一郎)より。「家庭の健康度」は筆者による追加。

者の83％は実父母であって,学齢前年齢が49.6％であることから,現在の子育て家庭の一部が,養育機能不全に陥っていることを示唆している。

このことから,近年の児童虐待の増加は,通報増による「古典的事例の顕在化」と,育児支援体制の未整備による「育児不安事例の増加」の複合によるものといえよう。この現象を受けて,国は,現行の「児童福祉法」(以下児福法という)を補強し,児童虐待に正面から取り組む意味で「児虐防法」を施行し,本格的な対策を開始した。

児福法での対応の主なものは,次のとおりである。①要保護児童の通告,②立ち入り調査,③保護者の反対を抑えての児童福祉施設入所,④児童身柄の一時保護,⑤児童福祉司指導,⑥児童福祉施設又は里親への同意措置又は委託,⑦親権喪失宣告の請求

児虐防法での対応の主なものは,次のとおりである。①職種(教職員,医師,保健婦,弁護士等)を例示した早期発見努力,②児童相談所長の速やかな安全確認義務,③警察官の援助協力④虐待者が指導を受ける義務,⑤虐待者の面会・通信制限,⑥児童への暴行・傷害では親権者の免責否定

総合的な対策の必要性

児童虐待の全体像は,図のとおりであり,家庭の養育機能が保たれている下部と脆弱化している上部では現象の深刻さも対応の中味も大きく異なってくる。

また,被虐待児童は,依存し信頼していた保護者の「暴力的な攻撃」に,混乱して心

身ともに大きな深い傷を蒙っている。加えて，虐待（加害）者自身を含む家族もけっして健全な状況ではない。再発防止のためには，これらに対し，現在行われている先駆的な試みに加えて，多分野にわたる継続的かつ専門的な援助が必要であり，関係機関および民間諸団体の機能強化と連携が急務である。

　幸い，児虐防法は，施行3年後に見直すこととされている。罰則や司法介入の導入も検討し，児童を守る有効な手立てを作り上げなければならない。

引用・参考文献

岡田隆介編『児童虐待と児童相談所』金剛出版，2001年。

日本家族心理学会編集『児童虐待』金子書房，1997年。

日本弁護士連合会子どもの権利委員会編『子どもの虐待防止・法的実務マニュアル』
　　明石書店，1998年。

(新宅博明)

第12章　校内での協力体制

　学校のスタッフは，学級，学年，校務分掌などにかかわらず，一人ひとりの児童・生徒を自分の学校の生徒として包み込むような，関わりをもちたい。そのためには，教育相談担当教師を中心として，個々の子どもの思いや悩みを，スタッフが誰でも聞けるような学校内の協力体制が整えられる必要がある。

　学級担任や学年主任は，子どもと直接に出会う立場から，教育相談担当教師と情報交換をしながら，連携のとれた指導をしなくてはならない。養護教諭は，評価をしないでいいという立場や病気の手当てをすることなどから，児童・生徒にとって本音を話しやすいスタッフとなる。校長は，さまざまな情報の接点にいる立場から，個々の子ども理解の深化と子どもが何でも話せる学校運営の方向づけにリーダーシップを発揮してほしい。スクールカウンセラーは，カウンセリングの専門家として教育相談の中心的役割を担ってほしいし，守秘義務の問題も教育相談担当教師の調整でクリアできれば，うまく活用できるだろう。

1　協力体制の重要性

　学校での教育相談がうまく機能するために大切なことは，基盤となる学校の教師と児童・生徒の人間的関わりや信頼関係である。個々の学校スタッフが，児童・生徒一人ひとりの顔と名前がわかり，性格や家庭の背景まで理解して，声かけができる状況にどれだけ近づけるかであろう。

　たとえば，中学校で，不登校気味の生徒Aの事例で考えてみよう（プライバシー保護のため，この事例はいくつかのものから組み立てた架空のものである）。

1　不登校の事例から

【事例】　不登校気味の生徒Aへの対応
　それまでの担任の家庭訪問で，信頼関係ができ，放課後なら行けそうだと思ったAは，担任の先生と約束して，家庭訪問翌日の放課後，学校にやってきた。
　担任の先生を訪ねて，職員室に行こうとしたら，校内で他学年の担任のB先生に出会った。Aの名前も事情もわからないB先生に「部活に入ってないのなら，うろうろしないで早く帰りなさい」といわれ，Aは説明する勇気もなく，意気消沈して校門を出た。
　しばらく歩くが，グランドで部活の指導をしている担任が目に入ったので，B先生がいないことを確かめて，再び校門をくぐり，担任に会いにいこうとした。
　ところが，今度は学年主任のC先生と出会ってしまった。「Aじゃないか。しばらく学校に来てないみたいだな。学校に来られるなら，こんな時間に来ないで，朝から来いよ」。C先生の言葉に傷ついたAは，反射的に「はい」とだけいうと，きびすを返して一目散に走って家に帰った。
　意を決した登校が，理解のない教師により阻まれた悔しさと落胆から，Aは担任の家庭訪問も親に断ってもらうようになった。

　この事例では，B先生は学年が違うためにA君のことを知らない。部活の時間に部活をしていない生徒を見つけたので，下校を促したにすぎない。いわば当然のことをしたのであるが，事情があるかもしれないと考えて，「どうしたの？」という問いかけから始めるべきであったと考えられる。また，C先生はA君のことを授業でももっていたので知っていた。そして，職員室の出欠調べや学年会の情報でしばらく登校できていないことも知っていた。わかっているからこそ励ましたのであるが，その対応は，登校が困難なA君には適切ではなかったようである。

　学校というのは，担任を中心として，いろいろな立場や個性をもつ大人である教職員が児童・生徒に関わる場であり，そのメリットとして役割分担と連携による効果的指導と負担の軽減，多重的視点による評価の多様性から，児童・生徒の理解を深められることなどが考えられる。

　ところが，それがうまく連携されていないと，この事例のように失敗を招くのである。まずは，担任の方から学年会，職員会議や教育相談関係の委員会な

どで，A君の放課後登校の可能性を知らせ，担任につないで欲しい旨を徹底しておかなくてはならなかった。このような，協力体制を作っておくことで，C先生は個人としての対応ではなく，学校，学年会としての対応を理解し，担任につなぐことができたものと思われる。このように，協力体制がしっかり機能するとき，学年，学校としてA君にどう対応するのかという意思統一ができ，一人ひとりの児童・生徒を内面から理解し，その子どもの発達を援助するという教育相談の機能が，有効に働くのである。

教育相談担当教師の立場から見ると，このような，対応に慎重さを求められる児童・生徒が校内にどのくらいいて，どのような対応が望ましいかを全教師に理解しておいてもらう必要がある。それも，この事例のように急に登校するような場合もあるので，研修の機会などを通して，まず，生徒が素直に自分の気持ちを話せるような聞き方の重要性を認識し実践できるような，研修計画を立てることが必要であろう。ふだんから，生徒理解と適切な対応が身についていれば，誰がどのような状況に遭遇しても，少なくとも児童・生徒の心を傷つけるような結果にはならないであろう。

2 有機的な安全ネット

大学の学生相談のカウンセラーの立場からではあるが，青木（1996）は校内の個人支援体制の充実に向けて3つの大切なポイントをあげている。それは，「窓口の多様化」，「重なりのある分業」，「競合的協力」である。小・中・高校とは組織が違うが，校務分掌上の教育相談，生徒指導，教務，学年会，養護教諭，管理職等の立場，あるいは，個々の教師それぞれが窓口と考えれば，「窓口の多様化」とは児童・生徒が悩みや困ったことがあったときに，話しやすい先生に話せる環境であり，どの教師も一人ひとりの児童・生徒の心に開かれた態度をもっているということである。担任が信頼できないから言えないし，他の先生にいうと担任が気を悪くするというような状態は，窓口が限定されている。また，そのときに大切なのが，「重なりのある分業」と「競合的協力」である。すなわち，児童・生徒一人ひとりの個性や悩み，また個人の多面性を考えれば，縦割りの役割分担で対応するだけでなく，どの子どもにも注意を注ぎ，

自分の学年でなくても気になるときには積極的に関わり,担任や関係する教師との連携を密にしながら,学校全体に有機的な安全ネットの網の目を張ろうという考え方である。わかりやすくいえば,多少お節介なぐらい皆で気にかけてあげようという発想である。そのような体制ができれば,生徒たちから見れば,学校全体に安全ネットの網の目が張られ,自分たちの思いを表現し,受け止めてもらえる,居心地のいい学校になるであろう。その安全性の基盤がしっかりすることによって,児童・生徒は帰属意識も高まり,学校生活をより充実できるように教師とともに学校運営に関わる意識も芽生えるであろうし,結果として,自分たちの主体性や個性を伸ばすことにもつながっていくのではないだろうか。児童・生徒個人個人の発達を援助するという視点から校内体制を見た場合,この校内の連携による安全ネットの考えは,これからの学校を考えるうえでも,大切な示唆を与えるものと考えられる。

2 学級担任,学年会との協力

1 学級担任,学年会との協力

一人ひとりの児童・生徒との関わりでいえば,学校教育での最前線で活躍するのが学級担任である。小学校では,一人の学級担任がほぼ全教科を担当するために,よい意味でも悪い意味でも,「学級王国」といわれるような家族的雰囲気が強くなってくるが,授業や行事のことなどは学年会で話し合いながら学級運営が行われる。中学,高校では教科別に担当者が異なるので,各教科の教師が学年会に所属して担任を支えるというシステムがよりはっきりしている。いずれにしても,一人ひとりの児童・生徒に関わるのは,学級担任が中心になり,学年会がそれを支えていくことになる。児童・生徒や保護者からすると学校との窓口になるのが学級担任である。

また,学年会も学年主任をリーダーとするひとつのチームとして,授業や教育相談の具体的な方針や対応を話し合って決めていく場であり,学級担任を指導の最前線にたとえれば,指導の前線基地のような機能を果たしている。

したがって,教育相談担当教師は,校内の一人ひとりの児童・生徒の発達を

援助するために，実際に関わる学級担任や学年主任と常に情報交換しながら，対応していく必要がある。また，担任や学年主任も教育相談担当教師と連絡を取りながら，児童・生徒と関わっていかなくてはならない。教育相談担当教師は，校内全体のいじめ，不登校，問題行動などの状況を把握して，学校全体としての教育相談の方針のなかで，生徒指導担当者と連携しながら，各教師間の対応を調整しなければならない。たとえば，不登校の児童・生徒との関係がついている副担任，学年主任，教務主任，教育相談主任などの教師を家庭訪問に同行させることもよくある。また，校内でのエスケープや喫煙，暴力行為など問題行動を起こす児童・生徒などにも担任，学年主任や生徒指導担当者が本人を呼び出して指導するし，収まらないような場合は，教育相談担当教師がじっくり話を聞いて，その子どもの思いを聞いたり，一緒に対応を考えたりすることが有効なこともある。

2 生徒指導と教育相談

両者の指導の違いは，生徒指導担当教師の指導の場合は正しいことがあって，それをどう受け入れさせるかということが焦点になってしまうが，教育相談的関わりでは，必ずしも正しいことを納得させなければならないことはないのである。生徒指導的対応と教育相談の面談を，わかりやすくするために，いじめを例にとってあえて分けると次のようになるだろう。まず，生徒指導的対応では，たとえば被害にあった子どもの気持ちを考えさせ，正しい行動を理解させて，今後はそんなことはしないと約束させるような指導になるだろう。しかし，また繰り返してしまい，お互いが不信感をつのらせることも多い。一方，教育相談の面談では，どうしてそのような行動をとったのか，そのときの状況と思いをじっくりと語ってもらうことが中心になる。そのうえで，被害にあった子どもの気持ちを考えさせると，素直にわかってくれることがある。それは，教育相談担当教師に自分の気持ちを理解して受け入れてもらえたから，他者の気持ちを考えるゆとりと冷静さがもてるからであろう。もちろん，教育相談の関わりもうまくいかないときもあるし，継続的な関わりが前提になるが，問題の児童・生徒の気持ちをどの程度聞けるかがポイントになるのではないだろうか。

実際には長年の経験から，それらをうまく使い分けている教師は多いが，なにしろ，時間を十分とることが難しいので，正しいことを理解させることに固執してしまうことが多くなってしまう。固執すると，うまくいかない児童・生徒は指導の入らない子として，あきらめざるをえなくなるのである。

　教育相談主任は，個別の問題について学級担任や学年会と連携をとりながら個々の児童・生徒に対応することも大切であるが，教育相談的な考え方をふだんから実践し，あるいは研修などを通じて教師の理解を深めていくことの方が基本的な課題になるだろう。また，教師の個性を見ながら適切な役割を与えることも大事になってくる。すなわち，生徒指導と教育相談が同じ方向を向いて一人ひとりの児童・生徒と関わり，ときには役割分担をしながらも，相互理解し，信頼しあえる教師の関係作りこそが，前節の安全ネットにつながり，児童・生徒の学校での居心地の良さにつながる基盤になるのではないだろうか。

③　養護教諭との協力

1　養護教諭と保健室という「場」の力

　養護教諭は，児童・生徒の健康を守り増進するために，学校に配置された専門職の教諭である。しかし，保健室には，いろいろな児童・生徒が来る。頻繁につらさを訴えてくる子，なんとなく遊びに来る子，茶髪やピアスをした子たちがグループで遊びに来たり，発熱で安静に寝ている子には迷惑なぐらい休み時間がにぎやかなことも多い。そして，保健室を居場所のように利用する子どもたちは，養護教諭にいろいろな本音の話をすることがある。よくあるのは，教師に対する不満，親や友だちの悪口のような話題である。自分の能力や性格，恋愛や性に関する話題もよく出るようである。

　このように，学校内で本音がいえる場所として保健室，養護教諭が機能している理由はいくつか考えられる。1つ目は，養護教諭は児童・生徒を評価しないでよい立場にいるということである。ここでいう評価はもちろん教科の評価もあるし，行動，性格などの人物評価もある。児童・生徒や保護者が学校の評価に過敏になる傾向は，教師が想像する以上に強いものがある。児童・生徒や

保護者の不安感は，教師には見せたくないのでわかりにくいし，家庭で話題にされることなので，教師の立場から見えにくいことなのである。2つ目に，身体に関わるということがあげられるだろう。たとえば，熱があるという子どもに対して，体温計を脇に挟ませながら，養護教諭は額に手を当てる。この身体接触は養護教諭と児童・生徒との心理的距離を縮め，親近感という副産物をもたらすのである。また，発熱や苦しさ，痛みのある状態から解放してくれる頼れる存在であり，児童・生徒からすると特別な先生として一目置かれることとなる。養護教諭のこのような特性のため，児童・生徒が校内で悩みや愚痴を話すのに最適な人になるのである。身体の痛み，つらさを理解して慰めたり励ましたりしてくれる養護教諭には，苦痛や苦悩を敵に回して，児童・生徒と同じ立場に立って，戦ってくれるイメージが生まれる。このような立場は，教育相談担当教師が面談のときに児童・生徒と同じ立場に立って，共感的に話を聴くのと，相通じるものがある。そして，3つ目には，保健室という場の力である。ここで，本当につらい時に学級担任の許可を得て保健室に来た場合を想定してみる。部屋のなかには，養護教諭とその子どもしかいない。そして，「どうしたの？　つらかったらベッドで横になりなさい」と気遣ってくれる。これは，心地よい母子関係の再現であり，閉じられて，他の人がいないという空間で一対一でその人に真剣に関わってくれるという意味で，構造的にカウンセリングと重なる部分がある。

2　パイプ役としての教員相談担当教師

そのような，養護教諭の力と保健室という場所を活用するのが，保健室登校である。学校には行きたいが，教室に入れない児童・生徒を保健室に登校させるというやり方である。そこでは，養護教諭と話したり，自習をしたり，教師が教えに来たりと学校によりさまざまな対応があるだろう。いずれにしろ，保健室という場所は，教室に入りにくい児童・生徒の居場所になりやすいし，それを一般児童・生徒にも広げて，積極的に開放している学校もある。しかし，その一方で，児童・生徒の憩いや息抜きを学校という場にふさわしくないものとして，保健室や養護教諭に反感をもつ教師もいる。この対立の仲介をし，保

健室の教育相談機能を管理職や一般教師に理解を深めてもらうのが，教育相談担当教師の大きな役割である。たとえば，保健室の活用が意味のある児童・生徒を見きわめて，担任の理解を得ること。まず，そこからしっかりと保健室の教育相談機能を定着させて，教師の理解を深めながら，他の児童・生徒にも，息の抜ける場があってもいいということを納得してもらうようにしたらどうだろうか。この養護教諭と一般教師のパイプ役が教育相談担当教師の一番の活躍の場になるであろう。

また，保健室便りのようなものに，思春期のことや友だちとの関係のことにからめながら，心への関心や教育相談を促すような記事をのせてもらうこともよいだろう。保健の領域の一つとして精神保健を位置づけ，養護教諭と協力して健康増進や予防的な健康教育を実施していくことも大切なことである。

4 校長との協力

1 校長の理解と熱意が大切

校長は，学校で起きることの全責任を負い，学校運営を統括する学校の代表である。実務は，教頭に手伝ってもらいながら，学校の代表としてさまざまな会合や地域行事に参加し，学校運営で決めるべきことは，教師の意見も聞きながら，最終的な結論を出していかなくてはならない。学校の顔であり，責任者なのである。

したがって，教育相談を校務分掌のなかにどう位置づけ，生徒指導部と協力してうまく活用できるかどうかということも，校長の理解と熱意によるところが大きい。これがうまくいけば，前述のように，生徒指導と教育相談をうまく連携させることで，校則や決まりを守りながら，児童・生徒が自分たちの気持ちを自由に表現しながら，学校生活を楽しく送ることができるものと思われる。しかし，一部の反社会的な児童・生徒を管理するために，強圧的で管理的な生徒指導を全校体制でつづけざるをえない学校もある。そこには，地域的な特徴とかスタッフのやり方，それまでの学校の対応の流れとかが複雑にからんで，簡単には管理をゆるめられない事情もあるだろう。しかし，彼らが社会人や親

になったときのことを考えると，きっちりした枠組みは大切であるが，そのなかでは自由が許容され，自主性が伸ばされるような学校になってほしいし，管理者として大所高所から子どもたちの将来を考える視点が必要であろう。

2 教育相談における校長の役割

　ここで，教育相談における校長の役割を考えてみよう。まず，校長は，学校の顔として地域の行事に出席したり，地域諸団体の関係者，地元の人たちとの接触が多い。そのうえ，校長会や教育委員会などから，責任者として全体の運営に関わる方向性や情報，広域にわたる情報も得ることができる。このような情報を仮に「上からの情報」と呼ぶことにする。一方，仕事の傍らで，校内を巡視したり，休み時間に児童・生徒に声をかけたりしながら，校内での児童・生徒のいろいろな情報を得る機会ももてる。当然，各分掌や教師からの児童・生徒に関する情報も得ることができる。それを，「下からの情報」と呼ぶとすると，校長は，児童・生徒に関係する，さまざまな情報が集約される立場にいることになる。したがって，問題となる児童・生徒がでたときも，その個人に関するさまざまな情報を関連づけ，整理することができるのである。

　このような，「上からの情報」，「下からの情報」の接点にいる校長は，児童・生徒を多面的に理解するのに必要な情報を集めやすい立場であり，また，ふだんから児童・生徒理解を心がけながら，情報を整理しておく必要がある。そのように，校長が，児童・生徒に関する情報を整理しておくと，教育相談担当教師は校長と協力して，学校全体の教育相談に関することも，問題となっている個人についても，対応や方針を考えるうえでのいろいろな示唆を得やすくなるのである。

　また，校長は学校全体の方向を決めていくリーダーなので，学習面，生活面の教育目標に向けて児童・生徒を指導するために，生徒指導，教育相談の担当者と話し合いながら，全体方針や個々の局面での決定を求められるときには，教師の合意が得られるようにまとめる役割を担っている。文字通り，校長のリーダーシップが児童・生徒一人ひとりの発達を援助する学校の機能を発揮させる鍵を握っているのである。

5 スクールカウンセラーなどとの協力

1 文部省事業によるスクールカウンセラー

　1995（平成7）年度，文部省によって，カウンセリングの専門家を学校現場に派遣するというスクールカウンセラー事業が実施されたときには，教師以外の人間が学校現場に入るということで大きな反響を呼んだ。不登校やいじめなどへ対応を援助するために，臨床心理士を中心としたカウンセリングの専門家が週8時間の非常勤として派遣されたのである。活用調査研究委託事業が開始された1995（平成7）年度には全国154校であったものが，2000（平成12）年度には10倍以上の学校に配置され，活用調査が続けられた。その結果，2001（平成13）年度からは制度化され，将来的に全中学に派遣されることになった（詳細はコラムを参照のこと）。

　この間スクールカウンセラー（以下SCと略記）がどのような形で学校に貢献したのだろうか。村山（1998）は，「①児童生徒・保護者への直接的援助——不登校の子どもが登校するようになったなど。②コンサルテーションの有効性——生徒・保護者への関わり方について教師の相談にのったこと。③専門家としての優秀なスキル——箱庭療法，家族療法，動作法，自律訓練，危機介入，グループアプローチなど，派遣されたカウンセラーが得意のスキルを発揮して問題解決に貢献したり，教師を協同セラピストとして面接にあたったりして，役立った。④校内研修を通じて，カウンセリングの理解が深まった。⑤事例検討会で教師のもたない視点の提供——派遣された学校のニーズに応じて，カウンセリング，教師へのコンサルテーション，フィールドワーカー，校内研修の講師，事例研究会のスーパーヴァイザーなどの多面的な役割を果たしていることがうかがえ，現場の役に立った」と述べている。

　筆者もSCとして学校に入ってみて，最初は戸惑いの目で見られることが多かった。しかし，担任に家庭訪問の様子を聞きながら，一緒に児童・生徒の気持ちを考えたりしているうちに児童・生徒が登校し始めるような変化があると，少しずつSCを利用しようという教師が増えてきた。コンサルテーションを経

験した教師の話を総合すると「担任の不安をスクールカウンセラーが聴き，担任の指導法にアドバイスしたり，支持することにより，安心感やゆとりが得られる効果が大きいようである。また，担任が不登校の児童・生徒の気持ちを理解する手がかりや知識を得ることにより，子どもたちの気持ちにより近づけるようになるという効果も得られるのである」(小林, 1999)。

2　スクールカウンセラーと教師カウンセラー

　SCはカウンセリングの専門家である。カウンセリングなどの臨床心理学の勉強をし，児童・生徒の発達，パーソナリティ，教育心理など，さまざまな分野の知識をもち，現場に活かす技術も身につけている。また，カウンセリングや遊戯療法の実践を通して，その過程を再検討しながら，経験を積んだ人からアドバイスを受けるスーパービジョンも体験しているので，個人の内面や行動の意味をとらえる訓練を十分に積んでいるのである。

　一方，教育相談担当教師は，どうであろうか。なかには，カウンセリングの勉強をして児童・生徒の気持ちを理解し，面談などの関わりを通じて上手に児童・生徒の悩みや問題行動を軽減している先生もいる。しかし，それはその先生の個人的努力やパーソナリティがうまくかみ合った場合であろう。

　大野(1997)は自身も教師カウンセラーであるが，学校内の教育相談体制の問題点として次の3点を指摘している。1つは学校教育相談には安定性がない。学校教育相談は「人」によって左右される点。2つ目は，一般性をもつべき校務分掌のある部分を特定の個人に固定化することがいいのかという点。3つ目は担任を中心とする各分掌が協力，研修を積んで対応できるようにすべきで，教師カウンセラーの必要性がないという考えである。

　これらの批判をもとに，大野は学校教育相談の充実と発展の可能性を模索している。筆者は，教師がカウンセリングの技術を学ぶとしたら，スーパービジョンを受ける機会が必要ではないかと思う。カウンセリングは事例をじっくり検討する経験を通じて技能を向上させる面が強いからである。その点では，平成13年度から始まり，いずれ全中学に配置される予定のSCを活用するというのも現実的な方法のひとつかもしれない。すなわち，不登校やいじめなどの

問題に対処するのに，SCに話しながら理解の手がかりと対応のポイントなどを聞き，実践してみることがカウンセラーの訓練であるスーパービジョンに近い経験になると思われるのである。

　しかし，それができたとしても，教育相談担当教師とSCのあいだには決定的立場の違いがある。それは，教育相談担当教師は教科担任などの立場から児童・生徒を評価しなくてはならないのに対して，SCは評価とは離れた立場にいるということである。評価しない大人には児童・生徒は本音を話しやすいということは，養護教諭との協力のところで説明をした。

　この点の必要性は文部省も認識し，平成11年度途中から「心の教室相談員」を学校に入れる試みが行われている。この「心の教室相談員」の大きな特徴は，児童・生徒を評価しない立場の大人として，児童・生徒と自由に話ができるということである。この「心の教室相談員」には，自治体によりさまざまだが，退職教師，臨床心理学を学ぶ大学院生，講師経験者，地域関係者などがなっているようである。カウンセリングをするというよりも，評価をしない大人を学校のなかに配置して，児童・生徒の話を聞くことにより，学校の雰囲気を変えたり，教師の教育相談の援助になってほしいとの思いで，配置されたものである。したがって，カウンセリングの専門家として活用するのは難しい場合が多いだろうと思われる。SCと「心の教室相談員」は重ならないように配置されるところが多いが，重なっていたら，それぞれをうまく使い分け，役割分担をしてもらうことも大切である。

3　カウンセリングの守秘義務と教育相談担当教師の役割

　ところで，SCが学校に配置されたとき，教育相談担当教師はどのようにSCを位置づけ，活用していけばいいのだろうか。これは，勤務形態，学校のニーズ，SCの得意なやり方によっても違ってくるだろう。まず，基本的な役割分担を決めて，生徒指導，教育相談委員会などにSCを入れ，常時情報交換をしていく必要があるだろう。その体制のなかで，カウンセリングの専門家であることを活かすためには，相談を希望する児童・生徒や保護者にカウンセリングをしてもらったり，学級担任と一緒に，その児童・生徒や保護者の様子や

その心理を考え，対応を検討するコンサルテーションをもっていることが中心になるだろう。ここで，問題になるのが，SCの守秘義務である。

　カウンセリングの原則のなかに，守秘義務というものがある。カウンセリング場面で語られたことは，カウンセラーと来談者だけの秘密にするというものである。では，学校に勤務するSCも児童・生徒や保護者の来談の事実や話の内容を教師に話さないで，守秘義務を守るべきなのだろうか。このことについて考えるためには，SCの校内での位置づけを再確認する必要がある。SCは週1，2回計8時間しか来ない非常勤である。しかし，児童・生徒と直接関わるスタッフの一員でもある。そして，学校での生徒の指導は個々の生徒についての共通理解ができ，指導上の意思統一ができていなくてはならない。こうしたことから考えると，スタッフの一員として，児童・生徒や保護者の話した情報を共有した方がよいことになる。また，公務員としての守秘義務もあるので，校内だけのこととして，児童・生徒の家庭状況や問題行動などが話題になることは教師のなかでは自然なことである。その広い枠のなかで，守秘義務を考えてもいいのではないだろうか。実際，児童・生徒や保護者が担任などの教師に勧められてカウンセリングに行くことが多いのが実状であり，守秘義務が大して問題にならない場合が多い。

　しかし，問題は，カウンセリングに行っていること自体を秘密にして欲しいとか，個人的な家庭状況などを知られたくないというような場合である。児童・生徒，保護者，ときには教師自身の場合もあるが，だいたいは，教師に対して不満，不信感が強いケースである。このような可能性についてはSCが注意しているはずであり，SCを信頼して任せておいた方がいいだろう。教師としての対応が可能な状態になれば伝えてくれるはずであり，そこに至るまでに気持ちのときほぐしをSCと児童・生徒，保護者で十分にしなくてはならない事例もありうる。そして，SCはこのような場合もありうることを，最初に教師に説明し，理解を求めておくべきであろう。そして，秘密にすることは例外的であり，原則的に教師と連携し，とくに担任，学年主任などに中心的に関わってもらわなくてはならないことを十分理解してもらっておく必要がある。ここでの，教師とSCのつなぎ役や調整役が教育相談担当教師の重要な仕事に

なるのである。そして，SC の校内研修やニュースレターなどの情報発信を促して，教師のなかに溶け込んで SC が活動できるようサポートし，校内の教育相談機能の中核として SC を位置づけながら，教師の教育相談への関心と技能を向上させるような意識を高めていくことが大切になってくるのである。

引用・参考文献
(1) 青木健次「今時の京大生とこれからの大学」京都大学学生懇話室紀要，第26輯，1996年，1‐10頁。
(2) 大野精一『学校教育相談理論化の試み』ほんの森出版，1997年。
(3) 小林哲郎「スクールカウンセリングの実際」友久久雄編著『学校カウンセリング入門』ミネルヴァ書房，1999年，109-136頁。
(4) 村山正治「臨床心理士によるスクールカウンセリング」氏原寛・村山正治編著『今なぜスクールカウンセラーなのか』ミネルヴァ書房，1998年，1‐22頁。

推薦図書
(1) 氏原寛・村山正治編著『今なぜスクールカウンセラーなのか』ミネルヴァ書房，1998年。
(2) 大野精一『学校教育相談具体化の試み』ほんの森出版，1997年。
(3) 河合隼雄『臨床教育学入門』岩波書店，1995年。
(4) 友久久雄編著『学校カウンセリング入門』ミネルヴァ書房，1999年。

（小林哲郎）

┌─コンサルテーション──────────────────────コラム5─┐
│   │
└──┘

　2人の専門家の間において，一方から他方へ，専門的な立場からの助言を行うことをコンサルテーションという。その際，両者の専門領域は，同じ場合も異なっている場合もある。たとえば，自分のクラスの不登校生徒の対応に苦慮する担任教師に対して，スクールカウンセラーが心理臨床的な立場から相談に応じ，助言することなどがこれに相当する。なお，助言をする側の専門家をコンサルタント，助言を受ける側の専門家をコンサルティーと呼ぶ。
　コンサルテーションが行われるに際しては，コンサルティーとコンサルタントとの間で，次のような性質の関係が保たれていることが重要である。
　　① 両者の自由意志に基づく，一種の契約関係であること
　コンサルテーション関係は，問題を抱えたコンサルティーがコンサルタントに相談することで始まる。そして，問題が解決したり，あるいはコンサルティーがコンサルタントの助言は役に立たないと判断した場合に，両者の関係は終了する。
　　② 両者は対等な関係であること
　コンサルティーとコンサルタントは専門家同士の関係であり，その立場は対等である。コンサルタントからコンサルティーへ，助言を押しつけたりすることはあってはならない。また，コンサルタントは，コンサルティーの評価者でもない。
　　③ 焦点は，コンサルティーの抱える問題にあること
　コンサルテーションはあくまでも，コンサルティーが専門家として抱える問題の解決・改善のために行われるものである。そこでは，コンサルティー自身の個人的な問題（性格傾向，葛藤など）は，取り扱われるべきではない。
　　④ 問題への対処の責任は，コンサルティーにあること
　コンサルタントの助言を採用するかしないかを決定するのは，コンサルティーである。また，助言を採用した結果についても，責任はコンサルティーがもつ。コンサルタントが，その問題に対して直接的なアプローチをすることはない。
　コンサルテーションが行われることで，コンサルティーは問題に対する新たな視点をもつことができ，以前よりも幅の広い対応を考えることが可能となることが期待される。先の例でいえば，コンサルテーションを受けることによってコンサルティーは，理解しにくかった生徒の言動の意味を理解できるようになったり，それまでとは違った対応をとることができるようになったりすると考えられるのである。　　　　　（中村博文）

第13章　他機関との連携

今日，児童・生徒の指導や援助のためには，学校外にある種々の機関のもつ機能と援助力を必要に応じて結集させる「連携」が重要である。本章では，まず，学校教育相談における「連携」の概念と種類，連携をとる他機関の種類，問題行動に対する連携の方法等について概説し，次に，不登校生徒の事例にみる連携ネットワークの形成過程を提示して，連携の方法の要点を解説する。

1　連携を必要とする背景

2000（平成13）年4月に，「少年の問題行動等に関する調査研究協力者会議」は，「心と行動のネットワーク——心のサインを見逃すな，『情報連携』から『行動連携』へ」という答申を出した（文部科学省，2001）。そこでは，児童・生徒の問題行動の背景や要因を大きく，次の4つの観点でとらえている。

(1)　社会性や対人関係能力が十分身に付いていない児童・生徒の状況
(2)　基本的な生活習慣や倫理観等が十分しつけられていない家庭の状況
(3)　生徒指導体制が十分機能していない学校の状況
(4)　大人の規範意識の低下や子どもを取り巻く環境の悪化が進む社会全体の状況

そして，問題行動を防ぐために今後一層充実すべき施策としては，表13-1のようにまとめている。

また，政令指定都市A市の心の教育相談員の3年間の活動実績報告書の分析を行ったところ，「心の教室相談員」の役割や配置することから得られる効果に対する期待は，「パイプ役（橋渡し役・仲立ち役）として機能すること」がトップであった（森脇雅子，2001）。具体的には，「①　学校・地域・生徒・保護者をつなぐ。②　地域と学校の連携支援。③　教職員と生徒とをつなぐ。④

第13章　他機関との連携

表13-1　「心と行動のネットワーク――心のサインを見逃すな，
　　　　　「情報連携」から「行動連携」へ」答申

1　これまで提言してきた対応策をより確実に実行する必要のある内容
　　　校長のリーダーシップの下，全教職員が協力して指導に当たる体制を整備すること
　　　児童・生徒の問題行動に対する教職員の認識や対応を十分なものとすること
　　　学校と家庭や地域社会との連携を十分図ること
　　　<u>学校と関係機関との連携の在り方について十分な検討や改善を図ること</u>
　　　<u>学校間の連携を十分図ること</u>
　　　教育委員会による学校への支援を十分行うこと
　　　<u>教育委員会において，学校が連携を深めるための施策を充実させること</u>
2　今後対応を一層充実させる必要がある内容
　　　児童・生徒の「心」の問題への対応
　　　児童・生徒の社会性の育成
　　　社会全体としての問題行動の兆候を早期にとらえた対応
　　　<u>専門機関による継続的なケアが必要なケースへの対応</u>
3　具体的な対応方策
　(1)　「心」の問題への対応
　　　　「心」の問題についての全教職員の理解を促す方策の実施
　　　　養護教諭の複数配置やスクールカウンセラーの配置の拡充
　　　　教職員がチームを組み，児童・生徒の心の相談・指導を行う体制づくり
　　　　<u>地域のネットワークを活用した学校と関係機関の専門家による対応</u>
　　　　小学校における生徒指導体制の充実
　(2)　児童・生徒の社会性を育む教育の展開
　(3)　学校と家庭や地域社会，関係機関とをつなぐ「行動連携」のシステム作り
　　　　<u>地域における「行動連携」のためのネットワークの形成と「サポートチーム」の組織化</u>
　　　　<u>ネットワークにおける連携活動</u>
　　　　文部科学省と関係省庁との共同による国の支援
　(4)　学校や教育委員会における問題行動への対応に関する自己点検・自己評価の実施

（注）　アンダーラインは筆者による。
（出所）　文部科学省資料（2001年）より抜粋。

小中連携の橋渡し役」である。現在の学校が新しい「心の教室相談員」という非教師である専門スタッフに期待する役割が，2つのものをつなぐパイプ役，すなわち，連携を生み出す役割であることがうかがえる。

② 連携の概念と技術

1　連携の技術

スクールカウンセラー活動で，連携を取るとうまくいくかというと，連携を

取ること自体にエネルギーを使い，かえって疲れ果てることがある。これは，心理療法でいう，並行面接と単独継時面接の比較でも問題になることである。子どもと親の面接者の協働作業がうまくいくことを前提にしてこそ意義のある並行面接である。ところが，実際は，そういかないこともしばしばみられる。両者の心理療法に対する意見の食い違いやケース理解の違い等を契機にして，担当者間の感情的な対立が生じることがあり，ミーティングをもつことができないほどにこじれることもある。

　これと同じように，学校でも，学年団の教員同士の人間関係のもつれがしばしば起こる。年間を通して，共同歩調をとり，年間教育計画を遂行していかなければならないのに，打ち合わせや話し合う機会をもつほどに，ますます，感情的な亀裂が強まり，日々の指導に支障をきたすまでに至ることがある。他者との協働して仕事を進める場合，力関係が横並びになるほど，この種の難しさが出てくる。学校と他機関との連携の場合，責任の所在や役割の守備範囲，煩瑣な受付手続きなどが絡んでくると連携は難しくなってくる。

　連携は一種の危機的事態において生じることが多いので，その場合，関係者同士が，よい連携関係を創り上げる姿勢と努力が重要であるが，それに加えて，今日，「連携」という職務に対する認識の改善が重要に思われる。

　連携をとるということは，単なる情報交換でもなく，ケースの照会にとどまるものではない。それは，個人的レベルにせよ組織的レベルにせよ，ある他のシステムのなかに入り込み，そのシステムまたそのメンバーと「連携関係」という一定期間持続する社会的な契約関係を結ぶことである。したがって，自ずからメンバーとしての義務と責任が生まれ，恩恵を受けようとすれば，そのシステムへの貢献が期待されることになる。したがって，連携ネットワークに加入するということは，見えにくい部分での役割を引き受けることになり，仕事量が増えてくる。そのために，長期にわたり連携するネットワークシステムを維持することは簡単ではない。丁度，コンピューターネットワークの管理者やシステム・オペレーターと呼ばれる世話人のような中核的な人や機関が必要となる。そのポストにある人たちの行う役割や仕事内容は，経験で裏打ちされた高度な知識と技術を伴う高度なものとなる。

学校教育相談の他機関との連携の場合は，特に多職種間，複数システム間にまたがる仕事である。従来，この役割は，機関やその部署の責任ある立場の職員がまかされることが多かったことからもわかるように，社会的経験と人格的な成熟も必要である。連携の知識と技術の習得のためには，専門的学習と実務経験が必要といえよう。

　このように，今後，専門的な職務としての連携ネットワークづくりが社会的に認知を受ける必要があるだろう。学校教育において，スクールカウンセラーの行う臨床心理学的地域支援の職務はその一つであり，そのための教育訓練が重要である。

2　連携とスーパーヴィジョン

　連携は，本来，それぞれの専門の立場で，児童・生徒の援助のために，協力しあうという活動であるはずである。また，連携は，それぞれの立場の必要性によって，成立する活動であるはずである。ところが，実際には，学校関係者が，専門家に指導や助言を受けに行くというスタイルを取ることが多い。

　それには，日本の学校が子どもの教育において，多くのことを引き受けすぎることにも原因があるであろう。たとえば，本来は，親が連れて専門機関に相談に出向くところを，親の都合で学級担任が車で連れて行っている，という事態が見受けられる。この構造においては，専門機関から見ると，学校関係者が教育の専門家というよりは，むしろ親に近い立場である。したがって，学校関係者と専門家との間においてなされる連携という活動は，対等の専門家同士の会議でもなければ，互いの専門性を出し合って，子どもの問題解決のための援助指針や方途を検討するという性格から遠ざかる。

　別の観点からすると，連携とスーパーヴィジョンとコンサルテーションが区別しにくいのである。

　この点について，吉川（2000）は，スクールカウンセラーが学校教職員を対象に行うコンサルテーションに関して，コンサルティの教職員が，階層性を意識したままコンサルテーションを受けると，スクールカウンセラーからの教育という意味のスーパーヴィジョンと化してしまうので，スクールカウンセラー

は，教職員との間に生じる階層性の意識を破棄する努力が必要であると述べている。これは，学校教職員が専門機関と連携を取るにあったても相似たことがいえる。つまり，学校教育相談の仕事で，教育関係者から，学外の専門家に連携のために働きかける場合，教育関係者の意識と姿勢が，連携のとりように影響を与えてくるのである。

③ 連携の種類

学校教育相談で登場する連携には，次のものがある。
① 学校教育機関との連携
(1) 学校内連携
学校内システムとは，学校教育を担う専門家の組織システムをいう。教職員間組織，たとえば，学年団や教科，校務分掌上の組織との連携がある。
(2) 学校・校種間での連携
公的な教育機関（近隣の学校，適応指導教室，教育センター相談室など）との間の連携である。
② 民間教育機関との連携
最近，多様な施設や機関が出てきており，不登校のフリースクール，チャータースクール，大検塾などとの連携である。
③ 専門機関との連携
医療機関，児童相談所，児童自立支援施設，開業クリニックといった教育以外の専門機関との間の連携である。
④ 家庭・地域との連携
専門的機関や組織ではないが，子どもの二次的，三次的な教育援助機能を担う家庭と地域社会の個人もしくはグループやシステムとの連携である。

④ 問題行動の対応における連携

文部科学省は，2001年5月に，非行，いじめ，不登校等の問題行動の対応に

第13章 他機関との連携

表13-2 学校と関係機関等との連携事例

A　問題行動に対応するため学校・教育委員会と関係機関等による協議会等を設けている事例
　○　広域化した問題行動に対応するためのプロジェクト会議の設置
　　　教育事務所が中心となり、学校（小・中・高等学校）、市町村教育委員会、警察、児童相談所、児童自立支援施設等からなるプロジェクト会議を設ける。実務担当者による会議は、個別の問題行動に対応するため随時開催し、各機関における具体的な対策を協議して連携して実行する。
　○　学校問題行動対策会議〈SPAC〉の設置
　　　県教育委員会や県警本部、福祉関係の知事部局が連携して、学校問題行動対策連絡会議（B県 SPAC 会議：School Problems Action Committee）を設ける。各学校単位でも、校長が主宰し、保護者や関係機関（警察、福祉関係機関等）の担当者などで構成する学校問題行動対策会議（学校 SPAC 会議）の設置を進める。
B　関係機関の担当者によるサポートチーム等を組織している事例
　○　サポートチームの設置の例（その1）
　　　問題行動の事案ごとに、教育委員会、首長部局、少年補導センター、警察署、児童相談所、保健所、精神保健福祉センター等の関係機関の実務担当者によるサポートチームをつくり、各機関の業務内容に基づき連携し対応。
　○　サポートチームの設置の例（その2）
　　　問題行動が、広域にわたる場合、異年齢集団とつながっている場合、凶悪化している場合、非行が深刻化しているなどの場合には、教育委員会等からの要請に基づき、関係機関（警察署、児童相談所、少年補導センター、保健所、医師会など）の実務担当者による少年サポートチームを設け、連携し対応。
　○　サポートチームの設置の例（その3）
　　　日ごろから各教育事務所、教育センターに精神科医、臨床心理士、大学教授などを配置し学級崩壊、不登校、暴力行為等に対する学校へのサポートを行う。
　○　サポートチームの設置の例（その4）
　　　中学校と警察署、主任児童委員、民生委員、教育相談員、児童相談所、市保健福祉課等が連携して拡大生徒指導委員会を設ける。
C　学校と関係機関が合同でケーススタディーを行っている事例
　○　学校や地域の実態に応じた合同のケース会議を設けている事例
　　　事例1：課題のある生徒について「プロジェクト会議」という名称で学校が中心となり、児童相談所や児童自立支援施設、家庭裁判所などの合同ケース会議を開催し、生徒の健全育成や教育のための適切な措置についての早期対応と連携を進める。
　　　事例2：学校、教育委員会、児童相談所、警察の担当者が集まり、問題行動の広域化に対応した合同ケース会議を実施。
　○　個別の問題行動等について合同のケース会議を設けている事例
　・児童相談所と小学校が連携をとり対応した事例
　　　児童相談所が、問題行動を起こした児童やその家庭に対する指導やカウンセリングを行い、学級担任等が児童相談所を訪問し情報交換、児童相談所職員が学校を訪問し全教職員参加の事例検討会を行う。
　・授業妨害、暴力行為、喫煙等をグループで繰り返す生徒集団への対応事例
　　　学校からの要請を受け、児童相談所が地域の関係機関を集め学校と連絡調整会議を実施。その後、県の「問題行動相談事業」として少年鑑別所職員、臨床心理士も加えた合同検討会実施し、地元警察署が連絡会議を引き継ぎ、問題行動生徒に関する継続的な複数機関間での情報交換と検討を進める。
D　関係機関等による学校への支援の事例
　○　県教育委員会が市町村立学校等へ緊急対応チームを派遣している事例
　　　県教育委員会が、児童生徒に関わる重大事故等への対応を図るため、事故等が発生した場合に、県教育委員会の指導主事等からなる緊急対応チームを市町村教育委員会や学校に派遣し、概要の早期把握と情報の提供、関係機関との連絡調整などを行う。
　○　警察官による犯罪防止教室を実施している事例
　　　警察の協力を得て、警察官による中学生を対象とした犯罪防止教室が実施。最近発生した事件等を素材に、犯罪の被害にあわないよう注意喚起するとともに、犯罪被害者やその家族の心の痛みを理解させ、規範意識や遵法精神を育成する指導を行う。
　○　保護司会が中心となって学校等との連絡協議会を設けている事例
　　　市地区保護司会が中心となって、学校（小・中・高等学校）市教育委員会、児童相談所、人権擁護委員会、市児童家庭課等による連絡協議会を開催し、学校・地域での児童生徒の実態についての情報交換、関係機関との連携の在り方について事例検討を実施。
E　相談機関の連携を図っている事例
　○　相談機関のネットワークを設けている事例
　　　県内のいじめや不登校等に関わる相談機関のネットワークを設け、機関相互の連絡や相談・指導方法の研究調査、研究協議会の開催などを通じ連携。

（出所）文部科学省　2001.04「学校と関係機関等との連携事例」参考資料2　(http://www.mext.go.jp/b—menu/houdou/13/04/010410f.htm#top) を筆者がまとめた。

おける，学校および教育委員会と関係機関の連携の必要性を強調して連携マニュアルを示している。この指針に基づいて，各都道府県に「連携」のためのサポートチームづくりの施策を打ち出した。

文部科学省は，6億円の経費を概算要求し「サポートチームづくり」推進に乗り出し，全国3市（福島県郡山市，三重県鈴鹿市，鹿児島県出水市）に研究指定地域を選び「少年サポートチーム」を立ち上げたが，将来全国120カ所を研究指定する予定である。これは，公的機関と教員志望の学生や専門家の力を借りて，効果的な方法を模索する試みであり，児童相談所や精神科医，警察，ボランティアなどと連携して一人ひとりの子どもを指導・援助しようとする方法である（朝日新聞2001年9月24日）。また，文部科学省（2001）は，地方自治体における新しい試みの事例を示している（表13-2）。

5　連携の機関

学校教育相談の実際において登場する連携機関の主なものと，その機関で扱う問題と内容また関連スタッフは，表13-3に示されているとおりである（鑪・名島2000）。

6　連携の実際

次に，学校と地域のなかの他機関との有機的な連携が生まれてくるプロセスをスクールカウンセラーの実践のなかから紹介してみよう（濱名ら2001，吉田2001）。1年次には校内の連携システム，2年次から本格的な学外の他機関との連携システムが形成される。学校を取り囲む連携のネットワークの形成プロセスがよく示されている事例である。不登校生徒の事例にみられる支援の経過を中心に記載する。

【実践校】
　公立P中学校は，地方都市に隣接する全校生徒数280名，教職員数30名の中規模

表13-3　心理臨床家の働くいろいろな施設

施　　設	対象となる問題	心理臨床の内容	関連スタッフ
病院の小児科・小児病棟・子ども病院・療育医療センター	心身に障害のある乳幼児から児童・思春期にかけての子どもたち	心理療法 心理検査 発達検査 療育活動	小児科医・各科の医師 看護婦・児童指導員 作業療法士・医学療法士 言語聴覚士・保育士
児童相談所* (心理判定員・心理療法担当職員として)	養護相談・心身障害相談・非行相談・健全育成相談（主として不登校）	心理療法 心理検査	児童福祉司 不登校児童通所指導員 嘱託医・電話相談員 メンタルフレンド
教育センター・教育研究所・教育総合センター (教育相談員として)	不登校・いじめ・非行 子育て相談 療育相談	教育相談 心理検査 コンサルテーション	学校教師 嘱託医（精神科医）
大学の心理教育相談室 大学の心理臨床センター	児童期・思春期のさまざまな問題 青年期・成人期の神経症・心身症・境界例など	心理療法 心理検査 コンサルテーション	カウンセラー的家庭教師 精神科医 大学教員 スーパーヴァイザー
大学の学生相談室・カウンセリングルーム	神経症 無気力・恋愛問題 学業相談 進路・職業相談	心理療法 心理検査 アドヴァイス	精神科医 大学教員 事務員
大学の保健管理センター	神経症 人格障害 進路・職業相談	心理療法 心理検査 コンサルテーション	精神科医・内科医 看護婦 大学教員
家庭裁判所 (調査員として)	少年保護事件（非行） 家事調停事件（離婚など） 家事審判事件（養子縁組・禁治産者宣告・遺産分割など） 家事相談	調査 心理検査 試験観察による指導 調整活動	裁判所 裁判所書記官 医務室技官 家事調停委員 保護司・保護監察官 補導受託者

施　　設	対象となる問題	心理臨床の内容	関連スタッフ
県の警察本部 少年サポートセンター (被害少年カウンセラーとして)	性犯罪被害 家出・盗癖 薬物乱用	カウンセリング 街頭補導 環境調整	警察官 補導員 電話相談員 少年相談員
精神病院	精神分裂病・境界例・躁うつ病 薬物乱用 アルコール依存症	心理療法 心理検査 グループワーク デイケア	精神科医 看護婦・看護士 精神保健福祉士 作業療法士
精神保健福祉センター	精神分裂病 神経症 不登校・非行 職場不適応	心理療法・心理検査 コンサルテーション 自助グループの育成 デイケア	精神科医・保健婦 精神保健福祉士 デイケア指導員 電話相談員
保健センター・保健所 (心理相談員として)	就学前乳幼児の発達・療育相談 子育て相談	乳幼児健康診査 心理検査・発達検査 母親指導 親子教室	各科の医師 保健婦・栄養士 理学療法士 精神保健福祉相談員
精神科クリニック 総合病院の精神科・神経科・心療内科	神経症・心身症 うつ病 精神分裂病	心理療育 心理検査	精神科医 看護婦
小・中・高等学校内のカウンセリングルーム** (スクールカウンセラーとして)	不登校・対人関係(いじめなど) 進路・職業相談 教師の悩み	心理療法 心理検査 コンサルテーション	校長・教頭・担任 生徒指導担当教諭 教育相談担当教諭 養護教諭 学年主任
開業臨床心理士***	自分が得意とする分野・対象	心理療法 心理検査 コンサルテーション	受付

　＊児童相談所のなかには，児童総合センターや総合療育センター，福祉総合相談所内に設置されているところもある。例えば，「熊本県福祉総合相談所」は，中央児童相談所・婦人相談所・心身障害者リハビリテーションセンター・知的障害者更生相談所の4つが1つにまとまったものである。
　＊＊文部省のスクールカウンセラー活用調査研究委託事業によるスクールカウンセラーが主であるが，私立の学校(予備校も含む)のなかには独自にスクールカウンセラーを置いているところもある。
　＊＊＊開業の形態には，個人開業とグループ開業がある。場所も，アパートや自宅などさまざまである。受付を置いているところも，置いていないところもある。
(出所)　鑪・名嶋，2000。

> 校である。生徒・保護者とも高校進学への関心が高く，学習や部活動への取り組みも熱心で学力も高い。文部省のスクールカウンセラー活用調査研究事業によるスクールカウンセラーが週一日活動していた。

1　1年次のスクールカウンセラー活動——学校内体制づくり

　1年次は，学校側主導でスクールカウンセラーの校内への位置づけ方が模索され，「スクールカウンセラーと教職員との話し合いの会」，スクールカウンセラー活動の保護者，地域へのPR，スクールカウンセラーと校内組織との連携，生徒へのカウンセリング，近隣地区の他校からの相談などが精力的に取り組まれた。

　1年次末の2月から，スクールカウンセラー実習生（大学院生，20代女性）を受け入れた。学校は，スクールカウンセラー活動について自由記述による教職員へのアンケートを実施し，「スクールカウンセラー活動とカウンセリング体制について」の話し合いをもつなど，2年次に向けてスクールカウンセラー活動の方針の検討を行った。

2　2年次のスクールカウンセラー活動
——地域に拡がるスクールカウンセラー活動とネットワーク

　2年次の4月当初，生徒指導・教育相談部会で今年度のスクールカウンセラー活動と方針について話し合いをもち2年次がスタートした。

　(1)　相談室だよりをスクールカウンセラー実習生が担当し，保健だよりに併せて発行する。

　(2)　教育相談部会は，生徒指導部会に含める形で新設され，月例の生徒指導・教育相談部会を核として教育相談機能の校内への位置づけと，スクールカウンセラーも含めた関係職員のいくつかのユニットが作られ（鵜飼ら，1997），チームワークによる教育相談体制が作られていった。

　(3)　心の教室相談員との役割の明確化と協働体制が進む。メンタルフレンド的な役割として，不登校が長期化している生徒への家庭訪問を心の教室相談員が担当した。実施要項の「心の教室相談員」作成と全職員への配布，スクール

カウンセラー，スクールカウンセラー実習生，「心の教室相談員」，教頭らによる，訪問活動の情報交換，協議が行われた。

(4) PTA向けの講演会の開催，PTA役員との話し合いの場をつくり，PTAと学校の連携が図られた。

(5) 不登校生徒の親の会を開催した。会の案内状の配布などの事務は，教育相談部が行い，教職員への共通理解を図った。学校関係者には，スクールカウンセラー，生徒指導部長，教育相談部長，養護教諭などが参加した。保護者の参加が少なても，学校側の取り組みの姿勢が伝わることが大事と考えて，月1回の例会を継続した。

(6) 町福祉課，福祉事務所とのつながりが生まれて，スクールカウンセラーが町内の民生・児童委員会で「不登校と虐待問題」の研修を担当した。それをきっかけに，地域住民に直接関わる第一線の福祉機関として，不登校などを抱える家庭にどのように関わればよいか，学校側とどのように連携するのがよいか，といった問題に関する相談助言を求める訪問を受け，福祉機関やその専門担当者とのつながりができていった。

(7) 不登校事例を通して，外部の関係機関との連携ネットワークが形成された。生徒指導・教育相談部会における個別の事例検討のなかで，1年生の不登校生徒B男の事例が報告された。小学校時代から休みがちで，中学進学後不登校状態に陥り，家庭で暴力をふるい警察が介入した。祖母と母親の3人家族で，母親の精神健康面の問題が疑われる家庭機能不全の状態であった。さらに学年会で事例検討を行った後，スクールカウンセラーは担任のパートナーとして支援活動を始めることとした。

事例の内容は，学校の指導の範囲を超えていると判断し，管理職と協議の上，児童相談所に連絡し，学年主任は家庭についての情報収集を行った。すると，母親の病理性はB男出産後からのもので，長期にわたっているものの治療はされていないことが判明した。その後，再度警察が介入する事態が起きたため，学校と関係機関との連携による指導体制が組まれ，児童相談所が主催で関係機関とのケース検討会議を2年次には3回（7月，9月，3月）開催した。その他にも小グループでのケース検討を重ねた。

当初，スクールカウンセラーは，母親に病院受診を勧めたが，家族は「学校が関係者とグルになって，母親を病人に仕立てあげる」といって学校側の関わりを拒否するようになった。そこで，第1回目のケース検討会議の後から方針を変更し，受診の勧めは福祉事務所の担当とし，学校側はあくまで家庭との信頼関係づくりと生徒支援に重点をおいた。それによって，スクールカウンセラーらへの信頼が回復し，家庭との連携が可能になった。

ケース検討会議に出席する関係機関は，児童相談所，福祉事務所，保健所，民生委員，町福祉課，町教育委員会，警察などで，ケース検討会での指導方針に基づいて，各機関による下記の役割が確認され対応がなされた。

○学校側は，学級担任とスクールカウンセラーによる家庭訪問，祖母へのカウンセリングを継続する
○児童相談所は月2回の家庭訪問と緊急時にはいつでも子どもを保護する
○保健所は母親の緊急入院への体制づくり
○福祉事務所は母親の受診を勧める
○警察は緊急時には介入し児童相談所へつなぐ

このようにして学校内の教育相談体制と外部機関との連携による指導体制ができあがり，外部機関とのチームワークが進んでいった。

3年次に，B男は隣町に転居したことで，両町の関係者が集まることになり，児童相談所主催の5回目のケース検討会議では，出席者は倍の20名となった。11月に転校し，スクールカウンセラーらの関わりを離れたが，関係機関による指導は継続された。

本事例における学校内外の連携システムづくりの大きな方針とその発展は以下のようにまとめることができる。

(1) 学校組織における教育相談機能の位置づけと連携の有無を調査する。教育相談機能が欠けている場合は，教育相談部会などの新設を働きかけて，校内でつなぐための介入を行い，スクールカウンセラーと学校側とで相互コンサルテーションを行った。

(2) 教育相談機能のなかで，その機能発揮と校内組織との連携の有無を検討し，機能不全の部分を探しだし，それを補いそしてつなぎ，機能発揮できるよ

うに提案する。

　具体的には，心の教室相談員の機能発揮と校内組織との連携が不十分であること，長期化している不登校生徒への対応が欠けていることを見出し，それらへの対応として，心の教室相談員に，不登校生徒のメンタルフレンド的家庭訪問の役割の付与と，親の会の開催を学校側に提案し，スクールカウンセラーと相談員間で相互コンサルテーションを行った。それにより，心の教室相談員の役割は明確になり，担任・スクールカウンセラー・生徒指導・教育相談部会と連携しながら，その機能を発揮できるようになったと考えられる。また不登校生徒の親の会は，孤立しがちな親を横につなぎ，学校と保護者との間に2本のパイプを作るというサポートシステムの形成に役だった。

(3)　校内の教育相談機能のみでは対応しきれない場合，校内の教育相談機能の不足部分を補うような，外部の各種専門機関との協働・連携を行った。問題事例への対応として，外部の各種専門機関とのケース検討会議を重ねたことで，各機関の連携と役割に応じた生徒支援が行われるようになり，外部機関も含めた，生徒支援のネットワークが確立した。外部の専門機関との協働・連携上，複数の外部機関との連携を進める際に大事なことは，第一に，事例に対してどの機関が主導的に関わり，最終的責任をもつのかを明確にしておくことである。学校が必ずしもその役割を担うとは限らない。学校はその機関と主に連携することになる。第二に，それぞれの機関の役割と対応可能な範囲を理解し，尊重することである。

　B男の事例では，児童相談所が主導的に動き，諸機関を召集し，学校を含めたケース検討会議を開催した。そのなかで，問題が多角的に検討され，指導方針と役割分担と連携の共通理解がなされ，それぞれの機関による対応が進められるようになり，生徒支援のためのネットワークが確立した。学外の他機関との連携システムによって，転校後も支援が中断することなく，地域連携のなかでの継続が可能となっている。

7 他機関連携の要点

以下に，学校教育相談の立場からみた，他機関連携を進めるうえでの要点を述べる。

(1) 教職員間での連携方針の確認と情報の共有化

学校の基本方針・計画や校内体制が決められており，その方針，具体的方法，関係機関等のリスト等が全教職員に周知されていること。

(2) 学校の情報開示と教職員の自己開示

児童・生徒の実態や問題行動の状況，学校の方針，対応について保護者，地域に情報を提供すること。学校参観の実施や家庭連絡帳，保護者会，学校便りなどの積極的活用すること。

(3) 保護者との信頼関係づくり

保護者との連絡を密にしたり，家庭訪問等を行うなど，保護者との信頼関係づくりに努めること。

(4) 地域社会の意見や情報の収集

学校評議員制，学校モニター制等の活用により，地域の意見や情報を的確に集め検討すること。

(5) 関係機関職員との相互学習

実効的な連携の内容や方法等について，関係機関の専門家を交えた協議，事例研究を実施すること。

(6) 学校間の情報交換

近隣学校間での情報交換や連携を進めること。特に，懸念されるケースについては継続した指導が行われるよう，卒業校と進学先の学校間等で必要な情報を伝達すること。

(7) 開かれた連携

学校のみで対応困難なケースについては，速やかに関係機関との積極的な連携を進める。同時に，適切な役割分担を確認し，関係機関に任せ切りにしないこと。

8　よりよい「連携」のために

　「連携の概念と技術」の項で述べたように，地域の関係諸機関のもつ援助機能を児童・生徒や学校の援助ニーズに合わせて迅速かつ適切に活用していく仕事は，相当に高度な職業的な専門性と人間的力量が要求される。一朝一夕になるものではなく，長い臨床経験の裏付けと日常的なネットワークづくりの努力の上に成り立つものである。地域のなかにおける信頼を得てできる役割に他ならない。

　学校教育相談の現場で出会う多くの事例のなかで本当に成果の上がる事例では，しばしば，子どもを支え続けた一人の人間が存在している。連携とは，その個人の力を発揮しやすくするコンディション作りである。いうまでもないが，力量のなさの隠れ蓑になる連携は，当該子どものためのではなく，周りのものの責任のかぶせ合いや，取り締まりのためのネットワークづくりになってしまうであろう。学校教育相談は，授業や生徒指導，教育相談に当たる一人ひとりの教師の生徒を導く援助的力量の上に成り立っている。「連携」が求められる背景には，この力量の研鑽が求められていると理解するべきではないかと思う。

引用・参考文献

(1) 朝日新聞記事「問題行動ストップへ連携」2001年9月24日。
(2) 安藤延男「家庭，学校，社会の連携——エコシステミックな観点から」日本家族心理学会編集『パーソナリティーの障害』家族心理学年報16，金子書房，1998年。
(3) 鵜飼義昭・鵜飼啓子『学校と臨床心理士』ミネルヴァ書房，1997年。
(4) 鑪幹八郎・名島潤慈編著『新版　心理臨床家の手引き』誠信書房，2000年。
(5) 保坂隆監修『リエゾン心理士　臨床心理士の新しい役割』星和書店，2001年。
(6) 森脇雅子「心の教室相談員の実践を踏まえて学校支援を考える」兵庫教育大学大学院修士論文，2002年。
(7) 文部科学省，少年の問題行動等に関する調査研究協力者会議　2001.4「心と行動のネットワーク——心のサインを見逃すな，『情報連携』から『行動連携』へ」文部科学省ホームページ http://www.mext.go.jp/b—menu/houdou/13/04/010410.htm。
(8) 吉川悟編『システム論から見た学校臨床』金剛出版，1999年。

(9) 吉田由美「中学校における教師とスクールカウンセラーの連携による教育相談体制づくりに関する研究――スクールカウンセラー実習生の心理臨床学的関わり」兵庫教育大学大学院修士論文，2001年。

推薦図書
(1) 小林正幸・島崎政男編『子ども相談機関利用ガイド』ぎょうせい，2000年。
(2) 鑪幹八郎監修，一丸藤太郎・名島潤慈・山本力編著『精神分析的心理療法の手引き』誠信書房，1998年。
(3) ダリル・ヤギ『スクールカウンセリング入門　アメリカの現場に学ぶ』勁草書房，1998年。
(4) 山本和郎『コミュニティー心理学』東京大学出版会，1986年。

(夏野良司・濱名昭子)

第14章　教員のメンタル・ヘルス

　ここまでの章では児童・生徒の心の問題と対応について学んできた。しかし，心の問題に苦しむのは児童・生徒だけではない。教員もまた一人の人間として，さまざまな問題に直面しては，悩み，苦しんでいる。

　本章では教員のメンタル・ヘルスをめぐる諸問題について考えたい。現代の教員が直面している困難にはどのような心理的意味があるのだろうか。そして教員が心の危機に陥ったとき，同僚，あるいは上司として，悩み苦しむ本人にどんな点に注意して接するべきなのか。本章では筆者の依拠するユング心理学の概念を手がかりとして検討をすすめてみたい。

1　教員の心理相談の事例

　教員のメンタル・ヘルスを考えるにあたって，まず過去の相談事例を参考にして，典型的な事例を再構成してみたい。ただし，この事例はプライバシーを守るため，特定の事例の再現ではなく，架空のものである。

> 【事例1】
> 　小学校教員。女性。以前は地道に子どもと接していれば教室運営は自然にうまくいっていた。最近になって，子どもが指示に従わず，教員を教員とも思わないような攻撃的な言動をとったり，身勝手な行動をするようになった。熱心に指導するのだが，だんだん子どもに通じなくなってきて，もう気力も尽きてきた。帰宅するとぐったりして何も手に付かない。毎朝学校に向かうのが苦痛に感じる。教員としての自信も喪失してしまった。保護者からの苦情も出てきて，ますます教室で自由に動けなくなった。同僚や上司に助けを求めたいが，自分が無能であることを認めるような気がして，とてもそんな気になれない。

> 【事例2】
> 　中学校教員。男性。念願の教員になれて，理想の教員をめざして日夜努力してきた。就任当初は授業にも課外活動にも精力を傾け，生徒との交流もスムーズで，心温まるような感動的な体験にも恵まれて，充実した日々を送っていた。ところがふとした誤解がもとで，思いがけず生徒に反抗され，これまでのように生徒の心をつかむことが難しくなった。こうなると悪循環で，こちらの対応もぎこちなくなり，ますます生徒からは敬遠されてしまい，生徒のささやかな反抗にも，これまでになかったほど傷ついてしまい，教壇に立つのが恐ろしくなってきた。

　こうした苦悩をかかえる教員が増えてきたように思われる。もし自分がこのような困難に陥った場合，どうすればよいのだろうか。また，このように悩む同僚にどんな援助ができるだろうか。

② 教員の悩みの性質

　筆者は臨床心理士としてさまざまな年代の方と心理相談の場で出会ってきた。人間の悩みは一人ひとり違っており，特定の職業についているからといって，誰もが似たような悩みをもっている，などとはいえない。とはいえ，教員がとくに陥りやすい難局や，教員が背負っている共通のテーマはありそうである。ここで，そのいくつかを検討してみよう。

1　「教員」の仮面（ペルソナ）

　教員という職業は，医師，僧侶，裁判官のように，特別な職業，聖職であるといわれる。それは特別な権威を帯びていて，人に強い影響を与えうるからであろう。たとえば，個人的秘密に接したり，人を傷つけることのできる知識や技術をもっているのもこうした職業の特徴である。人の生命や人生に影響を与える仕事なのである。この影響力は，本人の個人的力を越えた強力なものであり，それゆえ，特別な倫理的義務が生じることはよく知られている。

　個人の力を越えた影響力を行使するためには，特別なセッティングが必要になる。医師は病院，僧侶は寺院という特別な演出がなされた場所で，白衣や僧

衣という特別の衣装を身にまとう。こうすることで，患者や信者が内的な聖職者のイメージを投げかけやすくなり，その「場」にこの特別な仕事を可能にする「力」が宿るのである。ただし，教員の場合は特定の制服はない。生徒に「制服」を身につけさせることで一定の演出がなされているとはいえ，教員のまとう「法衣」はかなり弱いといわざるをえない。そのため，教員が教員でいるためには，目に見えない「法衣」をまとい，そのイメージを維持していかねばならない。この「法衣」は，ユング心理学で「仮面（ペルソナ）」とよばれるものに相当する。本人が社会的にイメージされる像を生きている部分である。

　仮面と自己像との関係はなかなか複雑である。自分のなかにある「教員」イメージと自分を照らし合わせて，うまくほどよい教員像に自らを重ね合わせていられる教員もいれば，いつも不完全で能力不足な感覚をもち続ける教員もいる。自分の実力以上に理想の教員だと思いこんで，周囲のひんしゅくをかう教員もいるかもしれない。

　教員も職場を離れれば普通の人間のはずである。しかし，教員の「仮面」はなかなか強力なので，家庭に帰っても仮面がなかなか外れない人もいる。内的な「教員」像からみて，あるべき規準を満たせていないという不全感の苦しみや，いつも人に教える立場にいるあまりに，自分が人に教えられたり，指導されることが苦手だったりすることは，この「仮面」がはずれないがゆえの困難ともいえよう。

2　影

　聖職者がひとたび非日常の空間に入ると，思わぬ一面が出てくることもある。ユング心理学でいうところの「影」という現象である（河合，1987）。たとえば，仕事のあと，気の置けない同僚と飲んでいるときや，宴会，夜の歓楽街に繰り出したときなど，教員がはめをはずしたり，思いがけず粗野な行動に出たりすることはないだろうか。多数の生徒や教員を前にして，常に理想的人物を演じなくてはならないため，手本となるべき「よい人間」の仮面が強化され，他の面が未開発のまま放置されていることは大いにありうる。こうした未開発な部分は，意識の光がおよばない「影」の領域としてしだいに力をもってくる。

「影」は本人が生きていない側面ともいわれ，意識の力がゆるんだとき，思いがけない形で出現することが多い。「よき教員」を演じられなくなることは，「影」の部分が露呈してしまう恐怖をともなう体験であろう。「影」は自分に帰することが難しいこころの部分でもあるので，自分以外の人物によく「投映」される。すなわち，主観的体験としては，自分の生きていない面が他者の言動として立ち現れてくる。自分が生きていない側面を生きている人を見ると，当人は不快に感じたり，いらいらしたりさせられることが多い。有能な教員を目標とする人にとっては，スランプに陥ってうまく動けない同僚が「影」にみえてしまい，怠けているとか，不真面目だ，というような不快な感情を喚起させられるかもしれない。

　「影」の現象に対処することは容易でなはく，さまざまなネガティブな感情をもちこたえなくてはならない。その一方で，「影」は出会い方によっては本人にこれまで生きてこなかった新しい可能性を知らせてくれるものでもある。

　教員のイメージは理想化されやすいので，それだけ影も濃いことを心にとめておくことが大切である。

3　「ものをよく知っている大人――ものを知らない子ども」元型

　ユング心理学では，人間のこころの深層には行動や心理の普遍的パターン，すなわち「元型」が存在していると考える（詳しくは河合の『ユング心理学入門』を参照されたい）。

　さて，ユング派分析家のグッゲンビュール＝クレイグ（1981）は著書『心理療法の光と影』において，援助的職業の専門家につきまとう深層心理学的問題を検討している。ここでは心理療法家が中心にとりあげられているが，光と影の対照が著しい職業として，医師，教員，福祉職員，宗教家にも共通する点が少なくない。

　グッゲンビュールは教員の普遍的な心理学的問題として，「大人―子ども」，「ものをよく知っている大人―ものを知らない子ども」という軸で表現されるような元型の問題を指摘している。（以下，この元型を「大人―子ども」元型と表記する。）教員と子どもの間に，この元型が作用するため，教員が「もの

をよく知っている大人」の面ばかりに凝り固まると，子どもは「ものを知らない子ども」の役割が押しつけられ，ふたつの極の間の動きが止められてしまうのである。よく機能している教室では，この元型が教員と子どもの相互作用を促進し，知識への欲望が賦活されていく。このような状況を維持するためには，教員のなかに「ものを知らない子ども」の元型が活性化されなくてはならず，同時に，子どもの側では「ものをよく知っている大人」の元型が活性化されている必要がある。一人の人間のなかに，こうした元型の相互作用が働くと，心が動きだし，教員は「ものをよく知らない子ども」として意欲的に題材を取り上げ，それを「ものをよく知っている大人」である生徒が誇らしく学習する，という一見逆転した構図をとって，エネルギーが生かされていく。

　こうした二極構造の元型的布置においては，教員が一方の極に固まってしまうと，子どもは反対の極に固まり，動きが止まってしまうことになる。すなわち，教員は「ものをよく知っている大人」の面だけを子どもに見せ，子どもは「ものをよく知らない子ども」の立場に固定され，動けなくなる。そして教室には知的興奮や自発性，教員と子どもの相互交流が生じにくくなる。空気はよどみ，倦怠感が蔓延し，眠気が起きる。教員は自分の声が生徒に届かない感じがして，ますます一方的に，用意した教材を早口に読み上げる。生徒は教員から見放されたように感じる。教員の話すことは生徒にとっておもしろくないし，教員も話していて楽しくない。こうなるとお互いに苦しく疲れるばかりになる。

4　教員の孤独

　上記のような，仮面，影，「大人―子ども」元型といったことから考えても，教員の置かれている立場の難しさが実感される。筆者がとくに強く感じているのは，心理相談に来談された教員の孤独の深刻さである。生徒との難局を同僚と共有する時間的余裕もなく，自分の教育方法について指導を受ける機会もけっして多くない。さらに，「ものをよく知っている大人」元型に取り込まれると，「ものをよく知らない子ども」の面を生きにくくなり，同僚や上司に教えを請うことや相談することへの抵抗感が強くなってしまい，一人で悩みを抱え続けざるをえなくなる。家庭で学校の愚痴をいうわけにもいかない。そして

自分が「理想的教員」を生きていない不全感に苦しみながら，難しい事態に耐え続けなくてはならないのである。

3 教職員のメンタル・ケア実践例——ある教育委員会の試み

　筆者が関わっているある自治体の教育委員会では教員のメンタル・ヘルスを支援する試みとして，教職員のための心理相談室を開設し，ここ数年，地道に成果をあげつつある。この活動を例として，教員の心理相談にまつわるさまざまな工夫について解説する。

　このサービスは，廃校になった小学校の校舎を利用して開設された。古い校舎の保健室を2室に区切り，前室を待合室とし，奥を相談室とした。開設にあたって中心的な役割を担ったスタッフは元教員でもあり，教員が安心して利用できる本格的な心理相談室をつくろうという熱意に満ちていた。そのため，設立前から臨床心理士と綿密に打ち合わせを進め，慎重に工夫を凝らしながら相談室を立ち上げた。

　このとき，運営のために考慮された点がいくつかあった。

　ひとつは，来談者の秘密の保護を万全にすることである。教育委員会は教員にとって，元上司や元同僚が属する可能性の高い組織であり，管理統括の任にあたり，人事面の影響力も大きい。自分の身元や相談内容が職場に知られたり，相談内容が人事の参考にされたりするとしたら，誰が安心して相談に来られるだろうか。そのため，来談者のプライバシーは相談員が管理する保管庫に厳重にしまわれ，担当相談員以外の目には触れないようになっている。また，本人の名前や職名，所属校も伏せてもよいことになっている（ただし，緊急連絡先だけは相談員と受付スタッフが控えている）。運営主体の教育委員会には年次報告の統計的情報（来談の動機種別，年代，性別，職種カテゴリー，相談回数）以外は伝わらず，この統計的情報も，本人の承諾なしには記載しないという厳重な秘密保持がなされている。

　さらに，相談員の専門性と独立性も重視されている。相談員は心理相談の訓練を受けた臨床心理士を嘱託として採用している。相談場面以外で相談員と出

会うことがないようにして，相談室が日常とは切り離された自由な空間になることを配慮してのことである。

　もうひとつは，相談窓口の時間帯である。教員が無理なく来談できる時間帯はかぎられている。夕方，退出後の来談にも対応できるよう，夜間の時間帯も確保して来談に備えている。

　この相談室では，相談は無料である。やや専門的なことであるが，無料であることには功罪がある。気軽に利用できる反面，料金を支払っていないことから，相談員に対して不満があってもいいにくくなったり，「してもらっている」感覚が強くなったりする可能性が出てくるのである。相談される方のニーズによっては，最初の数回は無料相談窓口で対応した後，本格的な有料相談窓口に紹介することもありうる。この方が本人がより自覚をもって，自分の責任で問題に取り組みやすくなるからだ。

　こうして相談窓口がオープンしたのであるが，開設当初は利用者はそれほど多くなかった。後になってわかったのだが，広報の方法にも工夫すべき点があったようだ。当初の開設の通知は，職員会議で校長が連絡先を口頭で伝え，パンフレットを一回配っただけだった。管理者たる校長から聞いた機関はしきいが高いであろうし，パンフレットも，いざ相談に行こうというときに手元にあるとはかぎらない。これでは相談しにくい。そこで，相談窓口の連絡方法と相談員の紹介文をポスターにして掲示したところ，申し込みが相次ぐようになった。こうしたちょっとした工夫も大切である。

　来談者は幼稚園，小学校，中学校，高等学校までと幅広く，校種によるちがいは見られない。相談内容は「仕事の悩み」「自己の悩み」「家族の問題」が大半を占める。教育現場で不全感のあまり，長期にわたって抑うつ的になっているケースも見受けられる。不眠，不安が強い場合には，必要に応じて，相談員が医療機関を紹介することもある。

　相談そのものは一般外来の心理相談，すなわちいわゆるカウンセリングが主であり，有料外来機関とサービスの質や方法が違うわけではない。

　ただ，来談者がまず気にかける点は，秘密が守られるのか，運営主体に情報を使われるのではないか，ということであった。開設当初には，「ここでの話

は委員会に伝わらないでしょうね」とか，逆に「これはぜひ教育委員会に知ってもらいたい」という声がきかれた。機関内部の相談室の難しいところである。ここでは秘密が守られる，ということが次第に浸透してきたのか，最近はこういう言葉にはあまり出会わなくなってきた。

4 上司・同僚として気をつける点

　教員との心理相談を通してはっきりしてきたのであるが，教員はとてもデリケートで，特別の配慮を必要としている。冒頭から述べてきたように，自らが教員であるがゆえに，自分のことで相談をする，ということが自尊心をおびやかし，教育現場での責任の重圧に一人で耐えるしかない立場に追い込まれていく傾向がある。この，傷つきやすく，守りの薄い来談者をいかにして守るかが，心理相談の場を維持するためのポイントであった。

　それでは，教員が心理相談に通ったり，医療機関に通院したり，長期休暇をとったりするような場合，職場の上司や同僚はどう接したらよいのだろうか。重要なポイントを以下にまとめてみた。

1　教えようとしない

　学校では，同僚も上司も「教員」である。そのとき，先述の「ものをよく知った大人―ものをよく知らない子ども」元型が活性化されやすいことに注意を払うべきであろう。教員のいちばんの弱点は，人から教えられることなのである。いつも生徒に教えている立場であるため，教わるのは苦手になる。そしておそらく，教員がいちばん無遠慮になるのは，人に教えるときであろう。人にものを教えているときには，専門の力を発揮している感覚や自己高揚感があるものだ。説教が必要以上に長くなりがちなのは誰しもよく経験することだろう。

　傷ついた人に接するときは，いちばんの弱点に不用意に触れないようにすることが基本である。それゆえ，教員の持病である「教えたがり」，指導的な態度は控えなくてはならない。教員の「仮面（ペルソナ）」が強すぎると，現実

的人間としての微妙な心遣いがしにくくなってしまうことに注意されたい。これは教員以外の職業を思い浮かべるとわかりやすい。たとえば，融通のきかない窓口職員はその典型である。職業上の役割にこりかたまり，規則をたてにして硬直した対応に終始する人に出会って，苦々しい思いをしたことはおありだろう。こういう場合，窓口職員の「仮面」が非常に強固に張り付いていて，その人の人間としての柔軟さや感受性を阻害しているとも考えられる。

2　秘密を守る

　教職員相談窓口の開設の項でも強調したことであるが，心の問題に悩む人にとって，自分が心理相談に通っていることやその内容が漏れることは恐ろしく，不安である。自分でも扱いきれない心の一端を，他人が聞き知ってしまうようなはめに陥ると，自尊心が傷つくばかりか，その後の人間関係にまで響いてしまいかねない。したがって，逆説的に聞こえるかもしれないが，悩みの内容はできるだけ打ち明けてもらわないほうが安全である。「心を開く」ことは危険をともなうのである。それでも，やむをえずその一端を聞かざるをえなかった場合には，その秘密を固く守ることを約束し，厳守することが必要である。一番よくないのは，本人から聞いた悩みを他人の前で公言することである。さすがにそこまではしないとしても，本人が一見悩みから解放されたかに見えたとき，「彼もたいへんだったんだよな」というように，ほのめかすだけで，悩みの体験に言及することになり，本人を深く傷つけてしまうことになる。

3　利害関係を明確にする

　いわゆるインフォームド・コンセントに該当することである。本人の悩みに対して，自分が立場的にどのような位置にあるのか，内容によっては，どのような不利益が本人に発生しうるのか，事前に明確に示す配慮である。悩みを打ち明けられてしまってから，仕事に差し支えることに気がついて，突然態度を変えて管理的になったりするようでは，心の健康の助けにはならず，害になるばかりである。本人に不利益なことを本人がせずにすむように，サポートする必要がある。

4　能力の問題にしない

　先にも少し述べたが，教員の自尊心は非常に繊細である。スランプに陥ったり，抑うつ的になったりする人は，それまで心の危機が近づくたびに，まじめさや熱意，体力でなんとか乗り越えてきた人が少なくない。こういう人がいちばん怖れるのが，不能の烙印を押されてしまうことである。自分でも，これが本調子でないことはわかっているが，どうしてもエネルギーが働かないのが抑うつ状態の典型的な感覚である。そういうときは，かろうじて仕事をこなせている（本人にとっては全力疾走にも近い消耗感がある）ことで自尊心を保っているものである。こういうとき，「もっとがんばって以前のように活躍してくれ」とでもいおうものなら，最後の砦たる自尊心が脅威にさらされることとなり，より深刻な事態を招きかねない。現在の不振は，本人にやる気や能力がないからではなく，さまざまな巡り合わせでやむをえずこうなっているのだ，という理解が必要である。筆者の経験でも，来談される方には怠けたりずる休みをするような人は皆無であった。むしろ真面目で誠実であるがゆえに，うまく動けない自分がつらくて仕方がないのである。こうした心の機微についてはいわゆる健康で元気のいい状態の人はなかなか理解しにくいところもある（詳しく知りたい方は中井（1976/1984）による精神科医療の解説を参照されたい）。

5　個性の違いを軽視しない

　生徒にもいろいろな人格があるように，教員もさまざまである。健康な人が，不調な人に役立つことをいおうとして，しばしば，かつて自分が困難を乗り越えたのと同じ対応法を勧める人がいるが，これが必ずしも有効ではないことは，日々の教育経験からよくおわかりであろう。助言者にとって役立った方法が，悩んでいる人に有効とはかぎらないのである。同様に，ある人に見えているものと，別の人に見えているものも，同じとはかぎらない。これは人間の個性の違いから生じてくることである。そして，心が衰弱している状態にあると，普段なら問題にならないほどのちょっとした個性の違いによる摩擦も，大きなストレスを招きかねない。

　そこで，心の問題を軽視せずに専門家につなぐことが重要になる。身体の病

気なら薬を飲んだり医師に相談したりすることはできるのに，心の問題となると，誰しも自分にも多少は扱えるような気になってしまったりして，あれこれアドバイスしようとしたり，「心を開かせよう」としがちである。しかし，本人が扱いきれなくなったほどの問題を，専門的な訓練を受けていない人がうまく扱えるとは，残念ながらあまり期待できない。できるだけ本人の心を「開かず」に，専門機関を利用しやすいようにサポートするよう心がけていただきたい。

5 現代の教育現場の難しさ

　最後に，現代の教育現場における教員の困難について若干述べたい。世紀の変わり目を迎え，教育現場も心の状況もめまぐるしく変化する現代では，ある時点の状況をつかまえて精密に検討することはきわめて難しい。しかしこれは，教員のこころの健康と深く関わるテーマである。

1　「魔力」の喪失
　かつて，すくなくとも筆者が「生徒」だった1970年代頃までは，教員にはいまよりも力があったような気がする。「二十四の瞳」ほどではないにしても，教室や教員には，何か特別な雰囲気があった。「学級崩壊」という言葉や現象が，これほど広まるまでは，確かに何かがあった。いわば，教室に何か魔法がかけられていて，教員を，その人以上のものにみせて，それ以上のものとして機能させてくれる，何かである。学校は子どもが楽しみにする特別な場所だった。学制が敷かれた頃には，子どもの仕事は家業の手伝いであり，勉強する子は叱られた，という話さえあった。学校は子どもだけに許された自由な時空間であり，知的興奮の場であり，子ども同士の交流の場であった。しかし，近代化にともない，勉強，学歴，就職というひとつのラインに社会の価値観が集中してきたことから，子どもの仕事が「勉強」「登校」になってしまった。現在は，塾，家庭教師と，ありとあらゆる機会を通して，子どもは学習を強いられるようになった。しかし，教員から与えられる知識が実生活に役立つかどうか

はわからない。その一方で，知りたい情報は，表面的なものなら即座に得ることができる。かつては大人だけの秘密だった性愛の世界も，インターネットや漫画で赤裸々に見ることができる。友達も，携帯電話で探すことができる。見ず知らずのベル友，メル友が何十，何百人もできる。学校には出席して学歴をとる以上の特別な意味がもはやなくなってくる。そして，親は教員を「ただの人」として批判的に見るようになった。親から見た印象は子どもに伝わり，子どもも教員に特別なイメージを向けなくなるだろう。こうなると，子どもたちはもう学校にも教員にも魅力を感じられなくなるのも無理はない。学級の崩壊より先に，子どもたちが学校を楽しむ力が枯渇してきたのかもしれない。

　そして，教員はかつてもっていたはずの魔力の大半を失ったまま，何十人もの子どもと向き合わねばならない。変身できないヒーローが生身で困難に立ち向かうようなものである。こんな状況におかれた教員のストレスははかりしれない。これまでは教員の魔力は学校という場にあったのだが，その力が甚だしく弱まっているのが現在の教育現場ではなかろうか。こうした状況下で起きる事態に教員個人の力で対処するにはきわめて難しい。

2　時代の悩み

　こうしてみると，個々の教育実践で教員が直面している困難は，教員個人のものというより，個人を越えた，いわば「時代の悩み」とでもいうような水準での現象であると考えられる。教員のせいで現在の問題が起きているとか，子どものせいだとかいうものを越えて，これまでの学校のあり方では対応できないようなものにいまわれわれが直面しつつあるのではないだろうか。

　学校という場にそなわっていた，「魔力」が力を失ってきた背景には，これまでは機能していた「学校」とか「教育」のイメージが現代の子どもや保護者の心の状態に対応しにくくなってきたためだとも考えられる。これをユング心理学的にいうならば，現代の教育現場は，以前の時代に有効だったイメージが活力を失い，新しいイメージ，新しい元型の表現形式が必要とされる過渡期にあるのだとも考えられる。これはきわめて困難な事態ではあるが，新しい形式を創造するための産みの苦しみともいえる。

ユング派の心理療法の考え方では，心の問題や困難には，目的をもった創造的な意味がある，という面に注目している。こころの不調を忌むべき症状として除去しようとするだけでなく，そこに目的と意味を見出そうとするのである。
　たとえば，誠実な教師がうつ状態に陥って，それまでできていた仕事に支障が生じたとしよう。これは単なる機能不全とみなすこともできようが，それだけでは理解しにくいことも多い。むしろ，これまでのやり方では対処できないような新しい事態に遭遇して，新たな自分を作り出さねばならなくなったため，これまで外側に向けていたこころのエネルギーが内側に振り向けられている，というふうに考えれば，その人の置かれている状態がよく理解できることがある。この場合，他人からみても，本人からみても，表面には進歩が現れず，無為に思われる抑うつ状態の苦しみが続いているのだが，本人の意識しないこころの奥底で変容のプロセスが静かに進行している可能性がある。こうした目に見えないプロセスは地面に浸みた雨が長い時間をかけて地下水となり，また地上に湧きだしてくるイメージにもなぞらえることができる（von Franz, 1999）。地下の湖に一滴ずつ水が貯まっているあいだ，地上からは何も見えない。やがて水量が充分になると，清らかな水が地表に湧きだし，再び豊かな生命を育む水となる。うつ状態の苦しさを創造的に乗り越えたとき，教師には新たに問題に取り込む生命力が芽生えていることであろう。
　新しい時代の問題に直面して，教員としての不全感に悩み苦しむこころの奥底で進行しているかもしれない，このような創造的な動きを見守り，そっと支えることこそ，上司や同僚の教員がなすべき重要な仕事ではなかろうか。

引用・参考文献
(1) アドルフ・グッゲンビュール＝クレイグ，樋口和彦・安渓真一訳『心理療法の光と影――援助専門家の〈力〉』創元社，1981年。
(2) von Franz, *The Cat : A tale of Feminie Redmption*. Tronto : Inner City Books, 1999.
(3) 河合隼雄『ユング心理学入門』培風館，1967年。
(4) 河合隼雄『影の現象学』講談社学術文庫，1987年。
(5) 中井久夫「精神科診療への手引」『中井久夫著作集　第1巻　分裂病』岩崎学術

出版社，1976/1984年，273-327頁。

推薦図書
(1) 河合隼雄『ユング心理学入門』培風館，1967年。
(2) 中井久夫「精神科診療への手引」『中井久夫著作集　第1巻　分裂病』岩崎学術出版社，1976/1984年，273-327頁。

（名取琢自）

索　引
(＊は人名)

あ行

愛着と自立　152
ICD-10　48
アウトリーチサービス　56
アサーション　140
　　──・グループワーク　140
　　──・トレーニング　90, 140
新しい荒れ　97
安全ネット　171
いじめ　76
　　──・自殺事件　79
　　──の仲裁者　87
　　──の兆候　85
　　──の定義　77
　　──防止プログラム　88
いじめ集団の四層構造　82
　　観衆　82, 83, 87
　　傍観者　82, 83, 87
エクササイズ　137
ADHD（注意欠陥多動性障害）　50
＊エリクソン（Erikson, E. H.）　153
＊大平光代　76, 77, 85
　　親のライフサイクル　153
＊オルウェーズ（Olweus, D.）　85, 88

か行

外因　47
外傷体験　92
開発的カウンセリング　135
回避反応　68
カウンセリング　1, 2, 4, 12, 18
カウンセリング・マインド　20
学業不振　114
学習障害（LD）　50
学習の重層構造　143
学制　95

学年会　172
学年主任　169, 172
影　200
家族のライフサイクル　153
学級　9
学級王国　69, 96
「学級がうまく機能しない状況」　98, 100
学級経営　96, 137
学級経営委員会　100
「学級経営の充実に関する調査研究」　98, 100
学級編成等ニ関スル規則　95
学級崩壊　95, 97
　　──からの回復　105
　　──の直接的要因　101
　　──の背景　101
　　授業不成立現象　98
　　小学高学年型　99
　　小学低学年型　99
　　小学校問題　98
学校カウンセリング　5
学校と家庭の連携　145
葛藤　124
家庭裁判所　119
家庭内暴力　63
家庭の問題　113
家庭訪問　71
＊カナー（Kanner, L.）　47
過敏性腸症候群　73
仮面（ペルソナ）　201
＊河合隼雄　35, 159
感情障害　54
　　うつ病　54
　　躁うつ病　54
感情の反射　21　24
虐待　81
教育相談　173

索　引

教育相談担当・教育相談係　9, 69, 169, 171
教員の悩み　201
共感　5, 8
共感的理解　19
教師いじめ　100
教師カウンセリング　5
教師カウンセラー　13, 179
教師主導の一斉授業　105
教師の権威　103
協働　146
強迫性障害　51
協力　10
緊急措置　109
＊グッゲンビュール＝クレイグ（Guggenbul-Craig, A.）　203
繰り返し　21　23
ケアネットワーク　55
警察　119
傾聴　21, 23
原因探し　32
元型　201
幻視　45
現実原則　7, 8
研修　13
健全育成　110
幻聴　45
見当識　45
行為障害　52
公共性　102
構成的エンカウンター・グループ　139
構造的視点　118
校長　169, 176
行動化　39
行動科学　110
行動障害　38
広汎性発達障害　49
心の教室相談員　180, 193
心のよりどころ　158
孤独　202
子ども性の発見　43
孤立無援感　93
コンサルティー　183

コンサルテーション　70, 183

さ　行

罪悪感　93, 112
作業療法士　57
＊澤登俊雄　110
参加者体験　147
自己一致・純粋性　18
自己実現　1
　──の過程　155
自己像　67
自己同一性の確立　155
自己領域　102
思春期　35, 127
　──心性　112
システム論的アプローチ　162
システム論的視点　162
自尊感情　136
自尊心　130
自他相互尊重　141
質問　22
児童虐待　166, 187
児童虐待の防止に関する法律　166
指導構造　118
児童相談所　73, 166
児童福祉士　187
嗜癖　52
社会因　47
社会規範　119
社会恐怖症　51
社会的コントロール理論　111
社会の反作用　109
社会防衛　108
主訴　46
守秘義務　180
受容　5, 8
受容的なクラス風土づくり　137
状況因　47
症候性の要因　47
小児科医　4
少年鑑別所　119
少年保護　108

215

助言者　13
処罰　5　8
自律神経失調症　52
ジル症候群　52
事例検討　69
心因　47
神経症　121-122
心身症　38
人生半ばの過渡期　154
身体化　39
身体的検査　46
身体的問題　39
診断　48
　記述──　48
　多次元──　48
心理教育　136
心理相談　198
スクールカウンセラー　4, 10, 11, 15-16, 69, 70, 169, 178, 185, 187, 192-196
　──の活用調査研究委託事業　138
図面化　117
生活指導　9
制限　8
生殖性（世代性）　153
精神医学　4, 12, 44
精神化　39
精神科医　4
精神科クリニック　57
精神症状　45
精神遅滞　49
精神病　53
精神分裂症　53, 73
　陰性症状　53
　解体症状　53
　陽性症状　53
精神保健福祉センター　57
生徒指導　7, 173
世界保健機構（WHO）　48, 59
摂食障害　52　73
＊セリエ（Selye, H.）　47
総合学習　139
総合病院精神科　57

相互尊重の精神　140
創造的な空間　158
育てるカウンセリング　135

た 行

体験学習の循環過程　141
対人関係の場　77
＊武井槇次　114
＊鑪幹八郎　153
単科精神病院　57
担任　1, 9, 11, 159, 169
チーム体制　69
チーム・ティーチング（TT）　104, 105
力の不均衡　78
父親の出番　163
チック　132
昼夜逆転　64
調整　13
治療共同体　56
TEACCH　49
DMS-IV（精神疾患の診断・統計マニュアル第4版）　59, 92
ディスシップリン　103
適応指導教室　73
登校刺激　62, 70
ともにいる存在としての教師　145

な 行

内因　47
治す　135
＊中井久夫　209
二重関係　6
人間学　44

は 行

＊ハーシ（Hirschi, T.）　111
発達課題　127
パニック障害　51
場面緘黙　10, 50
反抗　116
反社会的問題行動　62
犯人探し　32

索　引

被害者　116
非行　108
　　——の促進要因　112
　　——の抑止要因　112
　　——文化　115
　　——理論　111
PTSD（外傷後ストレス障害）　92
　　——の予防　93
　　回避・麻痺　92
　　過覚醒　92
　　再体験・侵入　92
批判する力　143
評価　9
フィードバック　142
父性的機能　7
不適応　38, 39
不登校　35, 61
ふりかえる　142
不良集団　115
分離不安　67
ベーシック・エンカウンター　139
防衛　125
暴走族　115
法の介入　119
保健室　174
保護者　11, 113
　　——との信頼関係　158
母性的機能　7

ま　行

無条件の肯定的配慮　19

＊村瀬孝雄　112
無理のない導入　146
無力感　93
明確化　22, 23
面接構造　118
メンタル・ヘルス　200
妄想　45
＊森田洋司　78, 82
問題行動　31
問題児　31
問題の意味　33, 42
問題の理解　33, 42

や・ら行

＊矢島正見　115
＊山中康裕　35
養護教諭　10, 69, 169, 174
要約　22
欲求不満耐性　62
予防的カウンセリング　136
ラボラトリー方式　137
臨床心理学　4
臨床心理士　4, 70, 178
連携　12, 44, 54, 57, 74, 106, 113, 146, 184-199
　　専門機関との——　130
　　町福祉との——　194
　　保護者との——　106
＊ロジャース（Rogers, C. R.）　18, 153

217

執筆者紹介 (執筆順, 執筆担当)

一丸 藤太郎（いちまる とうたろう）（精神分析家, 臨床心理士, 編者, 第1章）
勝見 吉彰（かつみ よしあき）（県立広島大学保健福祉学部, 第2章）
菅野 信夫（かんの しのぶ）（京都橘大学健康科学部, 編者, 第3章）
杉山 信作（すぎやま しんさく）（元・桜クリニック〔広島市〕, 第4章）
西田 篤（にしだ あつし）（広島市こども療育センター, 第4章）
大澤 多美子（おおさわ たみこ）（こころホスピタル草津〔広島市〕, 第4章, コラム2）
鈴木 康之（すずき やすゆき）（杜蔵心理相談室, 第5章）
山本 力（やまもと つとむ）（岡山大学名誉教授, 第6章）
藤井 和郎（ふじい かずろう）（吉備国際大学〔非常勤〕, 第6章）
上田 裕美（うえだ ひろみ）（大阪教育大学教育学部, 第7章）
熊谷 郁夫（くまがい いくお）（公認心理師, 臨床心理士, 第8章）
小松 貴弘（こまつ たかひろ）（神戸松蔭女子学院大学人間科学部, 第9章）
中釜 洋子（なかがま ひろこ）（元・東京大学大学院教育学研究科, 第10章）
徳田 仁子（とくだ きみこ）（京都光華女子大学健康科学部, 第11章）
小林 哲郎（こばやし てつろう）（元・神戸女学院大学大学院人間科学研究科, 第12章）
夏野 良司（なつの よしじ）（スクールカウンセラー, 第13章）
濱名 昭子（はまな あきこ）（臨床心理士, 第13章）
名取 琢自（なとり たくじ）（京都文教大学臨床心理学部, 第14章）
渡辺 亘（わたなべ わたる）（大分大学福祉健康科学部, コラム1）
森 茂起（もり しげゆき）（甲南大学名誉教授, コラム3）
新宅 博明（しんたく ひろあき）（臨床心理士, コラム4）
中村 博文（なかむら ひろぶみ）（神戸松蔭女子学院大学人間科学部, コラム5）